이순신을 만나다

이 시대, 우리가 가슴에 품어야 할 영웅 이야기

이순신을 만나다

2019년 7월 8일 초판 1쇄 발행

지은이 이순신포럼 10주년기념사업단 집필진 일동
펴낸이 조명곤
기 획 북케어(www.bookcare.net)
편 집 김이수
디자인 프리스타일

펴낸 곳 일월일일
출판등록 2013. 3. 25(제2013-000088호)
주소 04007 서울시 마포구 희우정로 122-1, 현대빌딩 201호
대표전화 02) 335-5307
팩스 02) 3142-2559
전자우편 publish1111@naver.com

ISBN 979-11-961396-7-4 03320

·이 도서의 국립중앙도서관 출판예정도서목록(CIP)은 서지정보유통지원시스템 홈페이지(http://seoji.nl.go.kr)와
 국가자료종합목록시스템(http://www.nl.go.kr/kolisnet)에서 이용하실 수 있습니다.
 (CIP제어번호 : CIP2019024828)

이 시대, 우리가 가슴에 품어야 할 영웅 이야기

이순신을
만나다

이순신포럼 10주년기념사업단 엮음

책읽는마을

삶의 바다 위에서 이순신을 만나다!

우리는 힘든 순간을 맞닥뜨리거나 발전적 변화를 도모할 때 인생의 길잡이가 되어 줄 위인을 찾는다. 고난과 역경 속에서도 성실함과 올곧음으로 이를 헤쳐나간 영웅들의 삶에서 희망을 찾고 성공의 확신을 얻을 수 있기 때문이다.

우리나라 국민의 대부분은 가장 존경하는 위인으로 이순신 제독을 꼽는다. 충무공 이순신 제독은 사명 앞에 목숨을 아끼지 않았던 숭고한 정신과 열세 상황에서도 포기하지 않는 초인적인 의지를 몸소 보여주셨기에 오랜 세월 동안 많은 국민들의 가슴 속에 '영웅'으로 남아 있으며, 그의 혼백은 국민들의 기억 속에서 여전히 살아 숨 쉬고 있다.

우리 해군은 1948년 초대 해군참모총장을 지낸 손원일 제독이 "군인은 충무공 정신에 살고, 충무공 정신에 죽자"라는 실천지침을 제시한 이래 충무공의 후예로서 이순신 제독의 사생관과 숭고한 정신을 실천하기 위해 끊임없이 노력해왔다.

특히 해군사관학교는 장차 '미래의 충무공'이 될 무한한 가능성을 가진 해군사관생도들이 이순신 제독의 삶과 정신을 지표로 삼아 국가와 국민에 헌신하는 리더로 성장할 수 있도록 훈육에 매진하고 있다.

해군사관학교 교정 곳곳에는 충무공 동상과 어록비, 장검, 거북선 등 이순신 제독에 대한 존경을 가득 담은 상징물을 전시하여 충무공의 숨결이 생도들의 마음속까지 전해지도록 하고 있다. 더불어 모든 사관생도는 매월 호국정신의 계승을 다짐하는 '충무 의식' 행사를 하며 충무공 이순신 제독의 후예로 거듭나기 위해 매진하고 있다.

이처럼 해군사관생도들에게 충무공을 강조하는 것은 그가 '필사즉생 필생즉사'의 신념으로 오로지 나라만을 생각하며 승리를 만들어낸 '강인한' 군인이었을 뿐만 아니라, 인격적으로도 흠잡을 데 없는 '따뜻한' 인물이기 때문이다.

충무공의 강인함은 연전연승의 기록으로 인해 신격화되기도 하지만 이순신 제독의 승리는 요행이 아닌 그의 탁월한 전문성과 불굴의 정신에 기반을 두고 있다. 충무공은 임진년 첫해에 서로 다른 환경에서 펼쳐진 여러 해전에서 각각의 상황에 적합한 맞춤형 전술을 구사함으로써 승리를 거뒀는데, 이는 당시 어떤 장수들보다 군사적 전문성과 전장을 읽는 능력이 뛰어났음을 증명한다.

아울러 원칙 앞에 물러섬이 없는 불굴의 정신으로 군령을 어지럽히는 자들을 엄벌함으로써 기강과 규율을 바로 세웠고, 상관의 지시도 옳고 그름을 따져 바르게 행동함으로써 혼란스러운 전장에서도 부하들의 든든한 버팀목이 되었다.

이순신 제독은 흔히 엄격한 지휘관으로 알려졌지만, 병영에서는 병사들과 함께 밥과 술을 먹고 가족사를 묻는 따뜻한 지휘관이었다. 조직을 원칙에 맞게 운용하되 사람을 대할 때는 진심을 전하려고 부단히 노력했다. 공과 사를 구별하고 신상필벌의 균형을 조화롭게 유지했기에 병사들이 신뢰하고 따르고자 했다.

소통을 중시했던 충무공은 의사결정을 혼자 하지 않고 참모들과 상의했으며 부하들의 의견을 경청해 최선의 방책을 함께 결정했다. 그리고 구성원들과 목표를 공유하고 함께 노력할 수 있도록 격려함으로써 충무공의 목표는 휘하 장수들의 목표가 되었으며, 병사들과 백성들의 목표가 될 수 있었다.

이처럼 충무공은 탁월한 '실력'과 모두가 존경할 만한 '인품', 목표를 공유하고 함께 노력하는 '소통'으로 위기를 극복한 최고의 리더였다. 해군사관학교장으로 부임한 후 알면 알수록 감탄하게 되는 충무공의 생애를 보다 많은 사람에게 전하고 싶던 찰나 우연한 기회로 《이순신을 만나다》를 접하게 되었다.

이 책에는 충무공의 삶에서 영감을 받은 사회 각계각층의 인사들이 직접 연구하고 느낀 바를 알차게 담아 놓았다. 충무공 이순신 제독과 관련된 역사·사회·경제·예술·리더십·전략전술 등 거의 모든 분야를 총 망라함으로써 이순신의 생애를 통합적으로 이해하는 데 큰 도움을 주기에 충분하다.

충무공에 대한 존경과 사랑이 외화내빈(外華內貧)에 그치지 않으려면 그분의 삶과 업적에 대해서도 다각적인 연구와 재조명이 필요한데 그간의 부족한 부분을 채워주는 양서(良書)가 나오게 되어 매우 기쁘고 뜻깊게 생각한다. 이 책을 통해 우리뿐만 아니라 전 세계의 존경을 받는 충무공 이순신 제독에 대한 이해가 더욱더 깊어지길 바라며, 진심 어린 마음으로 여러분께 일독(一讀)을 권한다.

해군사관학교 교장
해군 중장 김종삼

발간사

그분을 만나 내 삶이 깊어졌다

2004년, 나는 14년을 땀으로 일군 회사를 접고 '한국 1세대 여성 벤처 기업인'이라는 화려한 타이틀을 뒤로한 채 두문불출했다.

그 무렵 TV에서는 드라마 〈불멸의 이순신〉을 방영하고 있었다. 나는 그때 이순신을 처음 만났다. 물론 그 명성이야 삼척동자도 아는 바지만 가까이서 대면하기는 이 드라마가 처음이었다. 남은 12척의 배로 130여 척의 배를 대적하는 대목에서는 아연했다. 어찌 계란으로 바위를 치려나 싶었다. 그런데 출전에 임한 그의 짧은 연설이 가슴을 온통 흔들어놓았다. "살고자 하면 죽을 것이요, 죽고자 하면 살 것이다!" 정신이 번쩍 들었다. 한 번의 실패로 주눅 든 자신이 부끄러워졌다. 장졸들을 독려하는 이순신의 호령이 다 내게 치는 호통으로 들렸다. 정신이 아뜩한가 하면 가슴이 두방망이질 쳤다. 아, 저분이 뉘기에 주저앉은 나를 단박에 일으켜 세우는가 싶어 그 후로 내 관심은 온통 그분에게 쏠렸다.

《난중일기》를 시작으로 그분 관련 자료를 죄 찾아 읽는 가운데 순례하듯 전적지를 답사했다.

참 이분, 알수록 화수분이었다. 깊이를 알 수 없는 심해로 빠져드는 느낌이었다. 리더십으로 보자면 종합판이자 완결판이고, 인격체로 보자면 가히 전인에 가까운 군자였다.

대부분의 영웅은 신격화의 껍질을 벗고 나면 실망스러운 속살이 드러나게 마련인데 이분은 그 반대였다. 파면 팔수록 감동으로 저린 가슴을 거듭 저리게 한다. 우리 역사에 어찌 이런 사람이 다 나왔을까 싶었다.

이렇게 이순신에게 빠져 살다가 2006년부터 기업 CEO들을 대상으로 '이순신 리더십 강좌'를 열었다. 2009년에는 이순신포럼을 세워 '이순신 정신 체험 행사 프로그램'을 운영해왔는데 지금까지 7천여 명이 참여했다. 2013년 사단법인화한 이순신포럼은 이순신 정신을 교육하는 이순신 리더십 센터 건립을 꿈꾸고 있다.

내 삶을 일으켜 세운 '이순신 정신'은 어느결에 내 삶의 목표가 되었고, 그것을 알리고 북돋는 일은 내 삶이 되었다. 그러기를 어느덧 10년이다.

이순신포럼 10주년을 기념한 《이순신을 만나다》에는 18인 18색의 "내가 만난 이순신" 이야기가 들어 있다. 이순신과 특별한 인연을 맺은 각계의 명사들이 흥미롭고 뜻깊은 이야기보따리를 풀어놓은 것이다. 18색의 이야기들은 저마다 다른 곳에서 시작되지만 끝내는 하나로 만나 통한다.

"그분을 만나 내 삶이 깊어졌다!"

책 진행 총괄을 맡아준 김태우 이순신포럼 부이사장, 기획과 시나리오를 맡아준 서민철 스토리텔링 대표, 어려운 중에도 기꺼이 출판을 맡아준 조명곤 일월일일 대표께 고마운 마음을 전한다.

특히 옥고를 써준 열여덟 분의 필자 여러분과 추천사로 책을 빛내준 김종삼 해군사관학교 교장께 깊이 감사드린다.

이 책을 계기로 더 많은 분이 이순신 정신에 물들기를 바란다.

2019년 여름

한산대첩일을 앞두고 이부경

. . . . .

今臣戰船 尙有十二
戰船雖寡 微臣不死則 不敢侮我矣

지금 신에게는 열두 척 전선이 있사옵니다.
전선의 수는 비록 적으나 신이 죽지 않는 한
적은 감히 우리들을 업신여기지 못할 것입니다.

. . . . .

차 례

전시 경제 전문가
이순신의 전략

문점식

문점식은 세무 전문가로서 세법의 정신과 관련하여 조세의 역사를 연구하여 왔다. 단재 신채호 선생의 《조선상고사》를 읽고 깊은 감명을 받아 조세 사상과 세법 관련 역사를 연구하여 《역사 속 세금 이야기》를 저술하였다.

삼일회계법인에서 공인회계사를 시작하여 KPMG 산동회계법인에서 상무이사, 호주 KPMG Sydney Office에서 한국부 담당 책임자, 한영회계법인의 파트너로 근무하였으며, 현재는 인덕회계법인의 부대표이다. 회계법인에서는 회계 감사와 국제 조세업무를 주로 하였으며, 기획재정부와 지식경제부 자문위원과 국세청의 납세자권익존중위원회, 국세심사위원회 위원으로 활동하였다.

경제 전문가 이순신을 만나다

　임진왜란이 끝난 지 420년이 지났지만 아직도 우리의 임진왜란 연구
는 충분하지 않은 것 같다. 특히 이 분야를 연구하는 학계 전문가들이 많
지 않아 실망이 매우 크다.

　우리에게 이순신은 어머님에 대한 극진한 효성과 자식들에 대한 끝없
는 사랑, 그리고 소속 장병들에 대한 지극한 정성 등 완성된 한 인간으로
서의 모습으로 각인되어 있다. 또한 유교라는 큰 틀 속에서 충성만 강요하
던 당시의 통치 논리로 인해, 마지막으로 목숨을 거두면서 전쟁을 끝낸 거
룩한 모습의 구세주이자 성웅으로 추앙받는 이순신의 모습만이 우리 기
억 속에 깊게 새겨져 있다. 이렇듯 완성된 인간이라는, 한 방향으로 특정
된 '이미지 메이킹' 때문에, 이순신의 다른 많은 매력에 대한 객관적 검토
가 이루어지지 못하는 것은 아닌가 하는 우려를 지울 수 없다.

오늘날 많은 사람이 '성웅 이순신'이란 강렬한 캐릭터에 천착하는 가운데 다양한 행사나 기념사업, 리더십 연구 등 여러 형태로 이순신 장군의 업적을 기리는 것은 조금도 이상할 것이 없다. 죽음으로 성화된 이순신의 모습은 우리 민족의 등불로 앞으로도 영원히 이어질 것이기 때문이다. 하지만 전쟁은 냉혹한 것으로 후일 이를 되돌아볼 때는 항상 전쟁을 수행한 군대와 장비, 그리고 전략과 전비 조달 및 병참 등이 함께 연구되어야 한다. 그렇지 않고 이순신의 인간적인 매력과 그 정신에만 너무 집착한다면 전쟁을 승리로 이끈 이순신의 참다운 면모를 제대로 찾아볼 수 없게 된다.

　필자는 이 글을 통해 임진왜란 당시 경제 전문가로 전쟁을 수행하고 승리를 쟁취한 이순신의 구체적이고 실질적인 능력에 대한 연구 내용을 공유하고자 한다. 많은 사람이 이순신을 존경하고 그에 대해 알게 되면 임진왜란과 당시 동아시아의 역학 구도가 충분히 설명된다고 믿는 것 같다. 하지만 필자는 임진왜란의 승리가 미화된 인간 이순신만으로는 도무지 설명될 수 없고, 보다 구체적인 이유가 확인되어야 납득될 수 있다고 생각했다. 역사상 자기가 전비를 조달해 전쟁에서 승리했다는 기록은 거의 없는데, 인간적인 면모만 부각된 이순신만이 일궈낸 이 승전은 설명할 수 없는 미스터리 그 자체였다. 필자는 세계 각국의 여타 전쟁과는 다른, 이순신 장군의 승리 원인에 대해 고민하고 연구한 결과 '둔전제'와 '해로통행첩(海路通行帖)'에 답이 있다는 결론을 내릴 수 있었다.

　이런 측면에서 볼 때 이순신 장군 아래서 용감하게 싸웠던 여러 영웅이 있지만, 이들이 싸움에 전념할 수 있도록 전비 조달을 담당했던 여러 장수와 기술자들, 그리고 병참과 무기 제조에 힘쓴 사람들이 임진왜란의 진정한 영웅이라고 할 수 있겠다.

경제 전문가 이순신을 만든
두 영웅 정경달과 이의온

필자는 《역사 속 세금 이야기》를 쓰면서 동서고금의 세금 역사를 연구하였다. 연구 결과 전쟁은 세금과 밀접한 관계가 있고 세금 제도의 발전 계기가 되었다는 측면에 주목하게 되었다. 역사상 일어난 대부분의 전쟁을 세금 측면에서 살펴볼 때, 그 전쟁의 승리 요인이 보다 쉽게 설명되는 것을 알 수 있다.

이런 연구 과정에서 도저히 이해되지 않은 전쟁이 임진왜란이다. 임진왜란에서 거둔 이순신 장군의 승전은 기존 상식체계, 즉 충분한 세원에 근거한 승전과는 아무 관계가 없었기 때문이다. 아무리 인격적으로 완성된 인간이며, 고난과 역경을 극복하면서 올바른 길만 찾아갔던 이순신일지라도 재원이 조달되지 않으면 전쟁에서 이길 수 없는 것이라, 그의 승전 이면에는 무언가 특별한 해결책이 있었을 것이라는 확신으로 《난중일기》 읽기가 시작되었다.

2년 정도 《난중일기》를 읽으면서 전시 경제 전문가 이순신의 모습이 서서히 그려지고, 전쟁의 승리에 결정적으로 기여한 두 사람의 영웅이 떠올랐는데, 바로 정경달과 이의온이다. 정경달은 이순신 장군이 채택한 '둔전제'의 책임자고, 이의온은 울돌목(명량)전투 후 긴급히 도입한 재원 조달 방안인 '해로통행첩'을 제안한 젊은 청년이다.

이 두 사람은 임진왜란 중 벌어진 해전을 승리로 이끈 일등 공신이자 영웅이다. 각 해전에서 용맹을 떨친 장수들은 수없이 많았고 이순신 휘하에 들어가면 모든 장수가 그의 신자가 되어 목숨을 걸고 싸웠다. 하지만 재원 조달이 되지 않으면 결국은 이들이 전쟁을 수행할 기반이 없기 때문에, 이순신을 도와 군량과 전쟁자금 조달을 가능하게 한 정경달과 이의온을 승전의 일등 공신으로 꼽는 것이다.

전남 장흥 출신의 정경달(丁景達, 1542~1602)은 이순신보다 나이가 세 살 많고 과거시험도 이순신보다 일찍 합격한 이로, 1591년 경상도 선산 부사로 부임하여 임진왜란 발발 후 의병과 함께 전투에 참여했다. 그러던 중 병에 걸려 치료차 잠시 고향에 머물다 삼도수군통제사가 된 이순신에게 발탁되었다.

당시 이순신은 1593년부터 명과 왜의 강화협상으로 소강상태에서 전쟁의 장기화 조짐이 나타나자 군량 문제로 큰 걱정에 빠졌다. 특히 전쟁 첫해에 제대로 농사를 짓지 못해 흉년이 들었고 전염병으로 죽은 사람이 속출한 것이 가장 큰 문제였다.

이순신은 1587년 녹둔도 둔전 책임자를 역임하며 누구보다 재원 조달의 중요성을 잘 알고 있었기에 삼도 수군의 군량 조달과 군수 지원, 행정을 총괄할 책임자를 구하고 있었다. 1593년 윤 11월 17일에 수군에 없던 종사관 직책을 신설하여 정경달을 둔전 책임자로 기용해줄 것을 장계로 올려 승인을 받고, 1594년 1월 13일에 정경달을 종사관에 임명하였다(《반곡일기》). 그 후 이순신은 1594년 2월 28일 한산도에서 하루 동안의 긴 협의를 통하여 그가 최상의 군수 책임자임을 확인하고 둔전 책임자로서의 업무를 하도록 하였다.

이후 정경달은 이순신의 수군 운영을 지원한 총책임자로서, 둔전 경영을 통한 군량 조달과 지원체계를 완성하고 사부와 격군 충원, 군량 조달을 총괄하였다. 그는 일 년 후 남원 부사로 임명되어 갈 때까지 둔전제를 기반으로 한 군량 조달체계를 확실히 구축하였다. 또한 정경달은 군수 지원을 통해 누구보다 이순신의 수군 경영에 대해 잘 알고 있었기에, 충무공이 1597년 2월 26일 원균의 모함으로 체포되자 목숨을 걸고 그의 구명을 위한 상소까지 올렸던 충직한 참 군인이었다.

한편 1596년 9월, 4년 넘게 끌어온 명·왜 간 강화협상이 결렬되면서 일본은 조선을 재침략하는 데 가장 걸림돌이 될 이순신을 제거하려는 계략을 꾸몄고, 조선 조정과 선조는 왕권의 위협으로 떠오른 이순신을 제거하고자 일본의 계략에 편승해 그를 감옥에 가둔 후 재기 불능 상태로 만들었다.

1597년 4월 1일, 가까스로 풀려난 이순신은 백의종군 신세였다. 이순신이 백의종군하는 사이에 왜의 수군은 칠천량전투에서 조선 수군을 궤멸시키고 남해를 완전히 장악했다. 이어 왜군은 330여 척의 수륙연합 정예군으로 장차 서해를 돌파하여 북상하고자 했다. 이순신은 통제사에 복귀한 직후 남은 13척의 배로 이런 적을 상대해야 했다.

한편 남원성과 전주성을 함락시킨 일본 육군은 전라도를 완전히 장악하려 남하 중이었다. 백의종군 후 복귀한 이순신은 칠천량전투로 궤멸되다시피 한 수군 전력을 추슬러 단 13척의 전선으로 울돌목에서 기적적인 승리를 거뒀지만, 다음에도 승리할 것이란 확신을 가질 수 없는 절박한 상황이었다. 울돌목 승리 후 조선 수군은 고군산도까지 급히 후퇴했다. 왜냐하면 첫째는 왜군이 계속 추격해올 경우 승리를 장담할 수 없었고, 둘째는 진도 앞바다까지 점령한 왜군에게 우수영은 노출된 지역이고 최전방이기 때문에 통제영으로는 적절하지 않아 새 기지가 필요하였기 때문이다. 한편으로 고군산도까지 후퇴한 보다 중요한 이유는 승리한 수군을 널리 보여주면서 백성의 전폭적인 지원을 이끌어내기 위한 고도로 계산된 이순신의 전략이기도 하였다.

약 한 달 반 정도 지나서 이순신은 영산강 하류로 남도 일원의 곡창지대를 지킬 수 있는 길목인 목포 앞바다 고하도(당시의 보화도)에 임시 통제영을 설치하여 106일간의 고하도 시대를 연다. 이렇듯 통제영을 옮기고 전열을 가다듬으려 했지만, 군수 지원 등에서 특단의 대책을 마련하지 못해 이순신은 고민에 빠져 있었다. 이때 군영에서 군수 업무를 담당하고 있던 스무 살밖에 안 된 청년 이의온이 통제사에게 '해로통행첩'이란 새로운 해결 방안을 제안한다.

이의온(李宜溫, 1577~1645)은 조선 전기의 문신이자 철학자인 이언적의 손자로 가문의 명예를 걸고 성실하게 근무하였으며, 이순신이 그를 추천한 사람에게 감사장을 써서 보낼 정도로 충직한 군인이었다. 이순신은 이의온의 건의에 따라 바다에서 운행되는 모든 배는 해로통행첩을 수군으로부터 교부받도록 하였다. 큰 배는 곡식 3가마, 중간 배는 2가마, 작은 배는 1가마를 납부하도록 하였다. 해로통행세는 수익자 부담원칙에 기반을 둔 지방세로서 단 10일 만에 1만 석을 거둘 정도로 쉽게 군량을 조달할 수 있어서 조선 수군을 재건하는 데 결정적인 도움이 되었다.

하지만 해로통행첩 교부를 통한 통행세 징수에 대해 이순신은 《난중일기》에는 전혀 언급하지 않았고 조선 수군을 벼랑 끝에서 구한 이의온이란 젊은 참모에 대해서도 단 한 줄의 기록도 남기지 않았다. 이는 전공에 매우 엄격하고 상세한 기록을 남긴 이순신의 성향상 있을 수 없는 일이었다. 하지만 항상 장군 편에서 후원을 아끼지 않았던 류성룡의 《징비록》에서 해로통행첩의 존재가 확인되는데, 아마도 해로통행첩이 수군 재건의 긴급성 때문에 먼저 시행하고 사후 보고를 통해 승인을 받은 것이 아닌가 추측된다. 한편으로는 치밀한 기록가인 이순신이 왕만이 행사할 수 있는 세금과세권을 행사함으로써 자칫 대역죄로 몰릴 것을 염려하여 일부러 기록에서 뺐던 것이 아닌가 짐작된다.

여하간에 해로통행첩 발행을 통해 조달된 재원으로 전선을 40척 늘리고 병사는 약 8천 명으로 증원해 조선 수군을 완벽하게 재건한 이순신은 완도 근처인 고금도로 통제영을 옮겨 남해 제해권을 다시 확보함으로써 임진왜란을 승리로 마무리할 발판을 마련하였다.

1593년 5월부터 명과 왜가 강화협상을 하는 동안 최강의 수군을 양성하고 전쟁을 지원한 군수 총책임자이자 군량 조달의 일등 공신이며 둔전

관리 책임자였던 정경달. 해로통행첩 발행으로 궤멸한 수군을 단 10일 만에 재건하도록 한 젊은 참모 이의온. 이 두 사람은 통제사 휘하에서 아무도 생각지 못한 부분에서 큰 공을 세움으로써 이순신을 경제 전문가로 새롭게 조명하게 한 임진왜란의 또 다른 영웅으로 재조명되어야 한다.

그러나 시대를 앞서가는 혁신에는 명과 암이 공존하는 법. 이 두 가지 세제는 전쟁 기간에 불가피하게 채택할 수밖에 없었던 이순신의 전략이 었지만, 결국 이 두 가지 세제가 왕의 통치권에 대한 위협으로 인식되어 선조가 이순신을 배척한 결정적인 이유가 되었다. 결과적으로 신라시대 에 청해진을 기반으로 해군 병력을 운용하였던 장보고처럼 왕의 눈 밖에 날 수밖에 없었다.

전시 경제 전문가 이순신의
전략과 함께한 영웅들

전쟁 중에 쌀 한 톨 지원하지 못한 선조는 이순신이 마치 별도의 왕국 처럼 장악하고 있는 남해안 지역이 왕권 유지의 또 다른 위협이라고 보아 끊임없이 이순신을 압박하고 형장에서 고문하면서 결국 백의종군하게 했다. 더구나 원균과 윤근수, 윤두수 형제로 연결되는 이순신 음해세력들의 끝없는 방해는 왜군보다 더 힘든 위협이었다. 이렇듯 내부와 외부로부터 가해지는 끊임없는 방해 공작과 음해에도 불구하고 이순신은 유교적인 제도의 완고한 틀 속에서 오로지 충의(忠義)를 지키며 전란에 휩싸인 나라를 구하기 위해 수로를 통한 왜군의 보급로를 차단하고 결국 전쟁을 승리로 이끌었다.

이처럼 장군은 더 큰 대의를 위해 제도적인 한계를 뛰어넘는 초월자의 경지에 이른 완성된 한 인간의 모습을 보여주었다. 하지만 전쟁은 경제적인 뒷받침 등 실제적인 대책이 필요한 냉정한 게임이다. 그렇기에 더더욱 경제 전문가로서 7년 전쟁을 승리로 이끈 이순신의 면면이 빛을 발하는 것이다.

둔전 경영자로서 이순신

이순신은 늦은 나이인 32세에 과거에 급제한 후 여러 하급 관직을 전전하다 10년 만에 두만강 하구 조산보 만호로 임명되어 여진족과 대치하는 최전방 책임자이자 두만강 하구 삼각주인 녹둔도 둔전 책임자를 역임한 바 있다. 둔전이란 주로 군량을 지원하기 어려운 벽지에서 군대를 주둔시켜 방위하면서 군량을 자체 조달하는 토지를 말하는데, 녹둔도는 함경도에서 흔하지 않게 군량미를 생산할 수 있는 지역이었다. 이순신은 녹둔도에서 둔전을 관리한 경험이 있었기에 임진왜란으로 정부의 징세권이 행사될 수 없는 상황에서 전비를 조달할 수 있는 유일한 해결책으로 둔전제를 떠올렸다. 1593년 7월 한산도로 본영을 옮긴 후 약 6천 명이 넘는 수군을 유지할 근본적인 군량 조달 방법을 고민하던 이순신은 좌수영이 있던 여수 앞바다 돌산도에 둔전을 둘 생각을 하였다. 장군은 이미 1593년 1월 26일에 떠도는 백성을 돌산도에 보내 둔전을 경영할 수 있도록 승인을 요청하는 장계를 올린 바 있었다.

그래서 1593년 7월 한산도로 본영을 옮긴 후 약 6천 명이 넘는 수군을 유지할 근본적인 군량 조달 방법을 고민하던 이순신은 좌수영이 있던 여수 앞바다 돌산도에 둔전을 실시하였다.

이순신은 1593년 윤 11월에 바다 근처 전라좌도 다섯 고을과 우도 열네 고을의 병사와 양곡·병기들을 모두 수군에 속하게 해달라는 장계를 보내면서, 한편으로 군량 자급 책의 일환으로 둔전제를 본격적으로 운영하게 해달라고 건의하였다. 선조가 이끄는 중앙정부는 전쟁 중 징세체계가 무너졌으므로 세금 징수가 어려운 상황에서 둔전제가 군량 조달 책으로 어쩔 수 없는 방안이라고 판단하여 이를 승인하였다.

명이 왜와 강화협상을 하면서 전쟁이 장기화하자 근본적인 군량 조달 방법을 강구할 필요가 있어 정경달을 둔전 경영 책임자로 발탁하였다. 이때부터 체계적인 둔전제가 실시되어 통제영은 둔전 실시 지역에서 중앙정부를 대신하여 생산량의 50퍼센트를 과세하여 자급자족 형태의 군량 지원체계를 마련하였다.

이순신은 1593년 11월에 흥양 도양장(전남 고흥), 강진 고이도, 해남 황원목장, 여수 돌산도에 둔전 설치를 승인받았다. 이후 둔전은 해평장, 흥선도, 절이도, 밀포 등으로 확장되었다. 둔전에 관한 기록은 1594년부터 《난중일기》에 자주 나오는데, 중앙정부가 경제적인 지원을 하지 않는 상황에서 대군을 먹여 살리는 것(하루 두 끼, 매끼 1인당 5홉씩 지급) 자체가 전투보다 더 힘든 문제였기 때문에 둔전 경영이 비중 있게 기록된 것으로 보인다. 특히 1597년에는 둔전 경영에 관한 이야기가 여러 번 나오는데, 추수한 곡식을 세금으로 받은 2월에는 둔전에 관한 내용이 집중적으로 기록되어 있다. 전쟁이 장기화하고 왜의 재침이 예상되는 가운데 수군 병력만 2만 명(최고 많을 때 2만 9천 명 내외)이 넘어서면서 군량 조달이 최우선의 과제였기 때문으로 보인다.

《난중일기》에는 이순신이 스스로 군량을 검수·확인하고 군량 조달 책임자로 '계향유사(繼餉有司)' 혹은 '계원유사(繼援有司)'란 직책을 두어 체계적으로 군량을 조달하였으며, 필요한 경우 지역별 군량 독촉 책임자까지 지명하여 군량을 조달한 것으로 상세하게 기록되어 있다. 또한 도양장과 황원목장이 비중 있게 기록된 것으로 보아 이곳의 생산량이 비교적 많았던 듯하다.

둔전에서 생산된 군량은 주로 쌀과 보리였지만 조·콩·무도 생산하였고, 도양장과 황원목장에서는 말과 가축도 키웠을 것이다. 이렇듯 이순신은 둔전 관리를 한 대규모 농장의 경영자이기도 했는데, 군량 수납에 대해 자신이 직접 회계를 맡고 별도로 군량 치부책을 작성했던 것으로 보아 그는 훌륭한 회계 전문가이기도 하였다.

이순신은 둔전(국둔전 포함)에서뿐만 아니라 순천, 광양, 광주, 나주, 흥양, 보성, 구례, 곡성, 남원과 순창, 옥과, 낙안 등지에서도 군량을 지원받았다. 1594년과 1595년의 《난중일기》 기록에는 삘기를 대규모로 채취한 기록이 있는데, 추운 겨울 동안 배 안에서 솜이불 대신 덮고 지낼 삘기로 만든 '뜸(거적)'을 만들기 위해서였을 것이다.

둔전 생산량의 절반을 세금으로 징수하였는데, 이 중 전세(田稅)를 체찰사 이원익에게 보냈다고 한다. 전세를 계속 정부에 납부했는지는 확실하지 않으나, 정부에 전세를 낸 경우 생산량의 약 10퍼센트는 중앙정부로 보냈고 나머지 40퍼센트 정도가 수군 몫이었을 것으로 추측된다.

이순신의 둔전제는 전쟁 시 피난민을 안정적으로 생활하게 하는 생활 보장책인 동시에 군량 조달을 원활하게 하기 위한 세금 전략이었다. 이순신은 전쟁 상황에서 둔전제를 바탕으로 자급자족형 전비 조달체제를 완성한 전시 경제 전문가이자 세금 전문가이기도 하였다. 이순신이 체포되어 한양으로 압송될 때 원균에게 넘긴 군량은 9,914섬이나 되었다.

군량 조달을 지원한 유사(有司)로는 옥과의 조응복·하응문·유기룡, 보성의 임찬, 동복의 김덕린, 흥양의 송상문 등이었고, 양응원·배승련·송의련·김충의는 지역별 군량 독촉 담당자로서 군량을 원활하게 조달한 영웅들이었다.

어업 및 수산업 경영자로서 이순신

이순신은 둔전제를 통하여 군량을 효율적으로 조달하는 한편, 어로 활동을 통한 수산물 획득과 미역 등 해산물 채취에도 남다른 관심을 갖고 있었다. 《난중일기》에는 송한련이 고기를 잡아 군량을 사겠다고 건의해서 어업이 시작되었고, 미역 채취(1594년 3월)는 물론 1595년부터는 청어 및 조기를 팔아 부족한 군량을 조달하였다고 적고 있다. 이렇듯 해산물은 수군의 부식으로 제공될 뿐만 아니라 부족한 군량을 조달할 수 있는 중요한 수단이기도 했다.

특별히 1595년 11월부터 잡기 시작한 청어는 중요한 어종으로 《난중일기》에 기록되어 있는데, 그해 11월 21일에는 군량 조달을 위해 청어 13,240두름(1두름은 20마리)을 물물교환으로 내놓았다고 하는 것을 보면 수군이 체계적으로 청어를 잡았음이 분명하다. 청어잡이 책임자로는 오수·박춘양·황득중이 기록되어 있고, 말리는 담당자는 하천수, 군량과 교환을 담당한 이로는 송한련과 김희방·이종호가 명시되어 있다.

이처럼 이순신은 생선의 채취, 건조 후 군량 조달로 연결되는 일관 작업체계를 완성한 어업 및 수산업 경영자이기도 했다. 영국의 애덤 스미스가 1776년 《국부론》에서 분업의 이익을 설명하여 경제학의 시조로 불리고 있지만, 이순신은 애덤 스미스보다 180여년이나 앞서 분업을 통해 어업 및 수산업을 경영한 실천가였다.

한편 이순신은 소금 생산을 위하여 큰 솥을 제조(이 큰 솥으로 하루 5가마의 소금을 생산하였다고 하는데, 군자감의 윤선민이 주장한 것처럼 생산자에게 반을 주고 나머지 반을 수군 몫으로 했는지는 《난중일기》에 기록이 없다)하고 염장 강막지로 하여금 본격적으로 생산하게 하는 등 자급자족을 위해 소금 제조업도 운영한 것을 알 수 있다. 특히 울돌목전투 이후 칠천량에서 몰살당한 수군 때문에 둔전제의 효과가 확실하지 않게 되자, 긴급한 군량 조달을 위해 이순신은 1597년 10월 20일에 소음도를 포함한 13개 섬에 염전을 설치하고 김종려에게 '감자도감검(監煮都監檢)'이란 직책을 주어 염전 관리 책임을 맡겼다.

《난중일기》에 보면 마(麻)도 산 적이 있는데, 이는 수군의 제복 마련뿐만 아니라 돛이나 수산물 채취를 위한 그물 제조를 위해서도 필요한 재료였다. 이순신은 그물 제조용 마 조달 책임자로 승려로서 참전한 의능과 수인(守仁)을 두었다.

이처럼 어업 및 수산업 경영자로서 이순신과 함께한 영웅들은 이 전략을 제안한 송한련과 실무책임자 오수를 비롯하여 박춘양, 황득중, 하천수, 김희방, 이종호, 김종려, 의능과 수인 등이었다.

최고의 조선업자 이순신

임진왜란을 승리로 이끄는 데 가장 중요한 역할을 한 것은 왜군을 공포로 몰아넣은 거북선이었다. 거북선은 이순신이 경영한 조선소에서 제조한 최고의 전선이었다. 거북선은 벼슬을 그만두고 수년간 전선 연구에 몰두한 나대용을 책임자로 발탁하여 전쟁 직전에 3척을 건조하여 첫 전투에 나서기 하루 전에 화포 시험 발사까지 마친 상태였다. 철갑을 씌운 공포의 배로 적진을 누비면서 화포로 적선을 부수는 거북선이야말로 조선 건조 전문 경영자로서 이순신이 만든 최고의 작품이자 전쟁을 승리로 이끈 원동력이 되었다.

이순신은 태종 때에 개발된 거북선을 돌격선으로 사용하기 위해 철갑선으로 재제작했다. 특히 남해에 맞게 평저선으로 설계하여 물속에 덜 잠기도록 해 운행 시 배의 회전속도를 빠르게 했을 뿐 아니라, 선실을 2층으로 설계하여 비전투원을 밑층에 둠으로써 전투원과 분리해 효율적인 전투를 할 수 있게 혁신적으로 제작하였다. 여기에 화포까지 장착하여 왜적을 공포로 몰아넣었다. 또한 이순신은 빠른 속도가 장점인 왜의 관선(關

그림 1_____**거북선 실물 사진**

*출처: 1867년 일본 니가타현 성벽 공사 중 발견, 진도전망대 명량해전체험관 소장.

船)에 효과적으로 대응하기 위해 회전이 쉬운 판옥선에 고려시대 때부터 개발된 우수한 화포를 더 많이 장착하여 전쟁을 승리로 이끌었다. 하지만 우리는 현재까지도 전투가 불가능한 왜곡된 모형의 거북선을 표준모형이라고 할 정도로 이 분야에 대한 연구 및 홍보가 부족한 것이 사실이다.

《난중일기》를 보면 당시 군량 책임자였던 송두남이 이상록과 함께 선박 검수 및 인수 업무를 담당하였다고 기록되어 있으며, 특히 1594년에 전선 건조가 많았음이 드러난다. 그해 1월 24일의 일기에는 송득일이 목수 41명과 함께 선박 제조용 나무 벌채를 위해 산으로 갔다고 적혀 있는데, 이를 통해 대규모 인력을 갖춘 조선소가 있었음을 짐작할 수 있다. 초기에는 진도에 조선소를 두었으며, 나중에는 흥양과 옥포, 광양, 고성, 웅천, 당진포 등 여러 곳에서 건조하였다. 1596년 기록에 의하면 목수 10명을 거제도로 보내 배 만드는 기술을 가르치게 하였다고 나오는데, 이를 통해 그 당시 거제도에서 대규모 조선소가 운영되었음을 알 수 있다.

조선소의 규모가 얼마나 컸는지는 1595년의 기록으로 추정해볼 수 있는데, 그해 9월 2일 군사 1,283명에게 음식을 먹이고 재목을 끌어오게 하였고, 1596년 8월 20일에는 송희립이 군사 1,090명을 동원할 정도로 큰 규모의 건조 작업이 이루어졌음을 확인할 수 있다.

최고의 조선업 경영자로 이순신을 만든 공신은 나대용과 목수 옥지 등 40명이 넘는 목수들과 이들을 지휘한 송득일, 배를 만들어오면 납품을 담당했던 송두남·이상록, 나무를 조달한 김응겸 등이었다.

기타 군수용품 제조업 경영자로서 이순신

이순신은 이봉수를 화약 전문가로 발탁하였다. 그는 흙에서 질소와 알칼리 성분을 채취하여 물에 끓이면 화약 재료인 염초, 즉 질산칼륨이 생긴다는 것을 발견하여 이것을 제조함으로써 이순신 장군이 3종의 총통과 질려포(蒺藜砲), 대발화(大發火)를 포함한 화포를 사용해 전쟁에 승리하도록 결정적인 공헌을 하였다. 이봉수는 조정이 화약 제조에 필요한 황을 충분히 보내주지 않는 난관을 극복하기 위해 새로운 화약 개발 연구에 몰두했다.

이순신은 왜군의 해상수송로를 차단하는 것이 승리의 비결이라는 굳은 믿음 아래 개선된 화약 기술과 이를 바탕으로 한 화포 기술로서 적선을 깨뜨리고 불태워 나라를 구했다. 초급 장교 시절에 이순신은 전라남도 고흥군 도화면 발포리에서 발포 만호 직책을 수행한 적이 있었는데, 이때의 경험이 임진왜란 승리에 큰 도움이 되었다. 특히 그는 태종 때부터 개발된 천자·지자·현자 총통을 조선 수군에 장착하였는데, 이 세 가지 종류의 총통은 각기 사거리가 달라 전투 상황에 따라 적절하게 사용하였다. 이렇듯 이순신이 구축한 우세한 화약 기술과 화포 기술은 전쟁을 승리로 이끈 결정적인 요인이었다.

한편 각종 무기 제조에 필요한 쇠를 준비하여 우수영에 보낸 기록으로 미루어보아 전쟁에 필요한 철제 무기류 제조에 필요한 공방도 있었을 것으로 추정된다. 쇠를 가져온 자에게는 면천의 혜택까지도 주었다.

《난중일기》에는 황득중이란 사람이 나오는데 무기 제조에 쓸 쇠를 조

천자총통(길이 136.5cm, 안지름 12cm, 바깥지름 24cm)

지자총통(길이 89.5cm, 안지름 10.5cm, 바깥지름 15cm)

현자총통(길이 95cm, 안지름 7.5cm, 바깥지름 15.2cm)

그림 2_____ 각기 사거리가 달라 전투 상황에 따라 적절하게 사용한 천자·지자·현자 총통

*출처: 국립중앙박물관.

달하고 총통을 제조하는 책임자였던 것으로 파악된다. 황득중은 서자 출신으로 벼슬이 없었는데 이순신은 철제 무기 제조에 큰 공을 세운 그가 관리로 등용될 수 있도록 추천(허통공첩, 許通公帖)하였다. 여기서 우리는 출신 성분을 가리지 않고 논공행상에 엄격한 이순신의 인재 발탁 능력을 보게 된다. 이처럼 공정한 인재 발탁 시스템 때문에 이순신 군영에 인재가 몰려들었고, 이것이 그가 강군을 만든 비결이라고 할 수 있겠다.

해전에서는 성능 좋은 활과 화살이 중요하였는데 이순신은 화살 성능과 품질관리 책임자인 지이(춘복도 같이 일함)를 비롯하여 각 지휘관과 함께 여러 종류의 화살을 만들어 직접 시험해보고 성능 개선에 큰 노력을 기울였다. 특히 1595년부터 쇠화살촉과 사거리가 긴 편전에 관한 기록이 《난중일기》에 많이 나오는데, 조총에 맞서기 위해 사거리가 길고 성능이 좋은 활과 화살에 대한 장군의 관심이 컸음을 보여준다.

그런가 하면 이순신은 숯을 보관할 창고를 둘 정도로 규모가 있는 공장을 유지하여 총통 제조에 힘을 쏟았다. 이러한 대비는 전쟁을 승리로 이끄는 데 크게 기여했다. 이순신은 전쟁 초기 단계에 입수한 왜군 조총을 조정에 보내 대비하도록 하였는데(1593년 윤 11월 14일), 조정에서는 깊은 관심을 보이지 않아 초기 패전의 원인이 되었다. 또한 그는 돈을 주고 조총을 사기도 했는데(1596년 6월 7일), 조선의 무기 혁신에 필요하였기 때문이다. 이순신은 본인이 첫해 해전에서 크게 승리하면서 총통의 위력을 실감하였고 1593년 정사준의 주도로 조총을 개량한 정철총통을 제조한 후 낙안 대장장이 이필종, 노비 동지와 언복을 시켜서 보완한 후 조정에 올려보내 전쟁에 사용하도록 하였다(1593년 5월 12일). 이밖에 태

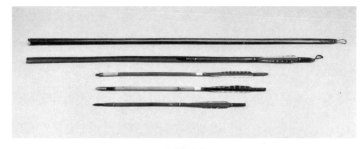

통아와 편전

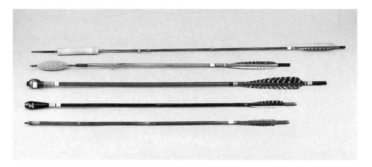

화살(위부터 신기전, 화전, 효시, 박두, 유엽전)

그림 3_____ **조총에 맞서기 위해 사거리가 길고 성능이 좋은 활과 화살 개발(복원품, 제작 유영기)**

*출처: 해군사관학교박물관.

구련과 언복이라는 최고의 기술자를 두어 각종 전투용 칼을 만들게 하였다.

위와 같이 기타 군수품 제조업 경영자로서 이순신을 있게 한 영웅들은 화약 전문가 이봉수, 총통 제조 전문가 황득중과 정사준, 그리고 특히 많이 언급하고 있는 활과 화살 성능 개선을 위하여 노력한 박옥·옥지·무재·춘복·이지·지이가 있었고, 대장장이 이필종·동지, 칼 제조 전문가 태구련과 언복 등이었다.

시장경제 전문가로서의 이순신

이순신은 전시에도 시장경제 원리에 정통한 실물경제 전문가의 모습을 보여주었는데 전쟁 중에도 어업을 통해 생산된 수산물을 시장에 팔아 군량을 조달하였으며, 전선 운용에 필수 요원인 사군과 격군에게 급여를 지급(1595년 5월 17일)하기도 하였다. 수군 병력의 대부분은 군역으로 모집하거나 강제 징발했음에도 불구하고 급여를 준 수군을 둔 것은 극히 이례적인 일이었다. 하지만 이렇게 급여를 지급하여 최고의 군인들을 보충함으로써 전력의 상승효과를 거둘 수 있었다.

한편 이순신은 정보를 제공하는 첩보원들에게도 상당한 양의 곡식과 소금 등 대가를 주어 시장경제에 입각한 정보망을 유지했다. 또한 둔전과 총포, 어업, 병기에 관한 모든 물량을 기록으로 남겨 관리하는 철저한 회계 전문가였고 투명한 관리체계에 기반을 둔 실무형 장수이기도 했다.

이순신은 이처럼 투명한 관리체계에 근거한 군수 지원체제를 만들었고, 시장경제 원리를 적용한 효율적인 시스템을 구축하여 전쟁에 승리하였다. 한편 옥포해전 승리 후 전투에서 이기면 이익이 생긴다는 동기 부여를 위해 빼앗은 쌀 300섬을 격군과 사군들에게 나눠주고 의복과 목면 등을 군사들에게 주겠다고 장계를 올리기도 하였다.

공명고신 발행을 통한 재원 조달

이순신이 주도한 것은 아니지만 이순신은 정부의 정책에 따라 공명첩을 발급해주고 전비를 조달하기도 하였다. 임진왜란이란 국가 위기를 맞아 호조에서는 공명첩 발행을 건의하였는데, 명목상의 관직을 매각하여 양반 자격을 부여하고 군량을 조달하는 것이었다. 대게 향리나 서자 출신에게 기부금 정도에 따라 직급별로 명예 관직을 부여하였는데, 1593년 선조로부터 명목상 관직을 주는 '공명고신(空名告身)' 300장을 받아 군량을 받고 발급하였다.

맺으며

우리는 앞에서 전시 경제 전문가로서의 이순신을 살펴봄으로써 너무나 매력적이고 완성된 한 인간으로서의 구세주적인 면모에 매몰되어서는 제대로 된 이순신 연구가 될 수 없다는 것을 알게 되었다. 이순신에 대한 연구는 그의 인간적인 매력 때문에 생긴 허상(?)을 거두고 냉정하고 객관적인 잣대로 연구할 때 비로소 실상이 보이고, 전쟁의 승리를 가져온 진정한 원인을 밝힐 수 있을 것이다.

\이런 관점에서 볼 때 이순신 장군과 임진왜란을 제대로 연구하려면 다음과 같은 몇 가지 연구가 더 있어야 할 것이다.

첫째는 전쟁을 수행한 병력에 대한 연구가 있어야 한다.

군대 편제는 어떻게 구성되었고, 누가 책임자였고, 명령체계는 어떻게 되었으며, 그리고 어떻게 지휘 통솔되었는지에 대한 연구가 필요하다. 임진왜란이 끝난 지 420년이 넘었지만, 임진왜란에 대한 연구는 아직도 미흡한 게 사실이다. 비근한 예로, 울돌목전투 후 바다에서 끌어올린 적장이 물길이 험한 일본 시코쿠 출신의 마다시(馬多時)라고 분명하게 기록되어 있음에도 불구하고 학계에서는 이를 부인하고 아직도 다른 사람 이름으로 열거하고 있다. 임진왜란에 참여한 병력, 즉 군대를 들여다볼 때는 조선군뿐만 아니라 왜군과 명의 편제, 장군들을 포함한 장병들에 대한 연구도 포함되어야 하는데, 우리 연구는 조선군에 대한 초보적인 연구도 제대로 되어 있지 않은 실정이다.

둘째로는 무기체계에 대한 연구이다.

전쟁을 수행하면서 크게 기여한 것은 거북선인데, 거북선의 실제 모습은 어떤 것인지? 조선군이 승리하는 데 결정적인 요인이 된 함포의 우월성은 어떻게 가능했는지? 그 밖의 무기체계는 어떠했는지? 등등 전쟁을 수행한 장비 및 무기체계, 조달 방안에 대한 연구가 필요하다. 이 또한 조선에 한정될 문제가 아니고 왜군과 명나라군에까지 확장해서 연구해야 전쟁의 실체를 밝힐 수 있을 것이다.

셋째로는 전략에 대한 연구이다.

각 전쟁의 단계별로 전쟁에 참여한 3국의 정부 및 군의 전략은 어떠했고 전쟁의 승패를 갈랐던 전략은 무엇인지에 대하여 연구가 따라야 한다.

넷째는 전비 조달과 병참 문제이다.

많은 연구자가 승리 혹은 패배의 기록에만 함몰되어 이 문제를 깊이 생각하지 않는데, 전쟁의 승리는 충분한 전비와 병참이 확보되지 않으면 불가능하다는 사실을 간과한 탓이다. 앞에서 우리는 조선 수군을 중심으로 이 분야를 살펴보았는데, 앞으로는 명군과 일본군에 대해서도 깊은 연구가 따라야 할 것이다.

분야별로는 위에 언급한 방향에서 추가로 연구가 있어야 할 것이고, 이순신에 대한 연구 역시 《난중일기》를 넘어서 국내외 자료 특히 일본과 중국에 있는 기록을 총체적으로 보완하여 체계적으로 이뤄져야 한다. 하지만 가장 중요한 것은 행사 위주가 아닌 학술상 제정과 연구 지원체계의 지속적인 구축 등 구체적인 방안을 마련하는 것이라고 하겠다.

《난중일기》속에서
만난 이순신

~

노승석

한국번역가협회 고전 전문 번역가로서 50여 종의 고전을 번역했고, 성균관 한림원, 순천향대학교 이순신연구소와 교양학부 교수, 2013년 유네스코 세계기록유산 자문위원(《난중일기》 등재)을 역임하고, 현재 여해고전연구소장으로 활동하고 있다. 《난중일기》를 최초로 완역하여 《교감완역 난중일기》(여해)를 출간하고, 《이순신의 승리 비결, 주역으로 풀다》를 집필했다.

전쟁 비망록, 《난중일기》

　인류의 역사를 보면 어느 시대든지 위인(偉人)이나 현사(賢士)들은 항상 남다른 혜안으로 나라의 안위(安危)를 걱정하여 앞날에 대한 대비를 철저히 했다. 특히 위정자들은 태평한 세상을 만들기 위해 항상 부국강병(富國强兵)에 힘썼는데, 이는 치세(治世)를 위한 방법이 바로 국방정책에 달려 있다는 의식에서 비롯한 것이다. 중국 춘추시대 최고의 병법가 손무(孫武)가 "전쟁이란 국가의 중대한 일이다."라고 말했듯이, 전쟁은 인간의 생사와 국가의 존망이 달린 만큼 매우 중대한 문제였다.

　많은 나라는 대체로 전쟁을 거치면서 더욱더 성장 발전했다. 이런 점에서 전쟁이란 인류가 변천해가는 과정에서 보이는 하나의 과도기적인 현상이라고도 할 수 있다. 16세기 후반 동아시아의 판도를 뒤흔든 임진왜란은 한반도에서 일어난 조선과 명, 일본 삼국 간의 치열한 국제전쟁이었는데, 이때 삼국에서는 전술에 뛰어난 무장들을 대거 동원하여 해륙전(海陸戰)을 감행하게 했다.

조선은 전쟁이 발생하기 일 년 전 일본에 다녀온 통신사 황윤길과 김성일이 전쟁에 대한 서로 다른 의견을 선조에게 보고하면서 큰 혼란에 빠진다. 특히 이들이 갖고 온 도요토미 히데요시의 국서 내용이 심상치가 않았다. 즉, "한번 뛰어서 곧장 명나라로 들어갈 것이다(一超直入大明)"라는 내용과 "조선을 먼저 몰아내고 입조할 것이다(貴國先驅而入朝)"라는 내용 때문이었다.

마침내 1591년 2월, 선조는 비변사에 명하여 장수 감이 될 만한 인재를 추천하도록 하자, 좌의정 겸 이조판서인 류성룡이 정읍 현감으로 있던 이순신(李舜臣)을 추천하여 전라좌수사(정3품)로 발탁한다. 이순신은 이미 2년 전에 이산해와 정언신에 의해 특별 채용[不次採用]된 경력이 있었기에, 정읍 현감(종6품)에서 진도 군수(정5품)와 가리포 첨사(종3품)를 거쳐 빠르게 승진할 수 있었다.

이순신은 좌수영에 부임한 뒤, 왜군이 반드시 쳐들어올 것을 알고 전쟁에 대비하여 무기를 정비하고 거북선[龜船] 제조에 착수하였고, 왜구를 막기 위해 수군(水軍)의 중요성을 강조하며 해상과 육지 모두 철저히 대비해야 한다고 조정에 보고하였다. 특히 임진년 1월 1일에는 전쟁이 일어나지 않은 상황에서 전쟁을 철저히 대비하기 위해 먼저 붓을 들고 《난중일기》를 쓰기 시작했다.

그런데 이순신이 작성한 《난중일기》는 전란 중에 벌어지는 사건들을 기록한 전쟁일기인데, 첫 장은 전쟁이 아니라 어머니에 대한 그리움을 적고 있다. 국가의 안위를 걱정하는 충성심으로 일기를 쓰기 시작했지만, 그 이면에는 부모에 대한 남다른 효(孝)의 정신이 먼저 간절하게 드러나 있는 것이다. 그뿐만 아니라 병조의 아전인 나장(羅將)을 어머니께 보내 대신 문후를 드리게 하고, 어머니의 생신에는 장수를 비는 술을 직접 올리지 못하는 슬픔을 적기도 했으며, 연로한 어머님이 생존해 계시기에 자신의 새치 십여 가닥을 다 뽑아버린 극진한 효자의 모습을 엿볼 수 있다. 이러한 모습을 통해 이순신은, 백행의 근본인 효를 실천할 때 비로소 나라에 대한 충성도 우러나온다는 유학(儒學)의 이상적인 인간상을 보여준다.

《난중일기》란 임진왜란 중 진영에서 일어난 전쟁 상황과 공사 간(公私間)의 여러 가지 일들을 일일이 써 내려간 7년간의 기록이다. 치열한 전투를 치른 날에는 간혹 빠뜨린 경우도 있지만, 거의 매일 틈나는 대로 일기를 기록했다. 그날그날의 날짜와 날씨는 물론, 작전 시에 오간 장소와 만난 인물들을 상세히 기록했다. 한 개인의 일기지만, 이는 전쟁을 대비하기 위한 비망록(備忘錄)과도 같다. 잘못된 일이 있으면 다시는 그와 같은 과오를 범하지 않기 위해 경계로 삼았고, 잘된 일은 전쟁 대비와 미래 발전의 거울로 삼았다.

《난중일기》를 보면 평서문(平敍文)으로 당시의 상황들이 구체적이고 사실적으로 기록되어 있다. 특히 이순신이 최고 지휘관으로서 전쟁에 참전하면서 진중에서 보고 들은 여러 가지 사건들을 거의 매일같이 생생하게 기록했는데, 여기에서 바로 실기문학(實記文學)의 특징이 잘 드러나 있다. 이러한 점에서 《난중일기》는 이순신이라는 한 인물에 대한 연구는 물론, 임진왜란 연구에도 큰 도움이 되는 사료적 가치를 지니고 있다 하겠다.

특이한 것은 《난중일기》 서체가 일반인들은 쉽게 읽지 못할 초서(草書)로 작성되어 있고, 그 당시 유행한 문서 내용과 용어들도 자주 사용되었다는 점이다. 이러한 형태는 일반 장수에게서 볼 수 없는, 문인의 소양이 있는 학자에게서만 볼 수 있는 특징이다. 이순신은 무과 출신의 장수지만, 본래는 형님인 요신(堯臣)을 따라 서당을 다니면서 착실하게 유학(儒學)을 공부하며 재능을 드러냈던 탓에 남다른 문필력으로 《난중일기》라는 역작을 남길 수 있었다.

《난중일기》는 전쟁에 직접 참전한 최고 지휘관이 직접 보고 들은 사실과 경험들을 적은 생생한 기록으로, 세계 역사상 어디에서도 그 사례를 찾아볼 수 없는 희소성을 지니고 있기에 2013년 유네스코(UNESCO) 세계기록유산으로 등재되어 그 절대적 가치를 인정받은 바 있다.

《난중일기》에 적힌 글자는 약 8만여 자인데, 대체로 긴박한 상황에서 작성되었기 때문에 급히 써 내려가다가 다시 작성하는 등 수정과 삭제를 반복한 글들도 많이 보인다. 비록 이처럼 알아보기 어렵게 작성되었지만, 후대에는 실기문학의 백미로 평가를 받기 때문에 글자 한 자 한 자가 모두 소중하다 하겠다.

《난중일기》는 정조(正祖) 때 왕명으로 《이충무공전서(李忠武公全書)》를 간행할 당시 편찬자인 규장각 문신 윤행임(尹行恁)과 검서관 유득공(柳得恭)이 초서로 된 친필 초고본을 처음으로 해독하여 활자본〔정유동주자(丁酉銅鑄字)〕을 만들었고, 원래 연도별 《임진일기》, 《계사일기》, 《갑오일기》, 《을미일기》, 《병신일기》, 《정유일기》, 《무술일기》로 된 것을 하나로 묶어 '난중일기'로 명명했다. 일기를 보면 대체로 큰 전쟁이 일어난 해에는 일기 분량이 일정하지 않고 누락이 심하지만, 큰 전쟁이 없었든 해는 비교

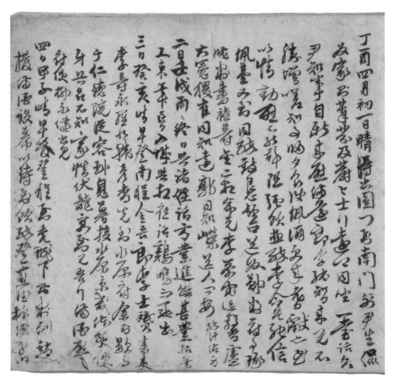

그림 1_____ 《난중일기》 *출처: 문화재청.

적 일정하게 적혀 있다. 임진·계사·정유일기가 전자에 속하고 갑오·병신 일기가 후자에 속한다.

특히 《정유일기》는 이순신이 가장 힘든 시기에 작성된 일기이다. 억울한 옥살이를 했던 정유년 초기에는 일기를 적지 못하고 출옥한 이후인 4월 1일부터 다시 적기 시작하여 10월 8일까지 일기를 작성한 뒤, 다시 8월 4일부터 재작성하여 12월 30일까지 이어갔다. 결국 두 번 일기를 작성하여 《정유일기》가 2권인데, 이로 인해 이 두 일기는 8월 4일부터 10월 8일까지 66일간의 일기가 서로 중복되어 있다.

이순신은 《정유일기》 4월 13일에 "모친의 상사(喪事)로 매우 애통하여 다 적지 못하고 뒤에 대강 추록한다."라고 하였다. 제때 글을 다 적지 못한다는 말에는 그 당시의 상황이 매우 급박함을 내포하고 있다. 노산(鷺山) 이은상(李殷相)은 이에 대해 "앞 책에 간지가 잘못 적혀 있는 것과 또 내용에서도 뒤에 있는 것이 앞의 책보다 비교적 좀 더 많이 적힌 것 등을 보아, 혹시 공(公)이 시간의 여유를 타서 기억을 되살려가며 새로 한 번 더 적어본 것이 아닌가 생각한다."라고 유추했다. 또한 《정유일기》의 필기 상태만 보아도 유난히 심하게 흘려 있는 것을 볼 수 있는데, 이는 그 당시의 이순신이 삼도수군통제사에서 파직되고 억울한 옥살이를 하고 나와서 백의종군하는 중에 또다시 모친상까지 당하는 최악의 상황에서 기록한 것임을 짐작게 한다.

새로운 일기 속에서 만난 이순신

지난 2007년 필자는 충무공 집안에 대대로 전해 내려오던 《충무공유사(忠武公遺事)》를 완역하여 그곳에서 기존 《난중일기》에 없던 새로운 일기 32일 치를 찾아냈다. 이 책은 숙종 19년(1693) 이후 충무공 집안과 관계된 미상인에 의해 전사된 것으로 추정하는데, 총 32일 치의 적은 분량이지만, 간혹 기존 초고본의 오류를 수정한 첨지(籤紙, 띠지)도 붙어 있다. 일종의 교감(校勘) 형태로 필기가 이루어진 것인데, 이러한 몇 가지 사실들은 《난중일기》에 대한 하나의 새로운 진전이라고 평가된다.

이 《충무공유사》본 일기에는 그간 알 수 없던 이순신의 인간적인 면모를 보여주는 내용이 들어 있어서 세간의 주목을 받았다. 특히 이순신이 꿈속에서 부친을 만나 당부의 말씀을 듣고 맏아들의 혼삿날을 미룬 이야기는 그의 극진한 효심을 알게 해준다.

> 삼경(三更)에 꿈을 꾸니 돌아가신 부친께서 와서 분부하기를 "13일에 회(薈)가 초례(醮禮, 혼례)하여 장가 가는 것이 알맞지 않은 것 같구나. 비록 4일 뒤에 보내도 무방하다."라고 하셨다. 완전히 평상시와 같은 모습이어서 이를 생각하며 홀로 앉았으려니, 그리움에 눈물을 금하기 어려웠다. (三更夢先君來教, 十三日送醮, 薈往似有不合, 雖四日送之無妨爲教, 完如平日, 懷想獨坐, 戀淚難禁)　　　　　－《교감완역 난중일기》을미 1월 12일

이순신은 평소에 항상 근신하며 수양하는 자세로 정제된 생활을 하여 정신력이 남달랐고, 그에게 꿈은 현실로 이어지는 예지몽 같은 경우가 많았다. 앞으로 전쟁에서 큰 업적을 세워 영웅이 될 것을 예견한 황룡의 꿈은 매우 상징적이었다.

> 꿈을 꾸니 서남방 사이에 붉고 푸른 용이 한쪽에 걸렸는데, 그 형상이 굽어 있었다. 내가 홀로 보다가 이를 가리키며 남들도 보게 했지만, 남들은 볼 수 없었다. 머리를 돌린 사이에 벽 사이로 들어와 화룡(畵龍)이 되어 있었고, 내가 한참 동안 어루만지며 완상(玩賞)하는데 그 빛과 형상의 움직임이 특이하고 웅장하다고 할 만했다. 기이한 상서로움이 많기에 이를 적는다. (二月初九日, 夢西南間, 赤靑龍掛在一方, 其形屈曲, 余獨觀之, 指而使人見之, 人不能見. 回首之間, 來入壁間, 因爲畵龍, 吾撫玩移時, 其色形動搖, 可謂奇偉, 多有異祥, 故記之)
> —《교감완역 난중일기》을미 2월 9일

그밖에 새로운 일기 속에는 권율이 허위 보고한 사실에 대해 비판한 내용과 원균의 흉악한 행위에 대해 지적한 내용이 담겨 있다. 그런데 이러한 불만을 토로한 사적인 내용이 기존의《난중일기》에는 왜 빠져 있었을까. 전서본을 간행하면서 이순신의 업적에 도움이 되지 않는 내용을 편찬자 또는 후손들이 삭제한 것으로 추정된다.

혹간, 이 책에 대해 가치를 인정하지 않는 이들도 있다. 이것이《난중일기》의 내용을 일부 초록한 기록이지만, 표지의 제목이 부정확하고 간혹 날짜를 오기한 경우도 있기 때문이다. 그러나 필자가《충무공유사》의 표지 제목을 처음으로 밝혀냈고, 기존 《난중일기》에 빠지거나 오기된 부분을 보충해줄 수 있는 내용을 고증하여 이미 기존의 일기에 합본했기 때문에 이것도 하나의 보충 사료로서 인정받아야 마땅하다.

《난중일기》 판독의 역사를 보면, 1693년 《충무공유사》가 전사된 이후부터 1795년 《이충무공전서》 본의 《난중일기》와 1935년 조선사편수회〔이마이다 기요노리(今井田淸德) 회장〕의 《난중일기초》를 거쳐 필자가 2017년 《교감원문 난중일기》를 간행하기까지 324년 동안 선대의 많은 학자의 노력이 있었다. 그러함에도 초서체라는 어려움 때문에 판독 본에는 이본(異本) 간의 차이와 오독 등이 발생하게 되었다.

또한 《난중일기》 번역의 역사를 보면, 1916년에 조선연구회(朝鮮研究會)의 주간인 일본인 아요야 나기 난메이〔靑柳南冥(綱太郎), 1877~1932〕가 《난중일기》를 일본어로 처음 번역하였지만, 을미년 5월 29일까지만 되어 있어 번역서로서 인정을 받지 못했다. 그 후 국내에서는 이은상과 설의식이 처음으로 일부를 번역했다.

1955년 11월 30일에 벽초(碧初) 홍명희(洪明熹)의 아들 홍기문(洪起文, 1903~1992)이 번역한 《난중일기》를 필자가 2013년에 처음으로 국내에 소개했는데, 이것이 번역본의 원조다. 이후 1960년대에 접어들면서 이은상이 이에 윤문을 더해 《난중일기》 번역본을 간행했는데, 오늘날에는 이 두 학자의 번역본이 후대의 《난중일기》 연구에 큰 영향을 미쳤다.

필자는 지금까지 《난중일기》 판본과 번역서를 종합 정리하여 정본을 새롭게 만들었고, 논문 〈난중일기의 교감학적 검토〉로 박사학위를 받았으며, 그 후에도《난중일기》와 이순신 관련 문헌들을 발굴하여 200여 곳의 오류를 교감함으로써《교감완역 난중일기》를 간행할 수 있었다. 최초로 밝혀낸 내용 중에서 특기할 만한 사항은 이순신이 나관중의《삼국지통속연의(三國志通俗演義)》의 글을 옮겨 적은 내용이다.

갑오년 11월 28일 이후 기록을 보면, 난도와 함께 적힌 몇 줄의 글귀가 있는데, 내용은 아래와 같다.

'난도(難逃)'

밖에는 나라를 바로잡을 주춧돌이 없고 안에는 계책을 결정할 동량이 없다.① 배를 더욱 늘리고 무기를 만들어 적들을 불안하게 하여 우리는 그 편안함을 취하리라.② (外無匡扶之柱石, 內無決策之棟樑. 增益舟船, 繕治器械. 令彼不得安, 我取其逸)

위의 난도는 '난도정수(難逃定數)'에서 유래한 말로 해석하면 "정해진 운명을 피하기 어렵다"는 뜻이다. 기존에는 도(逃)자를 '도망'으로 풀었지만, 이 원전에 근거하면 '피하다'로 해석해야 옳다. '난도정수'란 말은 중국 촉한의 정치가 제갈량이 임종하기 전에 한나라 후주 유선(劉禪)에게 올린 유표(遺表, 임종 시 임금에게 올리는 글)에 나오는 말이다.

살고 죽는 것에는 상도가 있으니, 정해진 운명은 피하기 어렵습니다.
(生死有常, 難逃定數)
－《삼국지통속연의》104회, "큰 별이 지고 한승상이 죽다(隕大星漢丞相歸天)"

52

또 난도 아래의 두 구절은 《삼국지연의》 22장 "조조가 군대를 나누어서 원소에 대항하다(曹公分兵拒袁紹)"에서 인용한 것이다. 유비(劉備)가 조조(曹操)와 맞서기 위해 조조가 두려워하는 원소(袁紹)에게 지원을 요청하기에 앞서 원소와 삼대 교분이 있는 정현(鄭玄)에게 찾아가 추천서를 받았는데, 위 ① 구절은 그 추천서의 일부 내용이다. 중원 회복을 위해서는 무엇보다 인재가 필요하다고 역설한 것이다.

그 후 유비가 원소에게 손건을 보내 이 글을 전하고 지원 승낙을 받았다. 마침내 원소가 지원 출동을 하려고 하자, 그의 부하인 모사(謀士) 전풍(田豐)이 성급한 전쟁보다는 장기 전략을 세워 국가의 내실을 다져야 한다며 지원 출동을 반대했다. 위 ② 구절은 그때 전풍이 원소에게 말한 내용의 일부이다.

갑오년 겨울 이순신은 10월에 치른 영등포해전과 장문포해전에서 큰 전과를 내지 못하고 전쟁이 장기화되어가는 상황에서, 조속히 국난을 극복하고자 하는 생각으로 《삼국지연의》의 글을 난중일기에 옮겨 적었다. 전쟁이라는 암담한 현실 속에서 풍전등화의 위기에 놓인 국가의 운명을 구하기 위해서는 우선 뛰어난 인재를 발탁하여 해결책을 강구하고 내실 있게 해야 한다고 생각한 것이다. 현명한 사람은 항상 옛 교훈을 통해 지혜를 발견하며, 설사 그것이 소설일지라도 그 내용이 자신이 추구하는 목적에 부합한다면 마땅히 교훈으로 삼아야 한다는 게 장군의 신념이었다.

2016년 필자는 또 다른 중요한 내용을 발굴했다. 《난중일기》 갑오 3월

6일 자에 명나라 도사부(都司府) 담종인(譚宗仁)의 금토패문(禁討牌文)에 대한 내용이 나오는데, 이 '금토패문'의 전문을 찾은 것이다. 이는 담종인이 왜군의 꼬임에 빠져 조선군은 왜군을 공격하지 말라는 내용을 이순신에게 적어 보낸 글이다. 이 전문은 정탁(鄭琢, 1526~1605)의 《임진기록(壬辰記錄)》에 이순신이 1594년(갑오) 3월 10일에 작성한 장계〔달본(達本)〕 1편 속에 들어 있는데, 총 8장(15면) 분량으로 《이충무공전서》에 있는 이순신의 장계 2편(〈당항포파왜병장〉, 〈진왜병장〉)과 함께 금토패문(326자)이 실려 있다.

> 근자에 탐병의 보고에 의하면, 너희 조선의 병선이 일본의 진영에 가까이 주둔하여 땔나무를 채취하는 사람을 죽이고 전선을 태우고 훼손시키자, 일본의 여러 장수가 함께 출병하여 너희와 함께 사투하기를 요구하거늘 본부와 행장(行長) 장군이 재삼 금지하므로 군사를 출동시키지 않았다. 의당 패문(牌文, 통지문)을 보내어 금지를 알려야 하겠기에 이 패문을 만들었으니 조선의 각 관원이 잘 알아주기를 바란다. 너희의 각 병선은 속히 본래 있던 곳으로 돌아가서 일본의 진영에 가까이 주둔하지 말도록 하라. 교란하는 일을 만드는 것은 사달을 일으키는 것이다.
>
> ―《교감완역 난중일기》 부록 금토패문

이러한 내용이 담긴 담종인의 '금토패문'을 받아본 이순신은 이에 대해 항의하는 답서를 보냈다. "일본군이 주둔한 거제와 웅천, 김해, 동래 등지는 모두 조선 땅인데 우리보고 일본의 진영에 가까이 가지 말라고

한 것, 우리보고 조속히 본래 있던 곳으로 돌아가라고 한 것 등이 무슨 뜻이냐."고 물었다. 또한 "전쟁을 일으킨 것은 일본이고 오랫동안 조선에 머물면서 약탈을 일삼고 있는 상황에서 기만적인 강화협상에 대해 정확히 파악해주기를 바란다."고 하였다.

주지하듯이 위에 언급한 내용을 통해 당시 이순신의 활약상을 보다 더 자세히 알 수 있었다. 필자는 15년간 《난중일기》를 연구하면서 몇 차례의 교감(校勘)을 통해 정본화된 《난중일기》 판본을 만들었고, 이 판본을 토대로 번역한 《교감완역 난중일기》는 학계의 검증을 받았다. 이러한 정확한 판본과 번역본에 새로 발굴한 문헌으로 실증적인 고증을 더한 결과, 400여년 전의 시대 상황을 밝게 조명함으로써 이순신을 중심으로 한 조·명·일 간의 작전 상황을 새롭게 밝힐 수 있었다.

《난중일기》가 400여년 전 이순신의 개인 일기이지만, 이것이 국가의 전쟁 위기를 대비하기 위해 작성된 기록이라는 점에서 오늘날 현대인에게 시사하는 바가 매우 크다. 더욱이 거기에 담긴 인륜적 가치의 기준이 되는 효의 정신과 국난 극복을 위한 남다른 살신성인(殺身成仁)의 정신은 시대를 관통하여 항상 우리에게 깊은 감명을 준다. 총탄과 화살이 빗발치는, 죽을 수도 있는 일촉즉발의 상황에서도 이순신은 결코 붓을 놓지 않았다. 언제나 포기하지 않는 인고의 정신으로 점철된 필기 의식이 항상 그 삶의 원동력이 되었기 때문이다.

이순신은 막다른 절체절명의 위기 상황에서 모친의 상례를 따라야 하는 자식의 도리와 상중 출사하라는 왕명 사이에서 갈등하였지만, 그는 끝내 범인이 감내할 수 없는 뼈저린 슬픔을 전쟁의 승리로 승화시킴으로써 청사(靑史)에 길이 빛나는 혁혁한 공로를 세웠다. 우리는 이제 역사의 뒤안길에서 국가와 민족을 위해 희생한 그분의 업적을 통해 항상 함께 호흡하며 그분이 걸었던 길을 따라 인간이 항상 추구해야 할 인륜의 도리를 실천하기 위해 최선을 다해야 할 것이다.

수조도
작업을 통해 만난
이순신

﹕황치석

조선왕조문화예술교육연구소 소장, 서울여자대학교 초빙교수로 재직 중이며, 기록화에 남다른 열정을 가지고 세계기록문화유산《조선왕조의궤》반차도를 중심으로 작품 활동을 하고 있다. 대표적 작품으로는 정조 19년(1795)의 한글〈원행정리의궤〉반차도를 한눈에 펼쳐볼 수 있도록 30미터 두루마리로 재현해 세종 즉위 600주년을 기념하며 국립한글박물관에서 전시한 것이 있다. 장장 24미터에 이르는〈철종가례반차도〉를 뉴욕한국문화원에서 전시하여 해외 언론의 집중적 관심과 호평을 받기도 했다.〈수조도〉는 조선 수군 사열도로서, 고증을 거쳐 석채로 화려하게 다시 그려 2018년 평창올림픽 기간에 대한민국 국회에서 전시하여 글로벌크라운 대상(문화 부문)을 수상한 바 있다. 2018년에는 국가 문화 부분 최초로 무형문화재기능협회 천공증서(天工證書)를 수여했다. 국사편찬위원회에서〈봉황도〉,〈황룡도〉, 허준박물관에서〈보호성궁 내의원 약장도〉, 서소문역사박물관에서〈정조국장반차도〉를 소장하고 있다.

수조도란 무엇인가?

수조도(水操圖)는 수군조련도(水軍操練圖)로, 임진왜란과 정유재란을 승리로 이끈 이순신 장군의 수군 훈련 모습을 그린 그림이다. 수조도에 그려진 조선 수군의 첨자찰진법은 항해 중 지휘 통솔이 용이하고 군선 증감이 쉬우며, 곧바로 학익진 등 다른 전투체제로 쉽게 전환하게 해주는 진법이다. 학익진법은 육지로 침투한 왜군을 무찌르기 위해서 이미 육상전에서 사용하고 있는 진법을 변용하여 해상에 적용한 것이다. 이것들은 임진왜란 7년 동안 23전 23승을 이끌며 해상권을 장악할 수 있었던 중요한 진법으로서의 의미가 크다.

수조도는 함선의 배치가 뾰족한 '첨(尖)' 자 모양으로 되어 있다고 하여 일명 첨자도(尖字圖), 해군의 진법을 그린 것이라 하여 해진도(海陣圖), 각종 수군의 전함들을 볼 수 있어 전함도(戰艦圖), 전함의 배치도를 담은 포진도(布陣圖) 등으로 불린다. 수조도에는 경상, 전라, 충청 3도의 수군들이 다 모여 대대적인 합동 군사훈련을 하는 전선(戰船)의 배치 장면이 표현되어 있다.

일반적인 수조도의 형태는 일자진(一字陣), 학익진(鶴翼陣), 첨자찰진(尖字札陳) 등이며 그 밖에 《수조절차(水操節次)》에는 '삼도주사섭진도(三道舟師疊陣圖)' 등이 그려져 있기도 하다.[1] 지금 그림으로 전해오는 수조도 병풍은 앞으로 전진하는 모양의 첨자찰진 형태가 대부분을 차지한다. 조선 수군의 수조도 관련 그림이나 병풍이 소장되어 있는 곳은 현재 알려진 바로는 20여 곳 이상이며, 소장처에 따라 다양한 명칭으로 표기되어 있다.[2]

수조는 임진왜란 이후 조선 후기(고종 32년까지 통제영이 있었음)까지 행해졌다. 임진왜란 당시 이순신의 수군이 해전에서 연승하며 호남의 곡창 지대를 지킨 공로가 수군에 대한 긍정적 인식에 영향을 미쳤으며, 또한 효과적인 전술과 기동력을 발휘할 수 있는 수군의 전술체제 필요성이 제기되면서 삼도수군의 합동 군사훈련으로 이어졌는데, 이를 그린 수조도는 임진왜란을 승리로 이끈 이순신의 진법으로, 훈련 용도로 그려졌을 가능성이 높다.

수조도에 관한 기록은 정조 9년(1785)에 간행된 《어정병학통(御定兵學通)》에 나오는 《수조(水操)》와 《수조절차》에서 찾아볼 수 있다. 정조는 이 책의 서문[3]에서 "질서를 통해서 군려(軍旅)의 대오가 정돈되고 진퇴가 가지런해지며 공격할 때 병법을 마음대로 변화시킬 수 있다."라며 질서의 중요성을 강조하였다. 특히 수군의 조련 순서를 20개의 항으로 정리해

자세하게 설명하고 있다.[4]

수조의 절차는 다음과 같다.

조련이 있기 하루 전에 주장문(主將門) 앞에 조련패를 걸어서 채비를 갖추게 하고 다음 날 아침부터 조련을 시작하여, 바다의 동정을 살피는 초선(哨船, 망보는 배)이 주변을 살펴보고 나머지 배는 중군선을 따라 첨자찰(尖子札)의 대형을 갖추어 바다에 나간다. 초선이 멀리에서 경보를 보내면 기를 올려 조련을 시작한다. 전사·우사·중사·좌사·후사가 층을 나눠 벌려 서서 공격하며 적을 포위한다. 적이 패하게 되면 다시 처음의 첨자찰을 만들고 돌아와 정사각형의 군영을 만들고 휴식을 취한다.[5]

《수조절차》에는 수군 사열행사인 기회일(期會日), 병진에 나아가 훈련을 사열하는 치진일(馳陳日), 치진일에 군관과 전선들이 군례를 올리는 참현차례(參現次例), 군례를 올릴 때 정렬하는 차례인 군례반차(軍禮班次), 사례절차, 점고일, 사조일, 사조일의 참현차례, 호궤일(犒饋日, 군사를 위로하기 위해 음식을 베푸는 잔치, 세병관에서 행함), 훈련일, 군량상황, 삼남주사군도총, 영군총질, 산성질 등 10여 개의 장으로 나누어 각 장마다 행동 절차와 지침과 요령을 기록해놓았다.[6]

《수조》의 기록과 《수조절차》의 내용을 근거로, 수조도 속에 이러한 절차들과 행사 장면이 반영되어 있음을 알 수 있다. 예를 들어 《수조절차》 속 참현차례에 의생과 기생이 자리하는 모습을 수조도 속의 여성들이 음식을 이고 날라 호궤(犒饋)하는 모습과 연관지어 볼 수 있다(유미나, 2012). 수조도 윗부분의 부두기에는 산성속, 통영속 등 각 수영 소속뿐만 아니라 각 지역의 진영별로 군사와 식량을 표기하고 있어, 문헌에 근거한 그림임을 유추해볼 수 있다.

지금 전해지는 수조도의 도상은 위의 문헌을 바탕으로 정조 대에 그려졌을 가능성이 크다. 정조는 즉위년에 합조를 행하여 수군 군사훈련에 대한 남다른 관심을 보여왔고, 정조 9년에 《병학통(兵學通)》을 간행하여 진법의 질서를 정리하였기 때문이다. 더구나 정조는 김홍도 등 뛰어난 화원을 양성하여 의례를 병풍으로 그리기 시작하였다. 세기의 그림인 8폭 능행도 병풍이나 종묘의례 8폭 병풍을 제작한 것도 이 시기이다. 수조도도 이와 마찬가지로 뛰어난 기량을 갖춘 화원이 아니고서는 그리기 힘든 그림이었다.

수조를 행한 곳은 어디이며, 얼마나 자주 했을까? 수조 훈련은 삼도통제영이 있는 통영 앞바다에서 주로 하였는데, 가덕 앞바다에서 한 기록도 있다(인조 16).[7] 수조 훈련은 삼군이 합동으로 합조를 하거나 호남·영남·충청 등 각 지역별로 나누어 행하기도 하였다. 수조는 주로 봄과 가을에 춘조와 추조로 나누어 행하였다. 보통 춘조에는 합조를, 추조에는 각 진영별로 훈련을 실시하였다. 정조 즉위년 가을에는 통영 앞바다에서 합조를 한 기록이 있다(유미나, 2012).

이렇듯 수군조련 훈련은 연 2회 시행하였다. 1~2월에 행하는 춘조는 주로 삼도 합조로, 7~8월에 하는 추조는 각 도별로 시행하였다. 나라에 흉년, 가뭄, 장마, 재해나 질병이 돌 때는 정지하였다. 수조 훈련 중 익사 사고도 있었다는 기록이 있다.[8]

수조도는 국가 위기 시에 주로 그려졌음을 이번에 발견하였는데, 이

때는《이충무공전서(李忠武公全書)》등 이순신 관련 저술이 간행되기도 했다. 나라가 혼란할 때 기강을 바로 세우고 위기를 극복하기 위해 불굴의 구국정신으로 무장한 충무공 이순신에 대한 관심을 고조시켜왔던 것으로 짐작된다.《이충무공전서》의 초간본 8책이 정조 19년(1795)에 간행된 이래 철종 6년(1855) 8책(정유자, 한성부)으로 중간본이 발간되었다. 근대에 들어와 일제강점기에는 4회에 걸쳐《이충무공전서》가 간행되었으며,[9] 4.19혁명과 이승만 대통령 하야라는 국가 초유의 사태가 발생한 1960년대에는 이은상의 국역주해《이충무공전서》상·하권이 충무공기념사업회에서 간행되었다. 2010년 중반에는 노승석의《증보 교감완역 난중일기》(2014)와 개정판《교감완역 난중일기》(2016)가 발간되었다.

수조도를 그려온 시기도 이와 무관하지 않은 것으로 보인다. 통영 충렬사가 소장한 수조도는 19세기 말~20세기 초 수군 관원이 그렸다고 전해지며, 수조도에 등장하는 태극기 문양으로 보아 일제강점기에 그렸을 것으로 추측된다. 진주박물관 수조도는 이보다 이른 시기에 그려진 것으로 보이나(유미나, 2012), 지금 전해지는 수조도의 상당 부분은 일제강점기에 구국의 정신으로 다시 그린 것으로 짐작된다.

현대에 와서는 민화 애호가이자 건축가인 조자용 박사가 현대식 건물에 장식용으로 옛 그림을 걸어놓음으로써 선호되기 시작했다. 주한 미대사관저는 송규태 선생(필자의 그림 스승)이 1975년에 다시 그린 〈수조도〉를 1976년부터 소장하고 있다.

스승의 그림에 이어 필자가 수조도를 다시 그리기 시작하였는데, 그 작업이 쉽지 않았으므로 "어찌하여 여인의 손으로 이 장대한 수조도를

그리라고 하십니까?" 하는 한탄이 절로 흘러나오기도 했다. 쉼 없이 붓
질을 하며 수조도를 그린 시기(2014~2016)가 노승석의《난중일기》완역
본이 다시 출간된 시기와 우연히도 일치하여 놀라웠다.

수조도를 그리며
만난 이순신

삼도수군통제사가 탄 좌선(座船)과 43척의 거북선을 포함한 548척의
전함을 수조도로 그려내는 작업은 단순한 붓질이 아니라, 그 이면의 의
미까지 담아내야 하는 지난한 작업이었다. 엄청나게 힘이 센 흑산마(黑山
馬) 털로 만든 붓으로 배가 쾌속 전진하며 전쟁터로 나가는 장면을 연상
하여 빠르면서도 힘차게 밑그림을 그렸다.
밑그림 작업을 하면서 예전 수조도 그림을 참고하기 위해 박물관 사이
트에서 수조도를 찾아보았다. 내가 찾던 수조도는 통영 충렬사와 해군사
관학교, 국립중앙박물관, 진주박물관, 인천시립박물관 등이 소장하고 있
었다. 우선 통영 충렬사로 내려가 충무공 영전에 참배하고, 전시관에서
영인본 12폭 수조도 병풍을 자세히 들여다보았으며, 임진왜란 당시 명나
라 황제가 진린을 통해 하사한, 수조도에 나와 있는 팔사품(八賜品)을 면
밀히 살펴보았다. 학예사를 통해 수조도와 팔사품의 원본 이미지를 확보
한 후 집에서 수없이 비교 검토하며 전선의 배치 원리를 탐구하고, 부두

기(附頭記)를 통해 각 지역의 명칭을 찾는 등 좋은 기회로 활용하였다.

　그다음에는 명랑해전지인 울돌목으로 향했다. 울돌목 앞바다는 좁은 수로에 급물살이 휘감겨 도는 곳이다. 선조 30년(1597) 정유재란이 일어나자 이순신은 13척의 배로 왜선 133척과 싸웠다. 이곳이 바로 그가 장병들에게 "죽음을 각오하면 살고 살려고 하면 죽는다."라는 명언을 남기면서 학익진법으로 수십 척을 격파해 대승을 거둔 곳이 아닌가? 그해 옥살이와 백의종군, 어머니의 상까지 당하면서도 나라를 위해 죽을 각오로 해전에 임한 격전지이다.

　수조도에는 단순히 전선만 있는 것이 아니라 각 전선마다 각 지역의 명칭이 들어 있고, 수군의 편제에 따라 548척의 배가 배치되어 있다. 전선의 배치 원리와 채색 원리를 찾기 위해서 여러 박물관의 수조도를 비교 검토할 필요성이 있었다. 또한 각 전선마다 세워놓은 깃발들의 배치 원리를 알기 위해 검색해보니 해군사관학교 제장명 교수의 임진왜란 당시의 깃발 연구에 관한 기사가 나왔다. 2015년 1월 8일에 진해 해군사관학교로 그를 찾아갔다. 진해 앞바다의 잔잔한 은빛 물결을 보니 〈한산도가〉가 절로 나왔다. 어릴 때 교육자인 아버지가 아침마다 이순신의 〈한산도가〉를 큰 호흡으로 읊는 것을 들으며 자라온 영향이었으리라.

　그날 해군사관학교 박물관에서 거대한 수자기(帥字旗)와 청색 바탕에 금색 글씨가 새겨진 〈삼도주사사명기(三道舟師 司命旗)〉 그리고 수조도 두 점을 보았다. 가는 선으로 섬세하게 그려진 수조도는 화원의 신기(神技)를 느끼게 할 정도로 감탄을 자아냈다. 그림 속의 기들 역시 감동적이었다. 제장명 교수가 준 문헌은 해군 편제와 깃발의 원리를 찾는 데 많은 도움이 되었다. 또한 제 교수는 내가 그림 속 수군의 복식을 궁금해하자 동명대학교 이주영 교수를 소개해주었다. 이주영 교수가 복원한 임진왜란 당시의 수군 복식이 노량(경남 남해군) 이순신영상관에 전시되어 있다는 사실을 알고 다음날 노량으로 일정을 잡았다.

이순신영상관에서 수군복을 꼼꼼히 살펴보고 장군의 투구와 갑옷도 입어보았다. 그러고 나서 노량 앞바다에 서니 감회가 남달랐다. 416년 전 이날 바로 이 앞바다에서 장군이 전사하지 않았던가? 이 추운 겨울바다에서 밤새도록 전투를 치르다가 전사했다고 생각하니 가슴이 미어져 한참을 노량 앞바다만 바라다보았다.

영상관에서 발길을 돌려 장군이 전사한 곳에 세워진 사당 이락사(李落祠)를 참배하였다. 이락사 주변의 소나무들은 두 팔로 안을 수 없을 만큼 장대했고, 마치 용이 승천하는 것처럼 보여 충무공의 기상이 머무르는 듯싶었다. 이락사에서 나와 노량의 충렬사를 참배하였다. 충렬사는 전사한 이순신의 가묘가 있던 곳으로, 건물 벽면에 파란색 영기(令旗)가 그려져 있다. 수조도 속 영기들과는 색상이 달라 유심히 살펴보았다.

수조도 속 수군들의 복식을 알아보기 위해 부산 용호동 바닷가에 위치한 동명대학교 이주영 교수를 찾아갔다. 420년 전 임진왜란 당시의 수군 복식을 복원하는 과정에 관한 그의 열정적 설명에 감동받았다. 지금 그리는 수조도는 임진왜란 당시에 그린 그림이 아니므로 조선 후기의 수군 복식으로 그려야 한다는 자문을 해주었고 어렵게 연구한 논문들도 제공해주었다. 그의 의견은 제장명 교수와 일치했으며, 수조도의 수군 복식을 채색하는 데 중요한 지침이 되었다.

2015년 3월에는 제장명 교수의 소개로 '이순신을 배우는 사람들' 홈페이지에 가입하고, 이순신리더십연구소에서 이순신을 연구하는 사람들과 교류하며 공부하는 기회를 가지기도 하였다.

《난중일기》를 증보 완역한 노승석 박사를 만나 연구논문 〈수조〉와 〈수조절차〉가 순천향대학교 이순신연구소에 있다는 사실을 알고 문헌을 요청하였다. 이 논문은 수조절차와 전선의 배치 원리를 아는 데 많은 도움이 되었다. 또한 오방색의 원리에 따라 배가 배치되어 있다는 사실을 발견하고 수조도 각 전선의 깃발 속에 쓰인 글들을 원리에 맞게 정확하게 작성할 수 있었다. 이렇듯 수조도가 있는 곳마다 현장을 답사했고 문헌연구와 전문가의 자문을 거쳐 밑그림을 그릴 수 있었으며, 채색의 원리를 터득할 수 있었다.

수조도 위의 부두기 글씨와 각 전선들의 깃발에 쓰인 글씨는 이기전 선생(종묘제례 국가무형문화재 56호)에게 부탁했다. 각 전선들의 흑대기에 쓰인 지역 명칭은 광개토체로 썼는데, 영토 수호와 확장의 의미를 담았다고 하였다. 이때가 선생의 연세 83세로 부두기 끝에 "83歲翁 李基田 書(83세옹 이기전 서)"와 "畵師 潤謙 黃致碩(화사 윤겸 황치석)"이란 글을 써 놓았다. 이렇게 해서 드디어 수조도의 밑그림과 거기에 들어갈 글이 일 년 반 만에 어렵게 완성되었다. 옻칠을 한 국산 닥종이에 밑그림을 완성하니 종이의 빛이 투명하고 상서로운 누른빛을 띠었다.

밑그림이 완성된 후에는 본격적인 채색 작업에 들어갔다. 그림의 생명은 색상이 오랫동안 보존되는 데 있으므로, 어렵게 그린 그림이 잘 보존될 수 있도록 석채를 사용하였다. 가장 색이 선명하고 맑고 아름다우며 질이 좋은 오방색의 석채 안료 하나하나를 구하기 위해 인사동 화방을 돌아다니며 정성을 다했다. 당연히 제일 비싼 안료들이었다.

채색을 하는 데 가장 중요한 점은 오방색의 원리를 찾아 적용하는 것이었다. 전체 전선 및 척후선, 초관선의 배치도 오방색의 원리에서 찾아야 했고, 각 군영과 지역의 전선을 표시하는 수기(手旗)의 바탕색도 오방색의 원리를 따랐다. 뿐만 아니라 가장자리의 화염각 색상도 오방색의 배치 원리를 참고했다. 이러한 과정에서 척후선과 초관선에 부속된 병선 깃발의 색이 초관선의 바탕색과 같은 색으로 배치되어 있는 원리를 찾아내기도 했다. 여러 수조도를 비교 분석한 끝에, 가장 작은 사선(伺船, 탐색선)의 영기도 일관된 색상으로 채색되었음을 알 수 있었다. 영기는 주로 청색으로 표시되어 있었으나, 녹색으로 표시된 곳(통영 충렬사 소장본)도 있었다. 공통된 채색의 원리를 찾고 나니 기존 수조도를 보면 잘못된 부분을 금방 발견할 수 있었다.

석채는 안료와 배합하여 채색을 하는데, 한 번 칠해서는 원하는 색으로 나타낼 수 없어 적어도 서너 번은 반복해서 칠해야 한다. 밑선 위에도 세 번 정도 석채로 선을 그어 색을 표현하였다. 바다 물결 하나하나에 쪽으로 남색을 입히고, 붓으로 일일이 바림(gradation)해가며 채색을 했다.

어떤 이들은 부두기에 기입되어 있는 548척이 실제 그림 속에 다 그려져 있냐고 묻기도 한다. 전체가 아니라 한 진영의 전선 수만 세어보아도 그 정도가 된다는 것을 금방 짐작할 수 있다.

　도화서 화원들 수십 명이 그렸을 것으로 짐작되는 이 그림을 혼자서, 그것도 석채로 일일이 채색하는 작업은 정말 힘든 과정이었다. 얼마나 붓질을 했는지 팔이 더 이상 움직여지지 않았다. 어깨가 아파 밤새 엉엉 울며 잠도 못 자기 일쑤였지만, 그 고통을 참고 거실 바닥에 펼쳐놓은 밑 그림에 끊임없이 채색을 입혀나갔다.

　그렇게 일 년의 시간을 꼬박 채색에 매달렸다. 이순신 탄신 471주년이 되던 해 4월 28일(충무공 탄신일) 즈음까지는 마무리짓겠다는 목표를 세우고 쉼 없이 붓질을 한 끝에, 2016년 4월 드디어 완성하여 이순신리더십 연구회에 잠시 선을 보였다.

　이렇게 2년 반에 걸쳐서 완성한 〈수조도〉는 2017년 8월 15일 광복절 72주년에 창덕궁 앞 한국문화정품관 갤러리에서 첫 전시를 하게 되었다. 정종수 전 고궁박물관장의 사회로 진행된 이날 개막 행사에서는 김종규 문화유산국민신탁 이사장의 축사를 비롯해 대금 연주 등의 축하공연이 이어졌다. 전시기간 내내 수많은 문화계 인사들과 지인들이 다녀갔고 언론의 집중 조명을 받기도 했다.

　그리고 2018년 평창올림픽이 열리는 2월 한 달 동안 대한민국 국회갤러리에서 궁중기록화인 〈종묘친제반차도(宗廟親祭班次圖)〉 등과 함께 〈수조도〉를 전시하여 큰 호응을 얻었다. 이때가 이순신 장군이 돌아가신 지 420년(7주갑)이 되는 해였으며, 그 당시 삼도수군이 합조 훈련을 하던 시기였다. 전시회 후 국회 출입기자들의 추천으로 3월에는 국회에서 '글로벌크라운 대상'(문화 부문)을 수상하였으며, 6월에는 회화 부문에서 처음으로 국가무형문화재기능협회가 수여하는 천공증서(天工證書)를 받는 영광을 누리게 되었다.

수조도 도상의 내용

전선의 배열 구조

수조도의 수군 배치는 크게 [그림 1]과 같이 좌영, 전영, 중영, 우영, 후영으로 나뉜다. 첨자진의 우측 상단에는 경상좌수사영(左營), 하단에는 충청수사영(後營), 좌측 상단에는 전라좌수영(前營), 하단에는 전라우수영

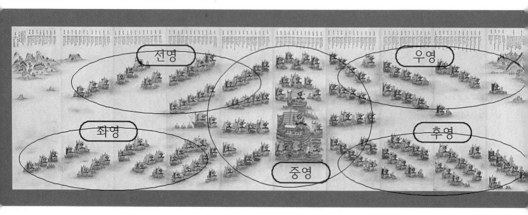

그림 1_____ **첨자찰 수조도의 5수영 배치도**

좌영(경상좌수영), 전영(전라좌수영), 중영(통영, 경상우수영), 우영(전라우수영), 후영(충청수사영)

*출처: 황치석(2016), 〈수조도〉. 전체 크기: 가로 500cm × 세로 116cm([그림 1]의 크기: 가로 50cm × 세로 116cm × 10폭)

(右營)의 전선들이 사선형으로 펼쳐져 있다.[10] 가운데 통영과 경상우수영 (中營)에는 삼도대중군사령 배가 앞서고, 정가운데에는 삼도수군주사사 명기와 수자기를 단 좌선(座船)인 대형 판옥선이 자리한다.

좌선 좌우로 우탐선(右探船)과 좌탐선(左探船)이 위치하고, 좌탐선 좌측에 총귀선(統龜船, 큰 거북선) 1척이 자리하며, 좌선 아래 부선(副船)이 있고, 부선 좌우에 우한선(右翰船)과 좌한선(左翰船)이 배치되어 있다. 또한 좌선을 둘러싸고 경상우수영과 통영 속 전선들이 진을 형성한다. 다음 [표 1]의 내용은 포를 쏠 때의 순서이며, 이는 곧 수조도의 배치 원리라고 볼 수 있다. 5개의 각 영(營)에는 전사(前司)·좌사(左司)·중사(中司)·우사(右司)·후사(後司)가 있고, 각 사(司)의 파총선(把摠船) 뒤에는 초관선(哨官船)이 전초(前哨)-좌초(左哨)-중초(中哨)-우초(右哨)-후초(後哨)의 순으로 배열되어 있다. 진영에 따라 중초관(中哨官)이 없는 곳도 있다.

각 초관의 전선에는 병선 1척씩과 영기를 단 작은 사선이 한 조로 배치되어 있다. 병선의 기 색은 초관선의 깃발 바탕과 같은 색으로 배치되어 있어 역할이 명확하게 색으로 구분되어 있음을 알 수 있다. 다음 [그림 2]를 보면 좌사파총선(청색)을 필두로 초관수기가 전초관(적색)-좌초관(청색)-중초관(황색)-우초관(백색)-후초관(흑색)의 배열이 되어 깃발색으로 순서를 구분한다는 것을 알 수 있다. 각 전선의 수기는 명령에 따라 올렸다 내렸다 하며, 출전할 때는 기를 내리고 돛을 올려 전진한다. 이렇게 각 전선마다 색상과 지역을 구분함으로써 전시에 일사불란하게 진영을 넓혔다 좁혔다 할 수 있었으며, 장군의 명령이 가까이에서 들릴 수 있도록 하였다.

표 1 _____ **수조도의 전선 배치도(포를 쏘는 순서)**

좌선 부선	좌척후(左斥候): 적을 정찰 탐색	
	좌한(左翰)	전령(前領)-좌령(左領)-중령(中領)-우령(右領)-후령(後領)
	전사파총(前司把摠)	전초(前哨)-좌초(左哨)-중초(中哨)-우초(右哨)-후초(後哨)
	좌사파총(左司把摠)	전초(前哨)-좌초(左哨)-중초(中哨)-우초(右哨)-후초(後哨)
	중사파총(中司把摠)	전초(前哨)-좌초(左哨)-중초(中哨)-우초(右哨)-후초(後哨)
	우사파총(右司把摠)	전초(前哨)-좌초(左哨)-중초(中哨)-우초(右哨)-후초(後哨)
	후사파총(後司把摠)	전초(前哨)-좌초(左哨)-중초(中哨)-우초(右哨)-후초(後哨)
	우한(右翰)	전령(前領)-좌령(左領)-중령(中領)-우령(右領)-후령(後領)
	우척후(右斥候)	

*출처: 노승석(2009), 〈수조〉, 〈수조절차〉, 《이순신연구논총》 12, 순천향대학교 이순신연구소, p. 300.

표 2 _____ **수조도 속의 수군 군영과 전선의 배치**

경상좌도 군영 (左營)	좌영장(左營將) 경상좌수사, 부산진(釜)-개운포진(開)-두모포진(豆)-기장현(機) 좌사파총 다대(多一), 다대진(多二)-서평진(平)-서생진(西)-울산부(蔚)
통영소속 (中營) 경상우도 군영	좌선(三道水軍舟師司命旗, 帥), 부선(副), 좌한선(翰), 우한선(翰), 총귀선(銃龜船) 삼도대중군사령(中)-좌척후 영등진(永)-우척후 당포(唐) 좌탐선(探), 후열 진해(鎭)-별중영장 창원부(昌)-우열 웅천현(熊)-좌열 가덕(加) 우탐선(探), 후사 제포진(濟)-별중영장 귀산(龜)-중사 안골(安)-전사 천성(天) 중사파총 고성현(固), 전초관 곤양(昆)-중초관 장목포진(長)-후초관 가덕(加二) 좌사파총 거제현(巨一), 사천현(泗)-조라포진(助)-거제(巨二)-김해부(金) 전사파총 하동진(河), 남해현(南)-남촌진(村)-진주목(晋一)-진주목(晋二) 우사파총 적량진(赤), 사량진(蛇)-율포진(栗)-지세포진(知)-옥포진(玉) 후사파총 미조진(彌), 평산포진(平)-구소비포진(舊)-삼천진(千)-가배량진(加)
전라좌도 군영 (前營)	전영장(前營將) 전라좌수사, 전사전좌척후이(全左二), 전좌사(全左四)-순천부(順)-방답진(防二)-장흥(長)-전좌삼(全左三) 좌사파총 사도(蛇), 홍양현(興)-낙안군(樂)-발포진(鉢)-사도(蛇二)-녹도진(鹿) 우사파총 방답진(防), 여도진(呂)-회령포진(會)-광양현(光)-고돌산진(突)-보성군(寶)
전라우도 군영 (右營)	좌영장 전라우수사(全右水), 중사전우척후이(全右二), 법성포진(法)-위도진(蝟)-검모포진(黔)-군산포진(羣) 좌사파총 가리포(加一), 가리포진(加二)-해남(海)-남도포진(桃)-진도군(珍)- 금갑도진(甲)

72

전라우도 군영 (右營)	후사파총 임자도(荏), 우사파총 임해(臨), 전사파총 고금도(古), 기독진고부(峙 獨鎭古阜	나주목(羅一)-나주목(羅二)-다경포진(慶)-지도진(智) 전우(全右三)-전우(全右四)-목포진(木)-무안현(務)-함평현(咸) 마도진(馬)-신지도진(薪)-영암군(靈)-이진진(梨)-어란포진(蘭)
충청수영 군영 (後營)	후영장충청(後營將忠靑) 수사(忠水), 중사파총충수(忠二), 전사파총 마량(馬一), 좌사파총 소비(所比), 우사파총 평신(平), 후사파총 서천포(舒),	충수전초관(忠三)-해미현(美)-보령현(保)-충수(忠四)- 결성현(結) 마량진(馬二)-임천군(林一)-홍주목(洪一)-홍주목(洪二)- 임천(林二) 소비포(所一)-안흥(安一)-안흥(安二)-태안군(泰)-녹인현(鹿) 서산군(瑞一)-서산군(瑞二)-당진현(唐)-면천군(沔)-평신(平一) 서천군(舒一)-한산군(韓一)-남포현(藍)-한산군(韓二)-서천 포진(舒二)
초관선의 배치 원리 (예)	[전초관]서천(舒一)-[좌초관]한산(韓一)-[중초관]남포(藍)-[우초관]한산(韓二)- [후초관]서천(舒二) [전초관]나주목(羅一)-[좌초관]나주목(羅二)-[우초관]다경포진(慶)-[후초관] 지도진(智)	

*출처: 황치석(2016), 〈수조도〉 중 배의 배치도 내용.

그림 2_____ 〈수조도〉의 전선 배치도(파총선과 초관선 부분)

*출처: 황치석(2016), 〈수조도〉.

수조도 속에 나타나는 전선의 종류는 좌선 1척, 거북선 43척(통귀선 1척, 소 42척), 부선(1척), 한선(2척: 좌한선, 우한선), 탐선(2척: 좌탐선, 우탐선), 중군선, 각 지역 척후선 92척, 초관선, 병선, 기선(영기) 등이다. 각 전선에는 흑대기에 그 지역의 이름 첫 자를 기입하여 전선의 소속을 표시한다. 흑대기에는 전투편제의 명칭을 나타내는 글자가 나와 있는데 중위장 중군장의 전선일 경우 '中'자로 표기되어 있다. 각 진영을 나타내는 흑대기에 표시된 글자는 [표 1]과 같다. 지역명의 첫 글자가 동일할 경우에는 다음번 글자를 사용하기도 하였다(예: 남촌 村, 남해 南).

의장기

수조도에 나타나는 의장기는, [그림 3]에서와 같이 중영(통영) 삼도수군사령관의 좌선에는 태극기, 수자기, 삼도주사사명기, 둑기, 팔사품, 흑대기, 숙정조패기 등을 달았다. 태극기는 좌선의 돛대 정상에, 수자기는 실물과 달리 그림 속에서는 검정 흑대기에 새겨져 있다. 삼도주사사명기는 파란색 바탕에 금색 글씨로 표기했다. 둑기는 출동 시 제사를 지낼 때 사용했다. 숙정조패기는 흑색 바탕에 흰색으로 쓰여 있으며, 좌선과 부선, 삼도대중군 사령, 별중영장, 좌영장, 후영장의 전선에 부착되었다. 흑대기는 검정색 바탕에 전투편제와 각 지역명을 표시하였다. 파총초관수기는 오방색의 배치 원리에 따라 지역명을 표기하고 있으며, 부속 병기의 색은 파총초관기의 바탕색과 동일하다. 좌선의 누대에는 팔사품이 배치되어 있다. 좌선과 부선을 연결하는 곳에서는 여성들이 머리에 음식을 이고 이동하는 모습을 볼 수 있으며, 누각이 있는 배에도 여성들이 보인

그림 3_____ **중영(통영)의 삼도수군사령관 좌선 부근 전선 배치도와 의장기**

*출처: 황치석(2016), 〈수조도〉.

수조도 작업을 통해 만난 이순신

다. 이를 음식을 베푸는 행사인 호궤 장면으로 보았다(유미나, 2016). 호궤
의 예로는 정조대왕이 수원화성을 지을 때 성을 축성하는 백성들을 위
로하며 음식을 베푸는 〈대호궤도(大犒饋圖)〉가 있다.

부두기의 내용

〈수조도〉의 윗부분에 있는 글씨인 부두기에는 [그림 4]와 같이 장졸의
수, 전선의 수, 식량의 양, 육로·해로의 길인 거영수로(距營水路) 등이 기록
되어 있다. 내용은 산성속 장교 65인, 군졸 2,977명, 성주(城周) 2,346보,
성타(城垜, 성 위의 담장) 777패, 삼도대소전선 548척(통속 184척, 호남좌속
72척, 호남우속 135척, 영남좌속 65척, 호서속 92척), 장졸 36,009명(통속 14,386
명, 전라좌수사속 5,142명, 전라우수사속 8,169명, 경상좌수사속 3,592명, 충청수
사속 4,750명), 증향미 89,218석(통속 30,548석, 호남좌속 37,348석, 영남좌속

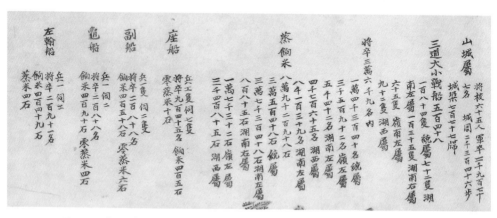

그림 4_____〈수조도〉의 부두기 부분(산성속, 삼도대소전선, 장졸, 증향미, 좌선, 부선, 귀선, 좌한선)

*출처: 황치석(2016), 〈수조도〉.

17,032석, 호서속 3,485석)으로 적혀 있다. 좌선에는 병선 2척, 사선 7척, 장졸 945명 외에 향미(餉米, 군량) 405석, 냉증미 5석을 선적했다. 부선에는 병선 1척, 사선 2척, 장졸 288명, 향미 458석, 냉증미 6석이 배정되어 있으며, 귀선(龜船) 속에는 병선 1척, 사선 2척, 장졸 288명과, 향미 490석, 냉증미 4석을 실었다. 이외에도 각 지역별로 전선과 장졸과 식량의 양을 자세히 기록하고 있다.

'수조도' 글을 쓰며
만난 이순신

이순신포럼에서 '수조도 작업을 통해 만난 이순신'에 대한 원고 청탁을 받고 꼭 두 가지는 실행하고 글을 쓰기로 작정했다. 하나는 《난중일기》를 완독하는 것이었고, 또 하나는 이순신 장군의 삼도수군통제영이 있는 한산도 수루(戌樓)와 수조가 행해진 통영 앞바다에 가서 수조도 속의 산성을 찾아보는 것이었다. 《난중일기》를 읽으면서 이순신 장군의 효심과 심리 상태, 건강, 전쟁에 임하는 강력한 리더십 등에 대해 알게 되었고, 청어를 잡아 식량을 조달하고 격군들에게도 주연을 베푸는 등의 생생한 이야기를 접하게 되어 더욱 생동감 있게 글을 쓸 수 있는 기회가 되었다.

개학을 앞둔 바쁜 일정에도 불구하고 2월 28일 통영 충렬사를 찾아 완성된 그림의 도록을 올려놓고 삼배를 올렸다. 학예사를 만나 수조도를 그리기 전에 이곳에 왔었고, 완성 후 다시 왔다고 하니 깜짝 놀랐다. 여러 사람이 다녀갔지만 완성했다는 사람을 보지 못했다고 하였다. 통영항 가는 길, 문화공원에서 거북선에 승선해 통영 앞바다의 출렁이는 파란 물결을 보며 노를 저어보았다. "노를 똑바로 젓지 않으면 목을 치겠다."고 호령하던 이순신 장군의 음성이 귓전에 생생하게 들리는 듯했다.

이튿날인 2019년 3월 1일, 3.1절 100주년이 되는 날 아침 수조도의 현장을 찾았다. 통영항에서 한산도로 향해 달리는 선상에서 수조도 속에 있는 양쪽 섬들이 어디일지 가늠하며 먼 바다를 좌우로 살펴보았다. 생각보다 통영 앞바다는 광활하였고 삼도수군이 합동 훈련을 하기에 충분히 넓은 곳이었다. 수조도 속 왼쪽 큰 섬은 산성이 있는 거제도, 작은 섬은 화도, 가배량인가? 오른쪽 섬은 한산도의 고등산과 관암 선착장, 한산대첩기념비가 있는 문어포, 통제영이 있던 제승당(制勝堂), 이순신 장군이 영을 설치한 두억의항이 있는 섬이고, 앞의 작은 섬은 죽도이며, 작은 바위섬은 이순신 장군이 갑옷을 벗고 잠시 쉬었다는 해갑도란 말인가?

혼자 상상을 해보았다. 부두기에 기록된 산성은 어디에 있는가? 통영 앞바다를 바라보며 좌측에 있는 거제도에는 이순신 장군이 통제영을 옮기면서 쌓은 가배량 성 유적지가 아직도 오아포에 남아 있다. 그리고 황산 등성이를 따라 세병관 등을 둘러싸고 숙종 4년(1678)에 축조된 통영성(둘레 3,600미터) 유적도 남아 있다. 임진왜란과 정유재란이 끝나고도 이 성 안에 병사들이 주둔하고 군량미를 비축해두었으리라!

나는, 임진왜란이 일어난 1592년 7월 9일 왜군을 유인하여 학익진법으로 크게 물리쳐 세계 4대 해전 중 하나로 꼽히는 한산대첩의 바로 그 바다 위를 달리고 있었다. 한산섬은 아직도 쉬이 보이지 않는다. 한산섬 수루에서는 통영 앞바다를 통해 왜적들이 들어오는 것이 보이지만, 통영 해안 쪽에서는 한산도가 보이지 않으니 요새라 할 만하다.

한산도 선착장에 도착해 바닷가 길을 따라 제승당과 수루로 향하는 길에서 보이는 바다 물결은 자는 듯이 잔잔했다. 이순신 장군은 달 밝은 밤에 수루에 혼자 앉아 저 잔잔한 물소리에 귀 기울이면서 적들의 소리를 감지했단 말인가?

수루로 가는 길에는 빨간 동백꽃이 만발하였고, 홍매화와 백매화가 피기 시작하건만 아직은 바닷바람에 옷깃을 여미는 이른 봄, 음력 1월 25일이다. 조선 수군들이 춘조(春操)를 하던 시기가 아니던가? 제승당, 곧 운주당(雲籌堂)[11] 앞마당에 당도하니 삼도수군을 통제하며 호령하던 이순신 장군의 음성이 들리는 듯하다.

날마다 천지신명께 기도하고, 매월 1일 새벽에는 임금이 계신 궁궐을 향해 망궐례를 행하며 나라에 충성을 맹세했다. 경칩(양력 3월 5일경)과 상강(10월 23일경)에는 둑제(纛祭, 대장기 앞에 둑기를 세우고 펼치는 행사)를 지내어 군대의 안전과 안녕을 빌었다. 수루와 그곳까지 가는 길 곳곳에서 이순신의 충정이 읽히는 한시들을 접하며 세계 최고의 제독이자 성웅으로 칭송받는 장군의 나라 사랑 정신을 엿볼 수 있었다.

제승당 뒤로 내려가서 활쏘기 무예를 닦던 한산정(閑山停)을 만난다. 바닷물 건너 145미터의 지점에 과녁을 설치하고 휘하 장수들과 활쏘기며 무예와 여가를 즐기던 정자, 시시각각으로 변하는 바닷물을 보면서 활을 과녁에 꽂아 넣고 복잡한 머리를 식혔으리라. 수조도의 산성 속에서는 전쟁이 잠시 멈추었을 때 청어를 잡아 곡식과 바꾸고, 때론 제주도의 소와 바꾸어 수군들에게 식량을 공급하고 주연을 베풀었다.

수조도를 그리면서 수조도 속 548척의 배치 원리를 글로 정확히 표현하기에는 한계가 있음을 깨달았다. 그러던 차에 2019년 3월 29일 겸재미술관에서 평소 내 그림에 많은 관심을 가지고 재현 작업의 중요성을 일깨우며 용기를 주었던 서울대학교 명예교수 안휘준 선생의 특강을 듣게 되었다. 그 자리에서 진주박물관 수조도와 우암박물관 수조도 논문을 쓴 원광대학교 유미나 교수를 소개받았다. 수조도 관련 논문 두 편을 단숨에 독파했고, 그런 노력을 통해 보다 정확한 명칭으로 확신을 갖고 글을 정리할 수 있었다. 이 또한 내게는 크나큰 행운이다.

원고를 마무리하면서 2019년 4월 28일 이충무공 탄신 474주년에 현충사를 참배하였다. 마침 현충사에는 국무총리와 문화재청장 등이 참여하여 제복을 정제하고 예를 다하여 제례를 지내는 중이었다. 그날 수많은 국민들이 충무공 유적지에서 추모의 예를 올렸다. 현충사 관내 활터에서는 각 도 대표들이 145미터(무과시험에서의 장전의 길이, 한산정과 동일) 떨어진 과녁을 향해 활을 쏘고, 해군 군악대가 멋진 연주로 마지막을 장식하며 충무공 정신을 이어갔다.

이순신 장군은 7년의 전쟁 동안 하루도 맘 편히 쉬지 못하고 항상 적의 동정에 가슴 조이며 통증으로 밤을 지새웠다. 모함으로 심한 고초를 당하고 옥살이도 했다. 백의종군의 수모 속에서도 오로지 나라를 위해 죽을 각오로 전투에 임하다 결국 차디찬 겨울바다에서 전사한 것을 생각하면 가슴이 아프다.

장군이시여! 이제 소나무 우거지고 봄꽃 만개한 아름다운 현충사 동산에서 편히 쉬소서. 당신의 불굴의 정신을 이어 만대로 나라를 굳건히 지키게 해주소서.

수조도가 그려지기까지 도움을 주신 많은 분들과 이 글을 쓸 수 있도록 기회를 주신 이순신포럼에 감사드린다.

▌미주

1 《수조절차》에는 주사강구열성행위도, 삼도주사섭진도, 삼도주사방영도, 열선작전도(列船作戰圖), 연선하방연도(聯船下方營圖) 등이 글의 도식으로 되어 있다.

2 수조도(통영 충렬사), 해진도(해군사관학교), 이순신수군도(인천시립광역박물관), 통제영수군조련도(서울대학교박물관, 국립진주박물관), 귀선도(경기대학교박물관), 삼도수군연합조련도(세종대학교박물관), 사화도 구갑선도(금곡박물관), 삼도수사도분군도(개인 소장), 충무공포전도(서울옥션, 개인 소장) 등으로 표기되고 있다. 유미나(2014)는 정조 대에 간행한 《어정병학통》의 제2권 도설 '통제영수조도'에서 빌려 '통제영수군조련도'로 사용하고 있다(서울대학교박물관 명칭과 동일). 국립진주박물관의 통제영수군조련도는 삼도주사섭진도의 형태를 취하고 있다.

3 2권 1책. 1권에는 장조, 별진호령, 분련, 야조, 성조, 수조가 수록되어 있다. 2권 진도(陣圖)에는 통영의 수조도만을 수록하였다(정조 9년, 1785년). 이 책 서문에서 정조는 공자의 조두지사(俎豆之事, 제사를 지내는 일)를 군려(軍旅, 전쟁터에 나가 있는)에 적용하여 질서의 예를 중시하였다.

4 현패(懸牌, 하루 전에 조련을 알리는 조련패를 주장문 앞에 닮)−발초선(發哨船, 중군선이 포를 한 발 쏘고 징을 치면 탐색선인 초선이 사방으로 흩어져 적을 탐색함)−열병(列營, 중군선이 포를 한 발 쏜 후 홍신기를 세우고 북을 두드리고 나팔을 불면 모든 배들이 첨자찰로 정렬하여 명령을 기다림)−승선청(升船廳, 장호적을 세 번 불면 주장이 좌선에 오름)−초관기(哨官旗, 청도기가 나아가면 초관들이 좌선 아래로 모임)−관초발방(官哨發放, 중군이 관기에게 주장의 명령을 전함)−타료정대장발방−관기하지방−승기기조−간적선작전−정종회선−하방영−발초급−사공죄−수초급−낙기현등−발방야로−우적선−사공죄−산조귀항 등 20개의 항으로 되어 있다.

5 노승석 국역(2009), 〈수조〉.

6 노승석(2009: 281).

7 임진왜란 이후 한산도에 있던 삼도수군통제영을 통영의 두룡포로 이전하고(1604, 선조 37), 1605년과 1606년 춘조와 추조를 행한 기록이 있으며, 1636년(인조 14) 통제영 앞바다에서 합조를 한 것으로 기록되어 있다. 삼도합조는 인조 14년 통영 앞바다에서, 인조 15년 합조, 인조 16년(1638) 가덕 앞바다에서 춘조와 추조(《승정원일기(承政院日記)》 인조 16년 1월 5일), 정조 즉위년(1776) 통영에서 추조를 실행한 것으로 기록(《비변사등록(備邊司謄錄)》, 정조 3년 1월 11일)되어 있다(유미나, 2014). 전라좌수사가 주관하는 도조는 춘추로 연 2회 열었으며, 여수 경도 앞바다 훈련에는 80여 척이 참가했다고 한다. 1688년부터 1801년까지 대략 13년에 1회 정도 연 것으로 보인다(노승석, 2009: 282). 조선 후기 수조의 규모와 내용은 《병학지남(兵學指南)》, 《어정병학통》, 《군국총목(軍國摠目)》, 《만기요람(萬機要覽)》, 《수조절차》, 《수조홀기(水操笏記)》 등에서 알 수 있다(장학근, 2009: 102).

8 효종 5년(1654)에는 충청도 봄 수조에서 60여 명이 익사하였고, 숙종 4년(1678)에는 100여 명이 익사 사고를 당하였다(유미나, 2014).

9 삼간본(1915) 4책(간행자 미상, 신활자본), 통영군 통영인쇄소 1책, 사간본(1918) 최남선 편수 신활자본 2책(신연활자본 경성 이관화 발생 2책), 오간본 이관화 편(신연활자본) 2책, 6간본(1934) 서정석 석판본 6책.

10 한양에서 바라보는 것을 기준으로 경상도와 전라도의 좌수영과 우수영을 구분한다. 전라 우수영과 전라좌수영을 나누는 기준은 호남의 정맥인 무등산과 영산강이다. 경상좌수영 과 경상우수영을 나누는 기점은 낙동강으로, 이곳을 중심으로 울산·기장·부산·지세포 등이 경상좌수영, 창원·진해·웅천·안골 등이 경상우수영이 된다. 전라좌수영과 경상우수영을 나누는 기점은 섬진강이며, 이곳을 중심으로 우측인 광양·보성 등이 전라좌수영이다. 조선의 수군 통제는 전라좌수영, 전라우수영, 경상좌수영, 경상우수영, 충청수영으로 나뉘어 있었으나, 임진왜란 발발 후 전란 중인 1593년 8월 15일부터는 삼도수군통제영이 한산도로 이전하면서 경상우수사 대신 통영으로 군제가 변경되었다(천문과 지리 전략가 이봉수 인터뷰, 2019년 2월 26일).

11 이순신 장군 당시에는 운주당이었으나 영조 16년 제승당으로 현판을 바꾸었다.

▌참고문헌

경상남도(2011), 〈임진왜란 조선 수군 군수품 복원 제작 성과물 보고서—복식 및 깃발〉, (사)남해역사연구회.

구능회(2019), 《시로 만나는 이순신》, 동서남BOOK.

노승석(2017), 《이순신의 승리 비결 주역으로 풀다》, 여해.

노승석(2009), 〈수조〉, 〈수조절차〉, 《이순신연구논총》 가을·겨울 통권 2012호, 순천향대학교 이순신연구소.

방성석(2015), 《역사 속의 이순신, 역사 밖의 이순신》, 행복한미래.

유미나(2012), 〈'통제영 수군조련도'의 특징과 미술사적 의의〉, 우학문화재단 소장.

유미나(2014), 〈조선 후반기의 통제영 수군조련도 연구—국립진주박물관 소장 《통제영 수군조련도》 병풍을 중심으로〉, 《미술사학연구》 2014년 3월, 한국미술사학회.

이봉수(2018), 《천문과 지리 전략가 이순신》, 시루.

이순신 저·노승석 역(2016), 개정판 《교감완역 난중일기》, 여해.

이순신 저·노승석 역(2014), 《증보 교감완역 난중일기》, 여해.

장학근(2009), 〈구조에 나타난 이순신 전술〉, 《이순신연구논총》 가을·겨울 통권 2012호. 순

수조도 작업을 통해 만난 이순신

83

천향대학교 이순신연구소.

제장명(2011), 《이순신 백의종군 – 하늘의 뜻을 알다》, 행복한나무.

제장명(2018), 《전국 방방곡곡, 이순신을 만나다》, 행복한미래.

해군사관학교,
활을 든 이순신과
만나다!

김영원

1947년 경남 창원 출신으로 홍익대학교 조소과 교수 및 미대 학장을 역임했으며, 현재 한국조각가협회 명예회장을 맡고 있다. 1980년 동아미술상과 1990년 선미술상을 수상했으며, 1994년 상파울루 비엔날레, 1997년 광주비엔날레 특별전, 1999년 동아미술제 20주년 기념 수상 작가 초대전 등 다수의 전시회를 열었다. 2002년 김세중 조각상, 2008년 문신미술 조각상을 받았다. 현재 국립현대미술관, 서울시립미술관, 경기도립미술관 등에 작품이 소장되어 있다.

삶의 본연의 모습을 작업하다

이 시대는 급속한 변화와 가치관의 혼란, 인간성의 훼손과 파괴, 소외와 불안 등 인간에 대한 부정적 요소가 독버섯처럼 퍼져 있다. 끝없는 물질문명의 추구가 비인간화의 극점을 향해 치닫는 부작용이라 할 수 있겠다. 인간 삶의 감각적 총화가 예술이라면, 오늘날 예술의 모습 또한 그와 다를 바 없이 혼돈과 방황이 작품에 투영되기도 한다.

나는 작품을 통해 삶과 죽음, 영혼과 육체, 물질과 정신, 의식과 무의식 등으로 분열 대립한 세계를 통합하고 전체적인 비전을 확보해보려고 노력해왔다. 그리하여 온전히 살아 숨 쉬는 생명력 있는 문화를 지향하고자 한 것이다. 나는 그것을 제3의 문화라고 정의했다. 이는 생명 에너지로 충만한, 화해와 대 긍정의 세계, 진정한 의미의 자유와 평화를 누릴 수 있는 세계를 말한다.

그것은 질서와 혼돈, 시간과 공간, 단위와 존재, 의식과 무의식의 세계를 편견 없이 있는 그대로 인식하는 방법이다. 이를 통해 어떠한 선입견이나 편견이나 갈등으로부터도 해방되어 자기와 화해할 뿐 아니라 자기 밖의 모든 것과 화합할 수 있는 힘을 얻게 된다. 이러한 힘을 얻으면 생명 에너지가 넘치는 새로운 세계가 열린다. 나는 조형예술에 있어 이러한 힘을 얻기 위해 기존의 방법적인 것, 즉 결과 지향적인 것을 유보하고 과정 지향적인 작업에 주목하고 있다.

과정에서 감성과 사고의 본질에 접근하고, 자아를 인식하여 거기서 얻어지는 힘을 감각적으로 시각화시켜 주변과의 교감을 얻고자 했다. 예술을 통하여 자기완성을 이루기 위해 예술 행위 자체가 자기 성찰과 각성이 가능한 새로운 방법을 모색해야 했었다.

평자들은 내 작업에는 "개개의 작품들보다 전체적인 상황이 중요시되고 있으므로, 하나의 조형물 속에서 느낄 수 있는 미의식의 감상보다는, 미의식을 넘어서는 삶의 본연의 모습, 기계 문명의 저편에 묻혀 있는 우리들 본연의 모습을 끄집어내기 위한 새로운 가능성이 전제된다."라고 얘기한다.

그런 철학으로 나는 물질과 정신의 화합과 조화를 추구해왔으며, 초기 작업에서는 '기능적 인간은 정신성보다 신체성을 우선한다'는 가설을 세우고 한국 현대 조각사에서 도외시해왔던 인간중심의 세계관을 실존주의에 대입시킴으로써 인체가 조각에 가장 근원적이며 유일한 표상이라는 것을 재천명하였다. 아울러 이 표상의 기본구조를 사물화된 신체로 한정시켜 그것의 기능적 양상을 탐구해왔다.

나에게 인체는 어느 특정한 개인이나 관념적 표상 혹은 심미적 대상으로서의 인체가 아니라 일반화한 인간의 실제(reality)이다. 나의 사실주의에 대한 집착은 바로 인체를 통한 존재론에로의 끈질긴 모색에서 연유한다.

존중과 경청과 포용의 리더십

비록 결은 조금 다르지만, 나는 역사적 인물을 형상화하는 작업도 그 연장선에 있다고 생각한다. 그동안 작업해온 광화문 세종대왕 동상이나 역대 대통령 동상, 그리고 곧 완성돼 전시될 다섯 분의 임시정부 수반 동상 등도 가능하면 그의 외형에 가려져 있던 피상을 벗겨내고 그 안에 있는 본질을 드러냄으로써 근원에 다가가려고 노력해왔다. 그러나 그 작업은 항상 고증의 한계와 그 인물을 보는 저마다의 시각 차이 때문에 논란을 겪기 일쑤다.

하지만 해외의 경우를 보면 좀 다른 것 같다. 그들은 긍정적 평가든, 부정적 평가든 역사적 인물들에 대한 객관적 기록이 잘 보존되어 있다. 우리나라에는 이런 자세와 노력이 매우 부족한데 가장 큰 원인이 좌우 간·계층 간 갈등 등 생각의 차이 때문에 벌어지는 사상적 대립이라 하겠다. 서로 다름을 인정하지 않는 풍토는 결국 위기를 자초하는 독버섯과 같아서, 우리의 역사마저 망각하게 만든다.

그림 1 _____ 세종대왕 동상과 점토 작업을 하고 있는
김영원 조각가

그렇다면 이를 극복하고 국민통합을 이루기 위해 가장 필요한 것이 무엇일까? 어떤 관점으로든 역사에 대해 정확히 파악하고 거기에 대한 국민적 공감대를 얻어가는 것이 필요하다. 이념에 치우쳐 역사를 곡학아세(曲學阿世)하기보다는 정확한 사실만을 제대로 바라보는 역사관을 정립하는 것이 중요하다.

실제로 소통은 나보다 남의 이야기를 들어주는 것에서부터 시작된다. 자기가 배운 것을 올바르게 펴지 못하고 그것을 굽혀가면서 세속에 아부하여 출세하려는 태도나 행동을 가리키는 '곡학아세'에 대해 생각하며, 남의 의견을 듣는 데 치우치는 것보다 생각을 먼저 세우는 게 중요하다는 것을 깨달았다. 대통합은 사회에서 먼저 시작되는 것이 아닌 개인으로부터 시작되는 것이다.

주지하다시피 이순신 장군은 전 세계 해군 역사에 기록될 명석한 전략가이자 탁월한 지휘관이었다. 평소 수군이 위치하고 전투가 벌어질 바다의 여건, 즉 바람의 방향, 물살의 세기와 변화, 안개가 끼고 걷히는 시각 등등을 충분히 파악하여 전투에 응용하였다. 또한 인근 지형지물에 대한 완벽한 분석과 전세의 변화에 따른 결과 예측 등 해박한 지식을 통해 철저하게 이용하였다. 그 때문에 이순신은 세계 해전사에 길이 빛날 승전을 거둘 수 있었다. 그는 타고난 전략가였다.

이순신은 군졸들을 마치 자기 자식처럼 아끼고 사랑했다. 강제나 명령이 아니라 사랑으로 군율을 세워 병사들이 목숨을 걸고 싸우도록 마음을 끌어냈다. 물론 군율을 엄하게 지켜 엄중한 기강을 세우는 데도 소홀함이 없었지만, 그런 가운데서도 군졸들은 장군이 자신들을 염려하고 아낀다는 사실을 마음으로 느껴 절대적으로 충성했던 것이다.

그런가 하면 유비무환, 준비에도 철저한 장수였다. 전쟁이 소강상태에 접어들면 군졸들에게 농사를 짓게 하여 자급자족할 수 있는 군량을 확보하는 등 대비책 마련에도 소홀함이 없었다. 마치 한 가정의 가장처럼 군사들과 피난민 등을 돌보아 저절로 충성심이 우러나오도록 했다. 그것이 이순신을 다른 장수들과 구별 짓게 하는 특별한 차이점이라 하겠다.

또한 이순신은 소통, 경청, 결정의 아이콘이다. 종이나 머슴들도 사람으로 취급했다. 그들에게서 정보와 첩보를 귀담아듣고 보상도 해주었다. 사람은 셋만 모여도 의견 충돌이 일어나게 마련이다. 그런데 리더가 미리 가이드라인을 제시하면 진행이 안 된다. 구성원이 충분히 의견을 개진하며 서로 치고받는 가운데 거기에 답이 있다. 모두가 자기 의견을 내느라 기진했을 때 결론을 내는 것이 현명하다. 그게 요령이고 노하우다. 이순신은 그런 점에서 탁월했다. 모두를 동등한 인간으로 보고 각자의 의견을 존중하며 경청했다. 그것이 존중과 경청과 포용의 리더십이다.

나와 이순신, 그 특별한 인연

내 인생에 있어서, 또 내 작업의 포트폴리오에서 이순신은 특별한 인물이다. 무엇보다 해군사관학교 교정에 우뚝 선 그의 동상을 내가 제작했기 때문이다. 처음 해군사관학교에서 이순신 동상 제작을 의뢰해왔을 때 나는 다른 작업에 바빠 일차 거절을 했다. 그러자 김판규 해군사관학교 교장이 직접 도움을 요청했다. "예산도 빡빡하고 바쁜 줄 알지만, 사관생도들과 후대를 위해 작업을 맡아 달라."고 간곡히 부탁해왔다. 사실 나 역시 언젠가는 이순신 장군 작업을 꼭 해볼 수 있기를 바라고 있었다. 그렇게 기회는 왔는데, 여건은 좋지 못했다. 우선 다른 일 때문에 바빠서 납기를 맞출지 걱정이었다. 하지만 고심 끝에 결국 수락을 하고 말았다. 그렇게 5개월여에 걸친 이순신 동상 제작이 시작되었다. 결심하고 난 후 다른 작업을 다 뒤로 미뤘음은 물론이다.

그래도 이순신 동상 제작에 대한 압박감은 쉽게 떨쳐지지 않았다. 민족의 영웅을 다시 세우는 일에 한치의 소홀함을 보일 수 없기도 했다. 사실은 광화문 광장의 세종대왕 동상 작업 때도 밤잠을 자다 가위에 눌릴 정도로 압박감이 컸다. 끊임없이 자료를 모으고 전문가들과 스터디를 이어가며 작업했다. 그러면서 내가 평소 알고 있던 대왕이 아니라 마치 신처럼 느껴졌다. 평생을 백성을 위해 정성을 쏟았던 임금임을 알게 되었다. 세종대왕은 노비 휴가제도를 실시할 정도로 모든 백성을 아끼고 사랑했다. 그걸 알게 되며 눈물이 났다. 그때 충격이 너무 컸던 탓일까? 이순신 동상을 작업할 때는 좀 덜했다.

하지만 안 하면 모를까 일단 맡은 일은 철저하게 책임을 다한다는 신념을 가진 나에게는 여간 부담 가는 게 아니었다. 특히 역사적 인물을 재현해내는 일은 예술적 재능 외에 여러 가지 갖춰야 할 부분이 많은 작업이다. 때문에 자문위원단과 해군사관학교 관계자 등과 여러 차례 협의를 거쳤다. 최소한의 오류도 없어야 후일 논란을 일으키지 않을 것이기 때문에 고증을 철저히 했다. 광화문에 우뚝 선 이순신 동상처럼 두고두고 논란이 되는 일은 피하고 싶은 게 작가로서의 최소한의 자존심이었다.

광화문의 이순신 동상이 논란이 되는 것도, 국민들에게 좀 더 위대한 성웅의 모습을 보여주고자 고증보다 작가의 상상력이 더 많이 동원되었기 때문이다. 그로 인해 중국의 갑옷을 입고 일본 칼을, 그것도 오른손에 쥐고 있는 등의 지적에서 오늘날까지도 자유롭지 못한 것이다. 국민들이 한눈에 반할 만한 상징적 무인의 표상을 보여주기 위한 작업을 함으로써 논란이 끊이지 않는 역효과를 초래하고 말았다.

여러 차례 논의 끝에 나는 칼이 아니라 활을 든 이순신 동상을 제작하기로 했다. 활을 든 이순신을 생각한 것, 《난중일기》에 활에 대한 이야기가 많이 나오기 때문에 이를 염두에 둔 것이다. 기록에는 "오늘은 60발의 화살을 쏴서 몇 발을 명중시켰다."라는 등의 이야기가 자주 등장한다.

실제로 육군이 아닌 해군은 당시 전투 중에 배를 붙여 백병전을 벌일 경우가 아니라면 칼을 쓰지 않고 활을 쓴다는 데 착안했다. 배와 배 사이에서 화살로 공격하는 일이 대부분이기 때문이다.

그래서 한손에 활을 들고 등에는 전통을 맨 채 오른손에 지휘용 등채를 쥐고 명령을 내리는 장군의 모습을 형상화한 것이다. 해군사관학교의 이순신 동상을 보면 마치 지휘선에서 각 전선을 행해 "학익진을 펼쳐 적을 섬멸하라!"며 진두지휘하는 이순신 장군의 모습이 살아 있는 듯 생생하게 느껴진다.

그러면 조선 수군들은 불화살을 쏴서 태우고 각종 화포로 화력을 집중하는 등 기선을 제압한 후 거북선을 선두로 적선을 직접 격파하면서 왜군을 공황 상태로 만들어 전투에서 대승을 거두는 모습이 눈에 선하게 그려졌다.

정확한 고증으로 작업하다

그런데 칼을 든 모습을 제작했다면 좀 더 쉬웠을 것을, 활을 든 모습으로 바꾸며 일은 몇 곱절 어려워졌다. 활과 전통에 환도를 차고, 크기가 다른 화살을 넣어야 했으며 등채까지 손에 들려야 하니 고증에도, 제작에도 어려움이 많았다. 그렇다고 대충할 수는 없는 노릇이었다. 활을 든 장군의 모습을 재현하기 위해 활과 화살을 만드는 무형문화재로 지정된 분에게 도움을 받았고, 활을 든 상태에서 지휘하는 역동적인 모습을 재현하기 위해 수원화성에서 십팔반무예(十八般武藝, 열여덟 가지의 무예) 시범을 보이는 전문가를 초빙해 동작 하나하나를 일일이 기록하며 작업을 이어갔다. 활을 만드는 장인은 전통에 든 화살의 크기까지 세세하게 자문을 해주었다. 장군의 얼굴도 위엄있고 용맹한 무장의 모습에 그치지 않고 《징비록》 등에 나오는 선비의 모습을 조화시켜 문무를 겸비한 형태를 유지하려고 노력하였다.

고증 과정에서 해군사관학교 박물관장이 소개해준 동의대학교 이주영 박사는 조선시대 복식 전문가로 동상 제작에 많은 도움을 준 이였다.

1. 심봉 만들기

2. 점토 과정

3. 석고 과정

4. 청동 과정

갑옷에 달린 장식 하나하나의 모양은 물론이고 바늘귀 하나라도 틀리면 그냥 넘어가는 일 없이 일일이 지적하며 오류를 잡아냈다. 나 역시 어떻게 하면 정확하고 확실하게 재현하느냐에 초점을 맞추고 있던 터라 이 박사의 조언은 아주 많은 도움이 되었다.

　그 외에도 조용진 한국얼굴연구소장 등 각 분야 전문가들이 자문위원으로 참여해 이순신 장군의 얼굴에 관해 논의했다. 복장이나 무장, 전사(戰史) 등 할 수 있는 모든 것을 고증하고 정확히 하려고 노력하였다. 역사 인물을 구현하는 일은 창작으로 그쳐서는 안 된다. 누구나 수긍할 수 있는 기본을 갖춰야 하는 게 이 작업이다. 다소 모양이 빠지더라도 조선시대 중간 간부부터 대장군에 이르기까지 모든 장수가 입었던 유일한 갑옷이었던 두정갑(頭釘甲, 놋쇠로 된 못을 박아 만든 갑옷)을 입힌 것도 그런

그림 2_____

해군사관학교에 설치한
이순신 동상을 만드는 과정

그림 3 ___ 해군사관학교 충무광장에 세운 활을 들고 있는 이순신 동상

이유에서였다. 단순히 멋있게 보이기 위해 남의 나라 것을 갖다 붙이는 오류는 범하지 않았다. 폼은 안 나지만 우리 것을 제쳐두고 아무거나 입힐 수는 없지 않은가.

그렇게 5개월여에 걸쳐 청동 주물로 제작된 높이 4.97미터의 이순신 장군 동상은 두정갑을 착용하고 허리에는 조선시대 대표 전투용 도검인 환도(環刀, 쌍룡검)를 찼다. 또 왼손은 활을 들고 오른손은 '등채(지휘봉)'를 쥐어 앞으로 뻗었다. 등에는 전통(화살통)을 멨는데, 전통 안에는 편전(애기살)과 장전 등 크고 작은 화살이 들어있다. 이순신 장군 동상은 전체적으로 삼도수군을 지휘하던 당시의 모습에 가깝다고 자부한다.

동상 부분을 제외하고 좌대에서 지면까지 높이는 6.14미터로 동상의 높이(4.97미터)까지 합하면 11.11미터다. 해군 창설일이 11월 11일인 데서 착안한 것이다. 기단 주위에는 거북선과 천자총통 4문이 배치되어 있고, 기단 네 면에는 각각 거북선 앞면의 귀수(귀신머리)와 한산·명량·노량 해전도가 부조로 새겨져 있다.

단순 기념이 아니라
삶의 표본이 되는 상징

또 하나 해군사관학교 동상 건립에서 가장 중요하게 생각했던 것은 장소였다. 동상을 해군사관학교의 교육 시설인 통해관 앞에 세움으로써

사관생도들이 수업을 받으러 가고 숙소로 돌아오는 길에 언제나 장군을 바라보며 그의 우국충정의 정신과 애민사상을 본받도록 한 것이다.

또한 사관생도들에게 공격적이며 동적인 모습을 구체적으로 보여줌으로써 장군의 기상을 심어주고 싶었다. 국내에 존재하는 대부분의 이순신 동상들은 얌전하고 정적인 경우가 대부분이다. 그러나 해군사관학교의 동상은 활을 움켜쥔 왼손에는 언제라도 살을 먹여 적장의 가슴을 뚫을 수 있다는 각오가 부풀어 오른 힘줄로 표현되고, 등채를 쥐고 앞으로 쭉 뻗은 오른손에서는 두려움 없이 나라와 백성의 안위를 위해 반드시 전쟁에서 승리하겠다는 장군의 의지가 솟구친다. 곧 뛰쳐나갈 듯한 동상의 역동성은 바로 이순신의 기상 그 자체를 표현했다.

하지만 지금 시대는 역사에 큰 관심들이 없는 듯 보인다. 당시 장군과 장졸들이 자신의 목숨을 초개와 같이 바쳐가며 싸운 것이 자신과는 아무런 관계가 없는 지나간 일일 뿐이라고 치부한다.

이순신의 위대함은 그에게 쓰라린 패배를 맛본 메이지(明治) 해군이 먼저 언급했다. 우리나라에서는 근대까지 관심도 없다가 단재 신채호 선생이 처음으로 《이순신전》을 쓰고 이광수는 나중에 살을 붙였다. 그러고도 한참 동안 우리나라 사람들은 이순신이 그렇게 위대한 영웅인지를 몰랐다. 그저 호남 일대 무당집에 수호신으로 걸려 있거나 지금도 기껏해야 100원짜리 동전에 들어간 것이 전부이다.

그러던 것을 박정희 대통령이 문화재보호법 등을 제정해 역사적 유물들을 보존하고 인물들을 기리기 시작했다. 이순신 역시 아산 현충사의 성역화 작업으로 인해 비로소 새롭게 조명되기 시작했다고 해도 과언이 아니다.

그렇게 고민을 거듭하며 작업한 끝에 마침내 2015년 11월 11일, 정호섭 해군참모총장을 비롯하여 김판규 해군사관학교 교장, 해군사관학교 박물관장, 홍준표 당시 경남도지사, 자문위원 등이 참석한 가운데 해군사관학교 충무광장에서 동상 제막식을 했다. 동상 제작자인 나는 감회가 새로울 수밖에 없었다.

한 가지 아쉬운 점은 동상이 서 있는 방향인데, 건물과의 배치나 항구 등으로 어쩔 수 없긴 하지만, 지금이라도 장군의 동상을 남향으로 좀 틀었으면 하는 것이다. 동상은 빛이 어떻게 비치느냐에 따라 모양과 느낌이 완전히 달라지기 마련이다. 서쪽이나 동쪽을 보고 있으면, 해가 정면으로 비칠 때는 느낌이 너무 밋밋해 평면적으로 보이고, 해를 등지면 표정 등을 볼 수 없이 어두워지기 때문에 남쪽을 보고 서는 게 가장 이상적이다.

이날 제막식에서 정호섭 해군참모총장은 "해군사관생도를 비롯한 모든 해군과 해병대 장병들은 명예, 헌신, 용기를 실천한 충무공을 사표(師表)로 삼아 국민과 시대가 요구하는 더욱 용맹스럽고 충성스러운 충무공의 후예로 거듭나자."고 하였다.

지금도 나는 상징은 그냥 기념하기 위해서 세우는 것이 아니라, 삶의 표본이 되어야 한다고 생각한다. 해군사관학교에 견학을 왔다가 이순신 동상을 본 한 여학생은 우리 바다는 우리가 지켜야 한다는 생각으로 해군 부사관에 지원해 복무하고 있다. 위정자들이 본받아야 할 대목이다. 현재 나는 명상과 예술의 접목을 시도하고 있다.

일본인에 투영된
이순신 상(像)

~

이종각

1952년 대구에서 태어나 고려대학교 사학과를 졸업했다. 1977년 동아일보에 입사해 2000년까지
사회부·정치부 기자를 거쳐, 국제부·정치부 차장, 기획팀장, 심의팀장 등을 지냈다. 2000년 말,
일본으로 가 도쿄대학교 대학원 석사과정을 마친(2004년) 뒤 주오대학교 등에 출강하는 한편
일본 신문 등에 한국 관련 칼럼 집필과 근·현대 한일관계사에 관한 저술 활동을 했다. 2012년
귀국 후 동양대학교 교수(2013~2017)를 지냈다.
주요 저서로는 《자객 고영근의 명성황후 복수기》, 《이토 히로부미》, 《일본 난학의 개척자 스기타
겐파쿠》, 《미하모토 소위, 명성황후를 찌르다》, 《일본인과 이순신》 등이 있다.

李舜臣單騎而破胡虜之賊
兵及于和知之至而為全羅
水軍節度使造龜甲船忠勇
冠于雞林

그림 1_____ 삽화를 곁들여 임진왜란을 서술한 《에혼 조선정벌기(繪本朝鮮征伐記)》〔쓰루미네 히코이치로(鶴峯彦一郞) 교정, 하시모토 교쿠란(橋本玉蘭) 그림, 1853〕에 그려진 용감무쌍한 모습의 이순신

일본인, 임진왜란 100년 후
《징비록》통해 이순신을 알다

'이통제'에서 '이순신'으로

한국 사람 치고 충무공 이순신 장군을 모르는 이는 거의 없을 것이고, 대다수 한국인은 그를 '구국의 영웅'으로 존경한다. 그렇다면 일본인들은 과연 이순신을 어떻게 생각하고 있을까? 의외로(?) 일본인들도 이순신을 높이 평가하고, 일부지만 그를 존경하는 사람도 있다.

나는 1980년대 중반, 러일전쟁 중 일본 연합함대의 해군 장교가 발트함대와의 전투(쓰시마 해전)를 위해 출동하는 날(1905년 5월 27일) 이순신의 혼령에 빌었다는, 현대 일본의 가장 저명한 역사소설가[시바 료타로(司馬遼太郎)]의 글을 처음 읽고, 솔직히 깜짝 놀랐었다.

러시아와의 전투에 나서는 일본 해군 장교가 다른 사람도 아닌 이순신에게 자신의 안전과 일본 함대의 승리를 빌다니…. 세상에 이런 일도 있었구나 하는 놀라움과 함께 언젠가 일본인들이 생각하는 이순신에 관한 책을 한번 써야겠다고 마음먹었다.

2000년 말부터 일본에서 10여 년을 살게 되면서 일본인들의 사고방식, 특히 사생관(死生觀)이 우리와는 확연히 다르다는 것을 직·간접적으로 체험하게 되어 이순신에게 빌었다는, 그 해군 장교의 심정도 어느 정도 이해가 되었다. 그러나 일본인과 이순신을 주제로 한 글쓰기는 이런저런 사정과 게으름으로 차일피일하는 사이 수십 년이 흘러갔다. 마침, 충무공이 노량해전에서 전사한 지 420주년이 되는 지난해(2018년)에야

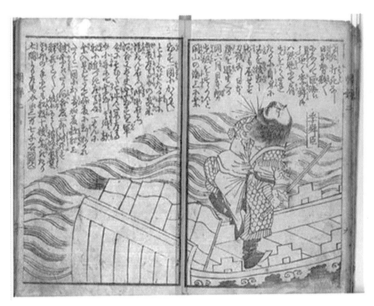

그림 2_____ 임진왜란을 다룬 일본 중세 성리학자 호리 교안(堀杏庵)의 저술 《에혼 조선정벌기(繪本朝鮮征伐記)》(1633~1635)에 후일 삽화를 넣어 간행한 책에 그려진 이순신의 모습. 사천해전(1592. 5. 29.)에서 왼쪽 어깨에 적의 유탄을 맞은 이순신이 칼로 살을 찢고 총알을 빼내는, 태연자약한 무사다운 모습이 그려져 있다. (19세기 중기 간행)

겨우 《일본인과 이순신》(이상미디어)이란 졸저가 나왔다.

그 책을 바탕으로 일본인들이 임진왜란(1592~1598) 이후 이순신을 어떻게 알게 되어, 현재까지 어떻게 평가하고 있는가, 즉 일본인에게 투영된 이순신 상(像)과 그 의미를 짚어본다.

일본인,《징비록》통해 이순신을 영웅으로 인식

도쿠가와 이에야스(德川家康)가 임진왜란이 끝난 뒤의 내란에서 승리, 출범(1603)한 도쿠가와 막부는 임진왜란에 관한 출판을 엄격히 통제했기 때문에 일본인들은 전쟁이 끝난 후 100여년이 지나간 시점까지도 임진왜란의 전체 상을 제대로 알지 못했다. 이순신에 대해서도 해전에서 연전연승을 거둬 남해안의 제해권을 장악한, 조선 수군을 이끈 뛰어난 장수가 '이씨 성을 가진 수군통제사'라는 의미의, '이통제(李統制)'로만 알려져 있었다.

일본인들이 이순신이란 이름을 처음 정확히 알게 된 것은 임진왜란이 끝난 뒤 약 100년 후인 1695년, 임진왜란 7년 동안 좌의정 겸 병조판서, 영의정 겸 도체찰사 등의 중책을 맡아 명실상부하게 국정을 총괄했던 류성룡(柳成龍, 1542~1607)의 회고록인 《징비록(懲毖錄)》이 역관에 의해 일본으로 밀반출되어 교토에서 '일본판 징비록'인 《조선징비록(朝鮮懲毖錄)》으로 출간되면서부터이다.

당시 일본의 저명한 유학자 가이바라 엣켄(貝原益軒, 1630~1714)은 《조선징비록》 서문에서 《징비록》이야말로 문장이 "간결하고 질박하니", "실록이라 할만하다"고 다음과 같이 칭송하고 있다.

"… 도요토미 히데요시는 전쟁을 좋아했다고 할 수 있으니, 이는 천도(天道)가 미워하는 것이다. 그의 집안이 망한 것은 이 때문이다. 한편 한인(韓人)은 위태롭고 약해서 일본군에 순식간에 패하여 무너졌으니 이는 원래 군대를 기르지 않고 수비하는 법을 가르쳤기 때문이다…. 이것이 '전쟁을 잊는다'라는 것이다. 아, 조선국의 세력이 위험해져 거의 망할 뻔한 것은 이 때문이다. 재상 류성룡이 《징비록》을 지은 것은 지당하도다…. 이 책은 기사가 간결하고 말이 질박하니 과장이 많고 화려함을 다투는 다른 책들과는 다르다. 조선 정벌을 말하는 자는 이 책을 근간으로 삼는 것이 좋겠다. 그 밖에 《조선정벌기》와 같은 책은 비록 한자가 아닌 일본 글자로 쓰였지만 이 역시 방증으로 삼기에 족하다. 오로지 이 두 책만이 실록이라 할 만하다."

일본인은 《징비록》을 통해 이순신의 활약상을 비롯해 임진왜란에 대한 전체상을 비로소 알게 되었다. 1705년에 동시 간행된 《조선군기대전(朝鮮軍記大全)》과 《조선태평기(朝鮮太平記)》에는 《조선징비록》의 영향을 받아 이순신에 대한 호칭이 '조선 이통제'에서 '조선 통제 이순신(朝鮮統制李舜臣)'으로 바뀌고 이순신에 대해, 예를 들면 '류성룡이 영웅을 천거하다'(《조선군기대전》)라는 식의 소제목을 붙이는 등 영웅으로 묘사하고 있다.

이순신을 영웅화한 이 두 작품은 일본 대중들에게 큰 인기를 끌었고, 이후 간행된 임진왜란 관련 서적들인 《조선군기물(朝鮮軍記物)》류도 이두 작품의 영향을 받아 이순신을 조선 수군의 영웅으로 묘사한다. 이에 따라 일본인들의 뇌리에 이순신은 서서히 구국의 영웅으로 각인되어 갔고, 일본에서 《조선징비록》이 식자층을 중심으로 널리 읽히면서 일본인들의 류성룡에 대한 관심도 높아갔다. 류성룡이 등장하는 가부키(歌舞伎, 일본의 전통 연극)가 있는가 하면 1801년에 간행된, 삽화를 곁들인 대하 역사소설로 특히 서민들에게 인기가 있었던 《에혼 다이코기(繪本太閤記)》에도 《징비록》에 있는 임진왜란의 참상과 류성룡이 백성들을 구휼(救恤)하는 모습 등이 그려져 있다.

이 《조선징비록》은 19세기 말 일본에 체류한 중국학자 양수경(楊守敬, 1839~1915)에 의해 청나라에도 소개되어 오늘날까지 임진왜란과 류성룡에 대한 중국인의 관점에도 영향을 미치고 있다(김시덕, 《교감·해설 징비록》, 2013)고 한다. 류성룡의 《징비록》이 일본에 전해짐에 따라 조선 측에서 본 임진왜란 및 이순신의 실상이 일본과 중국에도 알려지게 된 셈이다.

앞의 잘못을 징계하여 후의 환란을 경계하다

그렇다면 《징비록》은 어떤 책인가?

류성룡은 이 책에서 조선의 최고위 관료로서 자신이 직접 겪은 임진왜란을 생생하게 기록하는 한편 전쟁의 발생 원인, 배경 등을 나름대로 분석하고 있다. 류성룡은 자신이 《징비록》을 집필한 이유를 서문에서 다음과 같이 밝히고 있다.

《징비록》이란 무엇인가? 난리가 일어난 뒤의 일을 기록한 것이다. 그 중에는 난리 전의 일도 가끔 기록하여 난리가 시작된 근본을 밝히려 하였다…. 시경에 '내가 앞의 잘못을 징계하여 후의 환란을 경계한다(予其

懲而毖後患)'라고 하였으니, 이것이 《징비록》을 지은 이유이다.

류성룡은 임진왜란이 끝난 직후 다른 당파의 정적(북인)들로부터 '주화오국(主和誤國)', 즉 일본과의 강화를 주장해 나라를 그르치게 한 죄목으로 탄핵받아 1598년 말 관직을 삭탈 당하고 낙향(안동 하회마을)했다. 그는 고향에 은거하면서 4~5년간에 걸쳐 《징비록》 초본(현존하지 않음)을 썼고, 이어 1604년경 현존 초본(국보 132호)을 완성했다.

이후 《징비록》은 조선 식자층에 읽혔고, 조·일 양국이 국교를 회복(1607)한 뒤 조선통신사가 도쿠가와 막부의 새로운 쇼군(將軍) 취임을 축하하는 사절로 일본을 방문할 때 수행한 역관들에 의해 일본으로 유출되었다. 1719년(숙종 45년) 제6회 조선통신사가 일본에 파견됐을 때 제술관으로 다녀온 신유한(申維翰)은 기행문 《해유록(海遊錄)》에서 조선의 역관들이 국가기밀이 담긴 《징비록》 등을 밀무역으로 일본에 넘겨 그곳에서 출판까지 되었다고 한탄하고 있다.

(일본이) 우리나라와 관시(關市)를 연 이후로 역관들과 긴밀하게 맺어서 모든 책을 널리 구하고 또 통신사의 왕래로 인하여 문학의 길이 점점 넓어졌으니, 이는 시를 주고받고 문답하는 사이에서 얻은 것이 점차로 넓어졌기 때문이었다. 가장 통탄스러운 것은 김성일(金誠一)의 《해사록(海槎錄)》, 류성룡의 《징비록》, 강항(姜沆)의 《간양록(看羊錄)》 등의 책에는 두 나라(조선과 일본) 사이의 비밀을 기록한 것이 많은데, 지금 모두 오사카에서 출판되었으니, 이것은 적을 정탐한 것을 적에게 고한 것과 무엇

그림 3_____ 류성룡이 피난길에 죽은 어미의 젖을 빨고 있는 아기를 보며 울고 있는 모습을 그린 삽화. 〔《에혼 조선군기(繪本朝鮮軍記)》, 후지타니 도라조(藤谷虎三), 1888〕

이 다르겠는가. 국가의 기강이 엄하지 못하여 역관들의 밀무역이 이와 같았으니 한심한 일이다.

신유한이 개탄한 대로 당시 조선 역관들이 재물을 탐해 《징비록》을 일본 측에 넘긴 것은 국가기밀 유출이란 부정적인 측면도 있다. 그러나 넓은 의미에서 보면, 임진왜란을 제대로 모르고 있던 일본인들이 극악무도한 침략전쟁이었던 임진왜란의 실상을 제대로 알게 하는 데 결정적인 역할을 하는 긍정적인 측면도 있다. 또한 전술했지만 《징비록》을 통해 '이통제'로만 알려져 있던 이순신의 실명과 활약상을 일본인들이 알게끔

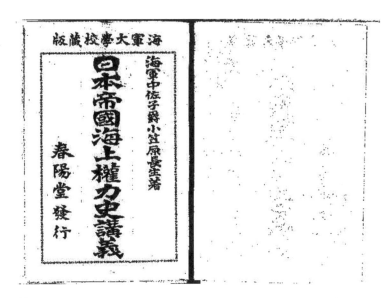

그림 4_____ 일본 해군이 공식적으로 처음 이순신을 가르친 교재인《일본제국해상권력사강의(日本帝國海上權力史講義)》표지(1902). 당시 해군대학교 교관 오가사하라 나가나리(小笠原長生) 소좌의 해전사 과목 강의안이다.

되어, 이후 일본에 이순신이 널리 알려지는 계기를 만들기도 했다.

메이지 해군,
이순신을 외경하다

놀랍게도 러일전쟁(1904~1905)을 전후한 메이지시대 후반, 300여년 전 노량해전에서 적탄에 맞아 전사한 이순신이 꿈에도 생각하지 않았을 일이 일본 해군 장교들 사이에서 일어났다. 역사소설가 시바 료타로의 표현을 빌리자면 '메이지 해군' 장교들 사이에 이순신을 '외경(畏敬)[1]'하는, 즉 '공경하며 두려워'하는 현상이 생겨난 것이다.

쓰시마 해전 당일 출동하는 일본 해군 장교가 이순신 혼령에 빌었다는 이야기도 이 같은 분위기를 말해주는 셈이다. 그런가 하면 한국이 일본의 식민지로 전락한(1910) 후 진해요항 사령부에 주둔하고 있던 일본 해군은 매년 이순신의 사당인 통영 충렬사를 정기적으로 참배했다(진해에 근무했던 일본인 해군 소좌의 후일 증언). 임진왜란은 한·중·일 삼국이 두 편으로 나뉘어 싸운 동아시아의 첫 국제전이었다. 그 전쟁이 끝난 지 300여 년 후 행해진 일본 해군의 충렬사 참배는 임진왜란이 발발하자 조·명 연합군을 형성해 일본과 싸웠던 한·중 양국만이 아니라 적국인 일본의 근대 해군에서도 이순신의 공적을 높이 평가하고 그를 존숭(尊崇)하는 기이한(?) 현상이 일어났음을 말해준다. 동아시아 역사에서는 유일무이한 경우이다. 이는 세계사에서도 그 유례를 찾아볼 수 없는 특이한 일이다.

옛 적국의 해군 장교들에게서 일어난 이순신에 대한 외경이 일본 정부나 해군 지휘부 등의 지시나 강요에 의한 것이 아니라 해군 장교들의 마음속에서 저절로 우러나왔다는 사실이 매우 의미 있는 일이라 하겠다. 이 같은 현상은 메이지 해군의 이순신에 대한 인식이나 평가가 객관적이었다는 사실에서 출발하고 있다. 만약 메이지 해군들이 이순신을 제대로 알지 못한 채 폄하하고 왜곡하는 인식을 가지고 있었더라면, 이런 현상은 일어나지 않았을 것이다.

메이지 해군은 당시로부터 300여 년 전에 있었던, 토요토미 히데요시

그림 5 _____ 《에혼 조선정벌기(繪本朝鮮征伐記)》 상〔야마모토 쓰네지로(山本常次郎) 편, 1887〕에 그려진, 임진왜란 전 이순신이 여진족과의 전투에서 백마를 타고 활을 쏘는 모습. 임진왜란을 다룬 여타 일본 서적의 이순신 그림보다 준수한 용모로 그려져 있다.

의 조선 침략(임진왜란)이 실패한 원인이 이순신의 탁월한 전술·전략에 의해 남해안의 제해권을 빼앗기는 등 일본 수군이 무능했기 때문이라는 사실을 익히 알고 있었다. 나아가 이순신은 히데요시의 야망을 좌절시킨 적장이지만, 그가 당시 조선을 구해낸 영웅일 뿐 아니라 전 세계 해군사에서 유례를 찾아볼 수 없는 명장으로, 같은 해군에 몸담은 그들로서는 마음속으로 존경할 만한 장군임을 인정하고 있었다.

이순신, 사후 400년 지나 일본 교과서에 등장하다

일본 이순신 관련 저술, 대부분 '영웅', '명장'으로 평가

[표 1]의 '일본인의 이순신 평가'에서 보듯이 1882년 측량 기사인 세키 고세이(惜香生)가 일본인으로서는 사상 처음 쓴, 이순신 전기류인《조선 이순신전(朝鮮李舜臣傳)》이 출간된 이래 일제강점기(1910~1945)를 거쳐 현재에 이르기까지 이순신에 관한 글을 쓴 일본의 학자, 군사 전문가, 저술가 등은 대체로 이순신을 뛰어난 전술 전략, 통솔력, 발명, 창조의 능력, 충성과 용기 그리고 인격 등에서도 매우 훌륭한 '조선의 구국 영웅', '세계적인 바다의 명장' 등으로 높이 평가하고 있다. 그러나 일제가 군국주의 노선을 강화하면서 중국 침략을 본격화하던 1920년대 후반경부터는 이순신을 터무니없이 혹평하거나 폄하하는 일부 기술도 보인다.

그림 6_____ 일본 참고서《중·고교생을 위한 조선·한국의 역사》〔헤이본샤(平凡社), 2002〕에 실린 조선 수군의 거북선〔원래 명칭인 귀선(龜船)〕을 앞세운 해전 장면. 일본에선 거북선을 일반적으로 귀갑선(龜甲船)으로 표기하고 있다.

이순신, 1980년대부터 일본 교과서·참고서 등에 등장

일제강점기 일본인들의 이순신에 대한 연구와 저술은 대체로 해군 장교, 관변학자, 참모본부 등이 하였으나 1945년 8월 일본 패전 이후에는 군 관계자들은 사라지고 학자, 소설가, 교육자 등이 대신하게 되었다. 이들의 저술에서는 이순신을 부정적으로 평가하는 경향은 없어지고 사실 관계에 따라 긍정적으로 평가하는 내용이 대종을 이룬다.

이순신에 대한 일본인의 평가와 인식에서 특기할 만한 사실은 1980년대 초부터 이순신의 활약상이 일본의 각급 교과서와 참고서 등에도 실리고 있다는 점이다. 한국인으로서 일본 역사 교과서에 이름이 나오는 경우는 이순신이 유일하다.

표 1 _____ 일본인의 이순신 평가

연도	이름	출처	내용
1892	세키 고세이 (惜香生)	《문록정한 수사시말 조선이순신전》	조선의 운명을 구한 사람. 조선의 넬슨
1902	**오가사하라 나가니리**(小笠原生長)	**《일본제국해상권력사 강의》**	**호담활달**(豪膽活達)**함과 동시에 치밀한 수학적 두뇌, 장군다운 그릇을 갖춘 인물**
1910	사토 데쓰타로 (佐藤鐵太郎)	《제국국방사론》	개세(蓋世)의 해군 장수. 넬슨은 견줄 수 없고 더 라위터르에 필적할 만한 인물
1913	**오이케 센쿄** (尾池宜鄕)	**《조선의 넬슨 이순신》**	**한가**(韓家)**의 일대공신. 넬슨을 서양의 이순신이라고 해야 할지도 모름**
1922	도쿠토미 이이치로(德富猪一郞)	《근세일본국민사; 풍신시대-조선역》	이기고서 죽고, 죽고서 이긴 조선의 영웅이자 구국의 영웅
1922	아오야기 난메이 (靑柳南冥)	《이조사대전》	천년만년 이어질 영명(英名). 충성스럽고 용감하며 자랑스러운 호걸
1922	스기무라 유지로 (杉村勇次郞)	《군사적 비판; 풍태합조선역》	이순신이 강한 것이 아니었다. 우수한 점을 찾을 수 없음
1924	일본군참모본부	《일본의 전사; 조선의 역》	조선 수군은 이순신을 얻어 처음으로 효과를 봄
1926	사토 데쓰타로	《절세의 명해장 이순신》	평생 경모한 해장 더 라위터르, 넬슨, 쉬프랑, 패러굿보다 우위에 있고 털끝만큼도 비난할 수 없는 명장
1928	**나카무라 히데타카**(中村榮孝)	**《충무공 이순신의 유보》**	**조선의 명장. 성룡과 순신은 조선역**(朝鮮役)**의 쌍벽**
1929	가와다 이사오 (川田功)	《포탄을 뚫고서》	세계 제일의 해군 장수
1930	사토 데쓰타로	《대일본해전사담》	불세출의 명장, 절대적인 명장. 동서 해군 장수의 제1인자
1939	교구치 모토요시 (京口元吉)	《수길의 조선경략》	이순신의 재기로 제해권이 동요. 일본군의 진군 불가. 경상도 연안으로 철수
1942	아리마 세이호 (有馬成甫)	《조선역수군사》	이순신이 일본 수군의 일부에게만 승리. 이순신은 천운과 일본 수군의 준비 부족으로 승리
1964	나니와 센타로 (難波專太郞)	《일인이 쓴 이순신론》	이조 굴지의 명장. 이조 500년 역사상 가장 훌륭한 명장. 한국사에서 샛별처럼 빛나는 유일한 인물. 고금에 볼 수 없는 명장

1972	시바 료타로 (司馬遼太郎)	《가도를 가다》	조선의 으뜸가는 인물. 동양이 배출한 유일한 바다의 명장
1982	후지이 노부오 (藤居信雄)	《이순신각서》	꿈속에서도 미칠 수 없는 영웅. 해신과 신풍(神風)을 의인화한 이미지. 한반도 역사에서 홀로 우뚝 서 있는 구국의 군신. 신장(神將)
1983	기타노 쓰기오 (片野次雄)	《이순신과 수길; 문록경장의 해전》	세계 제일의 해군 장수. 세계에서 제일가는 바다의 지장(智將). 조선을 국난에서 구한 수호신. 하늘이 내린 구국의 명장. 세계 굴지의 제독
1989	시바 료타로	《메이지라는 국가》	바다의 명장. 제독으로서 대단한 활약을 한 훌륭한 인물
1991	마키 히로시 (槇浩史)	《임진란과 이순신의 전략전술》	해양을 지킨 훌륭한 장수
1994	기타노 쓰기오	《조선멸망》	조선 수군의 명장. 제일의 구국 영웅
1995	기타지마 만지 (北島万次)	《도요토미 히데요시의 조선 침략》	히데요시의 야망을 산산조각 냄. 충절과 지략으로 나라를 구한 인물
2003	구로다 케이이치 (黑田慶一)	《히데요시의 야망과 오산》	불세출의 수군사령관. 적군과 아군을 뛰어넘는 군신. 히데요시가 극복할 수 없는 사람. 일본군 능력의 근간을 절단. 일본군의 전의 좌절과 보급로 차단
2005	오가와 하루하시 (小川晴久)	《조선의 수호신》	조선의 수호신. 한국 민족의 가장 훌륭한 자식. 민족을 초월한 이상적인 인간상

*김주식, 〈이순신에 대한 일본인의 연구와 평가〉(《해양문화재》 제4호, 2011)에서 인용. 표 가운데 볼드체 항목은 필자 추가.

이 무렵 "일본의 소학생(초등학생)들은 도고 헤이하치로(쓰시마 해전에서 발트함대에 대승을 거둔 연합함대 사령장관)를 모른다[후지이 노부오(藤井信雄)[2], 《이순신각서》, 1982], 거의 모든 우리나라 교과서에서 도고의 이름이 사라지고 있는 것은 무슨 이유일까?[마키 요조(眞木洋三), 《제국해군제독총람》, 1990]"라고 하며 일본 지식인들은 개탄하고 있다. 도고가 일본 교과서에서 사라지던 시절, 이순신이 일본 교과서에 등장하게 된 것은 두 해군 명장에 대한 일본인들의 평가가 역전되었다고도 할 수 있는 매우 흥미롭고, 또 의미 있는 일이라고 할 만하다.

도쿄 시내 서점에 들러 일본사 코너에 꽂혀 있는 각급 학교 학생용 일본사 책을 펼쳐보면, 임진왜란을 다루는 부분에 이순신과 거북선은 사진과 함께 거의 빠짐없이 언급되어 있다. 그러나 러일전쟁을 다룬 근세사 부분에는 연합함대의 승리는 언급하면서도 도고 헤이하치로 연합함대 사령장관의 이름은 빠져 있는 경우가 많다.

1980년대 이후 일본 각종 교과서에 이순신이 소개·평가되고 있으나 반대로 비슷한 시기 도고의 이름은 일본사 교과서 등에서 점차 사라지고 있다. 이 같은 현상은 위안부, 독도, 남경 학살 문제 등 역사 왜곡을 일삼는 일본에서는 매우 보기 드문 일이다. 일본판 '역사 바로잡기'라 할 만하다.

앞에서 설명한 시바 료타로가 러일전쟁과 관련한 수많은 저술과 강연 등에서 이순신을 '조선의 명장', '동양이 배출한 유일한 바다의 명장' 등으로 높이 평가한 것이 일본 초·중·고 교과서의 집필, 편찬, 검정 과정 등에서 긍정적인 영향을 미쳤을지도 모른다.

현대 일본인, 이순신 누구인지 대체로 알아

일본 교과서에 나오는 이순신 관련 부분을 잠시 살펴보자. 중학교 검정 역사 교과서의 '히데요시의 조선 침략', '히데요시의 대외정책' 등의 항목에서 "조선 수군의 총대장 이순신은 자주 히데요시의 군대를 괴롭

혔지만 최후에는 탄환에 맞아 전사하고 지금도 구국의 영웅으로 추앙받고 있다."(일본서적, 1983), "그러나 이순신이 이끄는 수군은 일본군의 보급로를 차단하였고…"(오사카서적, 1983) 등으로 기술되어 있다.

이후 한일 간에 일본 역사 교과서 왜곡 문제가 제기되자 일본 교과서는 종전 '히데요시의 조선 침략'이라고 쓰던 것을 단지 '군대를 보내다'는 의미의 '출병(出兵)'으로 표기해 침략전쟁을 호도하면서도, 이순신의 활약상은 객관적으로 기술하고 있다.

2000년대 이후 이순신 관련 기술은 1980년대보다 자세해져 "조선 각지의 민중 저항, 이순신이 이끄는 수군, 명의 원군 등으로 고전해 휴전하고 퇴각했다."(시미즈서원, 2001), "조선 남부에서는 이순신의 수군이 일본의 수군을 대파해 일본의 보급로를 차단했다."(도쿄서적, 2005)와 같이 보다 구체적으로 적고 있다.

7, 8종에 달하는 중학 검정교과서 중 일부는 이순신을 언급하지 않는 경우도 있으나 대부분의 교과서와 참고서 등은 다루고 있으며, 서울 광화문의 이순신 동상과 일본에서는 귀갑선(龜甲船)이라고 부르는 거북선 등의 사진이 설명과 함께 붙어 있는 경우가 많다. 심지어 우익단체인 '새로운 역사 교과서를 만드는 모임' 주체로 만들어 한일관계사를 왜곡하는 내용이 많은 '새로운 역사 교과서'(후소샤)에도 "조선 측의 이순신이 이끄는 수군의 활약, 민중의 저항과 명의 원군 등으로 불리한 싸움이 되어…"(후소샤, 2006)라고 기술되어 있다. 교과서, 참고서뿐만 아니라 세계위인전, 어린이용 위인전, 만화위인전 등도 대부분 이순신을 다루고 있다. 일본인이 쓴 이순신 관련 저작 이외에 국내 작가의 《임진왜란》(김성한), 《칼

의 노래》(김훈)가 각각 《수길조선의 난(秀吉朝鮮の亂)》(1994), 《고장(孤將)》(2005)이란 제목으로 번역, 출간되었다.

필자의 일본인 지인 중 현재(2019년 기준) 50대 이상의 경우 그들이 학교에 다니던 시절 역사 교과서에는 이순신이란 이름은 없었다고 입을 모은다.

그러나 1980년대 초부터 오늘날에 이르기까지 교과서, 참고서 등에 이순신 관련 항목이 기술됨에 따라 현재 50대 이하의 일본인들은 대체로 이순신이란 이름과 활동상에 대해 알고 있다.

이순신이 전사(1598)한 후 400여년의 세월이 흘렀기 때문일까. 현대 일본 교과서에 이순신의 활약상이 소개되는, '이변'이 일어나고 있다. 아마도 이순신은 적국의 후손인 일본 청소년들이 수백 년 후 교과서 등에서 자신을 배우리라고는 꿈에도 생각지 못했을 터다.

이순신이 임진왜란 중 일본군과 벌인 20여 차례의[3] 전투는 그야말로 사투의 연속이었고, 결국 노량해전(1598)에서 전사하는 등 그의 생애 후반부는 일본과 악연의 연속이었다. 그 악연이 300여년이 지난 메이지시대(1868~1912)에는 일본 해군이 옛 적장 이순신을 존숭하는 현상으로, 그리고 400여년이 지난 현대에 들어와서는 일본 각급 학교 교과서에 이순신의 활약상이 소개되는, 그 누구도 예상치 못한 현상으로 반전되어 나타났다. 역사의 아이러니인가? 아니면 걸출한 위인에 대한 역사적 평가는 결국 바른 방향으로 가는 것인가?

'징비'의 뜻을 되새겨야 할 때

조선은 류성룡이 '지난 일을 징계하여 후환을 조심한다(懲毖)'는 뜻에서 펴낸《징비록》의 정신을 300여 년 동안 망각한 채 지내다 결국 일본의 식민지로 전락하는 치욕을 당했다. 반면 일본은 메이지 유신을 통해 동양에서 가장 빨리 근대국가로 탈바꿈하면서 부국강병의 기치 아래, 육군은 물론 해군을 강화·육성함으로써 청일전쟁에 이어 러일전쟁에서도 승리했다고 할 수 있다. 러일전쟁의 승리로 일본은 조선에 대한 지배권을 열강으로부터 승인받았고, 러일전쟁 5년 후인 1910년 조선을 강제 병합시켜 비백인 국가로서는 유일하게 제국주의 국가의 반열에 올랐다.

동서고금의 전사를 통해 해군 장수로서 위기에 빠진 자신의 나라를 구한 이는 이순신과 영국의 넬슨, 일본의 도고 등 몇몇에 불과하다. 특히 이순신과 도고, 두 사람은 서양보다 해군력이 취약했던 동양 중·근세 시대에 뛰어난 해군 장수 한 사람이 국가와 민족의 흥망을 좌우할 수도 있음을 보여준 좋은 예이다.

나라와 민족을 지키기 위해서는 물론 뛰어난 장수도 중요하다. 하지만 왜란에 이어 호란으로 두 번이나 나라가 결딴나는 처지가 되었던 조선과 같은 약소국이야말로 류성룡이 설파한 '징비'의 뜻을 헤아려 강한 나라로 거듭나지 않으면 안 되었다. 그러나 자율적인 근대화를 추진할 역량이 없었던 조선은 결국 일본에 강제 병합당하는, 망국의 역사를 자초했다. 그 망국은 남북분단과 동족상잔으로 이어졌고, 분단은 어느새 70년을 넘어 장기화, 고착화되고 있다. 작금의 한반도 주변 정세는 조선 지배권을 놓고 중국과 일본, 서구 열강이 각축하던 구한말과 흡사하다.

거기에다 남북은 갈라져 있고, 남북·북미 정상회담이 진행 중이지만 비핵화가 완전히 해결될지는 미지수여서 당시보다 상황이 훨씬 더 심각하고 위중하다.

류성룡이 갈파한 '징비'의 뜻을 새삼 되새겨야 할 때이다. 치욕스러운 역사를 반복하지 않기 위해서는 주변 강대국에 휘둘리지 않는, '작지만 강한 나라(强小國)'로 환골탈태하는 길밖에 없다.

▌미주

1 시바 료타로는 "메이지시대 일본 해군 사관이 이순신이라는 300년 전의 적장에 대하여 얼마나 외경(畏敬)심을 가지고 있었는지를 알 수 있을 것"(《가도를 가다(2) - 한(韓)나라 기행(街道 をゆく 2。韓のくに紀行)》, 1978)이라고 했고, 다른 에세이 작가는 "당시 일본 해군이 이순신을 '숭경(崇敬, 높여 존경하고 사모함)', '경앙(敬仰, 공경하여 우러러봄)'하고 있었다."[후지이 노부오(藤居信雄), 《이순신각서(李舜臣覺書)》, 1982]라고 적고 있다.

2 후지이 노부오는 《이순신각서》에서 이순신은 아는데 도고는 알지 못하는, 자신의 손자에 관한 에피소드를 다음과 같이 소개하고 있다. 나라(奈良)에 사는 소학교 6학년인 손자에게 물었다. "이순신이란 사람, 알까? 한국인 李舜臣…." "리슌신(李舜臣의 일본어 발음)?" 손자는 고개를 갸웃하는 것 같았다. "아아, 알아. 알아. 히데요시의 조선전쟁 때, 히데요시의 해군을 패배시킨 사람. 대단한 사람이야." "어떻게 그걸 알지? 학교에서 배웠어?" "아뇨, 쇼각칸(小學館)의 《주니어 일본 역사》에 쓰여 있었어요." … "그럼, 도고 헤이하치로는 뭘 했던 사람이지?" "도고…? 그 사람, 누구예요?" 조금 낙담했다.

3 이순신이 임진왜란 중 벌인 해전 회수는 소규모 전투 포함 여부 등에 따라 '26회'(최두환, 《충무공 이순신전집》, 1999), '23회'(김태훈, 《그러나 이순신이 있었다》, 2014), '17회'(이민웅, 《임진왜란 해전사》, 2004), '16회'[기타지마 만지(北島萬次), 《히데요시의 조선 침략과 민중(秀吉の朝鮮侵略と民衆)》, 2012] 등 각기 다르다. '40여 차례'(노승석 역, 《난중일기》, 2015)라는 견해도 있다. 이 글에선 '20여 회'로 한다.

해안누리길에서
만나는 이순신

배용현

연세대학교 행정대학원(정치학 석사)을 졸업했다. 2002년 한국해양재단 전신인 재단법인 해상왕장보고기념사업회에 입사하여 학술사업과 장학사업, 대외협력사업 등을 담당했다. 2011년 한국해양재단 출범 이후 사업팀 팀장으로 해양문화사업과 해안누리길 활성화 사업 등의 해양관광사업을 맡고 있다. 평소 해양영토 대장정, 청소년 해양인재학교 등에서 21세기 해양의 의미와 가치, 충무공 이순신, 해상왕 장보고 등의 해양역사 인물 등을 주제로 집필과 강의를 하고 있다. 2014년 12월에는 해양문화발전에 기여한 공을 인정받아 해양수산부 장관 표창을 받았다.

길과 사색

　오늘날 교통수단의 발달은 곧고 넓은 도로를 양산했다. 촘촘한 도로망은 전국을 거미줄처럼 연결하고 있을 뿐만 아니라 땅속은 물론 공중과 물속으로까지 이어주고 있다. 시간이 곧 돈인 현대사회에서 목적지까지 보다 빠르고 정확하게 이동하기 위해서는 주변을 둘러볼 여유조차 없이 오직 정면만을 응시해야 한다. 숲속의 작은 오솔길이 콘크리트와 시멘트로 포장되며, 사람이 아닌 자동차를 위한 길로 바뀌고 말았다. 이처럼 급속한 산업화가 이룩한 속도의 경제학은 우리에게 편리함을 주었지만 한편으로는 사색의 여유를 앗아갔다.

　무릇 길이란 이동의 통로일 뿐만 아니라 문물과 문화가 오가는 경로이자 사람과 사람, 마을과 마을을 연결해주며, 정보와 정을 나누던 소통의 장이다. 또한 느리게 걸으면서 사색을 즐기고 자연 속에서 호흡하며 호연지기를 키우는 수련장이기도 하다. 그래서인지 동서고금을 막론하고 수많은 사상가와 예술가들이 걷기를 통해 영감을 얻고, 사유의 폭을 넓혀 역사에 길이 남을 역작을 남겼다.

현대 철학을 대표하는 인물이자 휴머니즘 철학의 선구자인 프리드리히 빌헬름 니체는 "진정으로 위대한 모든 생각은 걷기로부터 나온다."라는 말을 남길 만큼 걷기를 즐겼다. 특히 10여 년 동안의 고된 연구와 집필로 건강이 악화된 니체는 프랑스의 에즈(Eze)에서 요양을 한 적이 있다. 에즈는 지중해에 연한 작은 휴양도시인데, 산비탈의 해안길을 걸으며 얻은 영감은 《자라투스트라는 이렇게 말했다》를 낳았다. 지금도 이 길은 '니체의 산책로'라고 불린다.

근대 서구의 도덕적 이상을 철학적으로 집대성한 임마누엘 칸트는 쾨니히스베르크(Königsberg, 지금의 칼리닌그라드)에서 태어나 평생 고향을 떠나지 않는데, 매일 정확히 3시 30분에 산책을 하기 시작했다. 그런 그를 보며 동네 사람들이 시계를 맞추었다는 일화는 지금도 유명하다. 칸트는 산책과 사유를 통해 《순수이성비판》 등의 명저를 저술하였으며, 난해하기로 유명한 그의 철학 세계를 완성할 수 있었다.

비단 니체나 칸트의 일화를 빌리지 않더라도 걷기가 주는 정신적, 육체적 효용성을 부정할 사람은 없을 것이다. 태초의 인간이 중력을 거부하고 직립보행을 시작하면서 양손으로 도구를 사용하게 되었고, 이는 두뇌 발달과 함께 인간이 다른 동물과는 다른 혁신적인 존재로 진화하는 결정적인 요인이 되었다. 이족보행 로봇 개발이 우주선 개발만큼이나 어렵다는 것을 보면 인간의 보행능력이 얼마나 대단한 것인지 짐작할 수 있다. 이런 태생적인 특질은 걷기가 단순한 육체의 기능적 움직임이 아닌 사색, 즉 두뇌 활동을 필연적으로 동반한 인간만이 가능한 고도의 기능임을 확인케 해준다.

걷기 여행과 해안누리길

우리나라에서는 2007년 제주 올레길이 개통되면서부터 단순한 산책이 아닌 여행으로서의 걷기가 본격적으로 인기를 누리기 시작했다. 스페인의 산티아고 순례길에서 모티브를 얻어 개발된 제주 올레길은 개통 첫해 3만 명에 불과했던 누적 이용객 수가 3년 만에 100만 명을 돌파하며 일시적 추세가 아닌 관광 분야의 주요한 트렌드로 자리 잡았다.

제주 올레길은 문화적 다양성과 빼어난 경관, 그리고 유구한 역사와 전통 등 독특하고도 풍부한 콘텐츠를 두루 갖춘 제주도만의 특성을 잘 활용한 것이 성공의 요인이었다. 여기에 지역사회 기반의 체류 및 체험형 관광이라는 세계적인 트렌드가 우리 국민의 웰빙 욕구 및 노령화라는 사회적 요인과 맞물리며 걷기 여행 인구의 증가와 저변 확대로 이어졌다. 이러한 제주 올레의 성공은 일본에 수출되어 '규슈 올레(九州オルレ)'를 탄생시켰으며, 우리나라에서도 중앙부처와 지자체들의 경쟁적인 걷기길 조성으로 이어져, 이제 더는 제주도나 지리산까지 먼 길을 가지 않더라도 우리 주변에서 쉽게 걷기 여행을 즐길 수 있게 되었다.

해안누리길도 제주 올레길과 유사한 형태로 생성하여 발전해왔다. 다만 제주 올레길이 자생적이고 자발적인 이용과 관리에 중점을 두었다면 해안누리길은 전국에 산재한 해안길을 발굴하여 걷기 여행은 물론 우리 고유의 해양문화와 전통, 그리고 해양 레저 등을 즐길 수 있는 일종의 종합 관광지로 발전시킴으로써 침체한 어촌 경제에 활력을 불어넣기 위한 다양한 사업을 펼친다는 점에서 차이를 보인다.

해안누리길 사업은 2010년 전국 지자체를 대상으로 공모한 168개의 후보 노선 중 최서북단의 백령도 오군포·장촌해안길(1번 노선)부터 최동북단의 강원도 고성군까지 총 52개 노선(2015년에 수도권 걷기 여행자의 수요 흡수를 위해 인천 삼형제섬길을 53번 노선으로 추가 지정)을 지정하면서 본격화되어 현재까지 많은 국민의 사랑을 받고 있다.

해양수산부와 한국해양재단은 기존에 없던 길을 새롭게 개척하거나 인공 구조물을 설치하는 등의 토목공사를 지양하고 자연과 이용자 그리고 지역사회와 주민을 위한 사업에 역점을 두고 사업을 추진해왔다. 대표적인 예로 해안누리길 이용자들을 위한 애플리케이션 개발·보급과 걷기 축제 개최, 관광상품 개발 및 미래 주역인 청소년을 위한 현장 체험 학습교재의 개발 등을 꼽을 수 있다. 이렇듯 누구나 쉽게 찾아 걸을 수 있도록 돕는 다양한 사업을 통해 섬과 어촌의 경제 활성화는 물론 마을 재생과 지속 가능한 발전을 도모하고 있다.

특히, 해상왕 장보고와 함께 우리 해양을 대표하는 역사 인물인 충무공 이순신이 서거한 7주갑(420년)이 되는 2018년에는 그분의 숭고한 정신과 업적을 기리고자 해안누리길 53개 노선 중 충무공의 발자취가 남아 있는 남해안의 7개 노선(총연장 37.3킬로미터)과 여러 충무공 관련 유적지를 연계한 이순신길 테마 코스(이하 이순신길)를 개발하여 널리 알리는 데 역점을 두었다.

이순신과 만나는 여정

충무공 이순신만큼 우리 국민에게 사랑받는 위인은 없을 것이다. 충무공은 16세기 동아시아의 국제질서를 뒤흔들어놓은 임진왜란이라는 거대한 소용돌이를 잠재운 구국의 영웅이자 잠들 때도 갑옷과 장검을 벗지 않는, "필사즉생 필생즉사(必死則生 必生則死)"의 정신으로 전장의 선봉에 선 참군인이었다.

또한 가장 아끼던 막내아들 '면(葂)'이 전사했다는 소식을 듣고 코피를 한 되 남짓 흘릴 정도로 큰 고통과 슬픔 속에서도 목 놓아 울지도 못한 채 오직 나라를 위해 헌신한, 인간의 향기가 넘치는 리더였다.

이러한 공의 면모는 수백 년이 지난 오늘까지도 우리나라는 물론 세계인의 존경과 흠모를 받는 요인이 되고 있다. 아마도 우리가 갖는 이순신을 향한 애정은 그와 같은 지도자를 바라는 간절함과 경외감이 빚어낸 노스텔지어일 터이다.

이순신길은 장장 7년을 끌어온 환란에 종지부를 찍으며, 피폐한 국민들을 위로하고 국가를 재건하는 데 정신적으로 구심점 역할을 한 충무

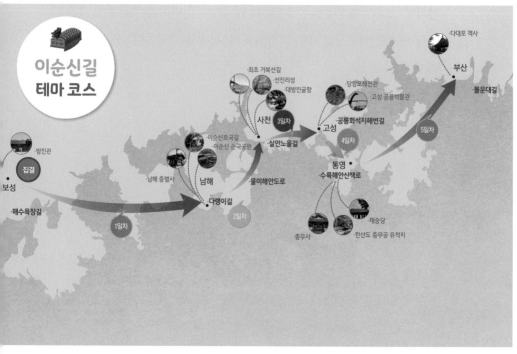

그림 1_____ 이순신길 노선도

공의 얼이 서린 역사의 현장을 직접 밟아보는 순례를 통해 몸과 머리 그리고 마음으로 이해하는 기회를 제공한다. 한발 더 나아가 오늘날 격변하는 국제질서 속에서 통일과 미래를 대비해야 하는 우리에게 충무공의 리더십과 정신은 시사하는 바가 크다.

  이를 위해 전국 53개 해안누리길 중 충무공 관련 유적이 산재한 전남 보성군(해안누리길 19번 노선)을 시작으로 부산광역시의 몰운대(25번 노선)에 이르는 4박 5일 일정의 걷기 여행 코스를 개발했다. 임진왜란 당시 충무공의 첫 출전과 대승, 한산도해전 등 세계 전쟁사에 길이 남을 명장면들 그리고 백의종군과 노량에서의 숭고한 희생에 이르는 모든 역사를 직접 체험하고 배울 수 있도록 담아냈다.

　이순신길의 첫날 일정은 가장 서쪽인 전남 보성군에 위치한 해안누리 길 19번 노선인 해수욕장길에서 시작된다. 해수욕장길은 3.8킬로미터로 비교적 짧은 노선이지만 명교해수욕장과 율포해수욕장을 나란히 품고 있어 가족 단위의 걷기 여행자들에게 인기가 많다. 보성은 임진왜란 당 시 칠천량해전으로 전멸하다시피 한 조선 수군을 재건하기 위해 충무공 이 동분서주하던 곳 중 하나로 군량미를 조달했다 하여 이름 붙여진 득 량만(得糧灣)이 있는 곳이다.

　이 외에도 충무공과 관련된 유적으로는 방진관(方震館)이 있다. 본래 보성 군수의 관사였던 것을 현재는 충무공 리더십 교육장으로 사용하는 데, 충무공의 장인이자 충무공을 무인의 길로 인도한 보성 군수 방진(方 震, 1514~?)과 충무공의 관계를 소개하는 콘텐츠를 전시해 눈길을 끈다.

　보성에서의 일정을 마치고 하동을 거쳐 남해군으로 넘어가면 노량해 전의 격전지답게 충무공의 얼을 기리는 유적들로 가득하다. 남해군은 동 으로 고성군과 통영시, 서로는 호남의 시작인 여수시와 광양시를 접하고 있다. 그리고 북으로는 하동군과 사천시를 연하며, 남으로는 태평양 망 망대해로 이어진다. 또한 연안을 따라 해로가 발달하여 임진왜란 당시에 도 적들의 호남 진출을 방어하는 첨병 역할을 했다. 임진왜란 당시 왜군 들의 본거지였던 부산과는 직선거리로 110여 킬로미터이며, 서해 방어를 위한 최후의 보루인 전라우수영이 있던 해남까지는 150여 킬로미터로, 크고 작은 섬에 둘러싸여 있어 지도만 보더라도 얼마나 중요한 전략적 요충지인지 짐작이 가능하다.

남해는 우리나라에서 네 번째 큰 섬으로, 하동군과 연결된 노량대교와 남해대교를 이용해 쉽게 왕래할 수 있다. 남해군의 대표 관광지이자 해안누리길 20번 노선인 다랭이길까지 바로 가려면 새롭게 개통된 노량대교가 편리하고 빠르다. 하지만 이순신길은 남해대교를 통해 '충렬사'에 먼저 들러 충무공의 영령에 참배를 올리고 근처에 위치한 '이순신 순국공원'에서 노량해전의 생생한 역사 현장을 둘러보며, 충무공의 위업을 다시금 되새겨보는 기회를 갖게 해준다.

남해대교를 건너다보면 다리 왼쪽 아래로 거북선 한 척이 위풍도 당당하게 정박하여 있는 것이 보인다. 그 옆으로 귀두산이 노량의 시퍼런 바닷물에 발을 담그는 끝자락에 남해 충렬사가 순례객들을 맞는다. 충렬사는 충무공이 적의 흉탄에 서거한 후 시신이 최초로 안치되었던 곳으로 이곳 주민들이 자발적으로 건립한 가묘와 위패를 모신 사당이었으나 1662년(현종 3)에 '충렬사(忠烈祠)'라는 사액(賜額)을 받아 오늘에 이르고 있다.

이렇게 충렬사와 이순신 순국공원의 답사를 마치고 다랭이길과 물미해안도로를 걷다 보면 한 걸음 한 걸음 옮길 때마다 임진왜란 당시의 치열했을 전장의 모습이 눈 앞에 펼쳐지는 듯하다. 충무공이 최후의 순간에 과연 어떤 염려로 "나의 죽음을 적에게 알리지 말라."라는 추상(秋霜)같은 유언을 남겼을지, 그리고 그의 임종을 지켜보며 대장선을 지휘해야

그림 2_____ 이순실길 걷기 축제 중 남해 충렬사에서의 전문가 해설과 참배

했던 아들 '회(薈)'와 조카 '완(莞)'은 어떤 심정이었을지 생각하며 걷다 보면 어느덧 둘째 날 여정을 마무리하게 된다.

셋째 날 여정은 삼천포대교를 통해 바로 사천시로 넘어가면서 시작된다. 삼천포대교를 지나다 보면 좌측으로 깔끔하게 정리된 공원이 보인다. 이곳에는 거북선을 최초로 실전에 배치하여 적선을 크게 섬멸한 사천해전의 현장답게 남해의 거북선보다 더 큰 규모의 거북선이 뭍에 올라와 당당한 위용을 뽐낸다. 사천시에는 정동면 대곡리에서부터 사천시의 동쪽 연안을 따라 대포항과 삼천포항을 거쳐 남일대에 이르는 총연장 60킬로미터에 달하는 '이순신 바닷길'이라는 걷기 여행길이 있다. 모두 5개 코스 중 제4코스인 '실안노을길'이 해안누리길 22번 노선으로 지정되었다. 사천해전의 승전을 기념하고 충무공의 충의를 기리기 위해 건립된 모충공원을 출발하여 임진왜란 당시 거북선을 숨겨놓았다는 대방

그림3 _____ 모충공원의 충무공 이순신 동상

진굴항까지 이어지는 실안노을길을 걸으며 임진왜란 발발 일 년 전에 충무공이 전라좌수사로 임명된 것이나 거북선을 전란 하루 전에 완성한 것을 생각하면 천우신조(天佑神助)라는 말이 절로 떠오른다.

우리 민족은 이렇게 암흑 속에서 충무공이라는 빛을 만났고 그로 인해 반만년의 유구한 역사를 오늘까지도 이어갈 수 있게 된 것이다. 오늘날 사천시가 대한민국 우주항공산업의 메카로서 미래를 향해 비상할 수 있는 것은 충무공의 불굴의 의지가 시민들의 핏속에 면면히 흐르고 있기 때문이 아닐까 싶다.

실안노을길은 국내 최대 규모의 왕벚꽃 군락지이기도 하다. 이른 봄날 석양을 맞이하며 이 길을 걸으면 눈처럼 내리는 벚꽃이 붉은 노을에 물들어 감성에 흠뻑 빠져 있다 보면 어느덧 고성군에 이른다.

그림 4_____ 이순신 테마 코스 걷기축제 기간 중 실안노을길을 걷는 참가자들

넷째 날의 출발지인 고성 당항포는 충무공이 왜선 57척을 섬멸시킨 당항포해전의 현장으로 현재는 당항포관광지가 조성되어 전시관과 기념탑, 거북선 체험관 등이 들어서 있다. 또한 인근에 있는 해안누리길 23번 노선인 공룡화석지해변길은 수많은 공룡의 발자국을 직접 눈으로 확인할 수 있는 상족암 국립공원과 공룡박물관을 연계한 여행이 가능한 곳으로, 임진왜란뿐만 아니라 한반도 자연사 학습에 적합하여 가족 단위 걷기 여행객들에게 안성맞춤이다.

고성을 지나면 세계 3대 해전으로 꼽히는 한산도해전의 무대인 통영시에 이른다. 통영은 충무공이 삼도수군통제영을 이곳으로 옮기면서 유래된 지명이다. 기만술로 적선을 유인한 후 전술적으로 유리한 지점에서 적을 포위, 섬멸하는 학익진법을 구사한 한산도해전을 통해 조선은 제해권을 완전히 장악한다. 이로써 왜군은 부산에 고립되어 진퇴양란의 위기에 처한다. 충무공은 적의 해상 보급로를 차단하여 전쟁의 기세를 일거에 반전시키는 쾌거를 이루었다.

통영여객선터미널에서 2킬로미터 남짓 떨어진 한산도에는 삼도수군
통제영 본영이 있던 제승당과 충무공의 영정을 모신 충무사, 한산정과
수루 등이 복원되어 섬 전체가 충무공 박물관이라 해도 과언이 아니다.
가지런히 정비된 고즈넉한 흙길을 따라 30여 분 걷다 보면 이내 제승당
에 도착한다. 제승당의 충무공 영정 앞에 서면 누구 하나 시키는 사람이
없음에도 향을 올리고 고개를 숙이게 된다.

마지막 다섯째 날 이른 아침부터 채비하여 해안누리길 24번 노선인
수륙 해안 산책로를 따라 걷다 보면, 한산도가 아스라이 펼쳐지고 충무
공을 기리는 다양한 전설과 설화로 수 놓인 바위와 절벽을 만나게 된다.

그림 5_____ **수륙 해안 산책로에서 바라본 한산도**

걷기를 마치고 허기를 달래기 위해 먹는 충무김밥은 또 하나의 별미이 자 잊을 수 없는 추억으로 쌓인다.

이제 이순신길 대장정도 종반을 향해가고 한산도해전의 벅찬 감동은 부산포해전으로 이어진다. 옥포해전 이후 연전연승을 거듭한 조선 수군 은 한산도해전을 통해 제해권을 장악하고 연이어 부산에 고립된 왜군 섬멸을 위해 부산으로의 진격을 감행한다. 충무공과 전라우수사 이억기 의 연합 함대 166척은 거북선을 선봉에 세우고 다대포, 절영도(지금의 부 산 영도) 등을 거치면서 적선 24척을 불살랐다.

이어서 왜선 470여 척이 진을 치고 있는 부산포에서 임진왜란의 전세 를 역전시키는 일대 혈전을 벌였다. 이 전투에서 죽은 왜군의 수는 이루 헤아릴 수 없이 많았으나 조선은 전사자 6명과 25명의 부상자가 생겼을 뿐이다. 이로써 본거지를 기습당한 왜군은 더는 바다로 나오지 못하고 철저히 봉쇄되었다.

이러한 역사의 현장인 다대포에는 해안누리길 25번 노선인 몰운대길 이 있다. 몰운대(沒雲臺)는 안개와 구름이 끼는 날에는 잘 보이지 않는다고 하여 붙여진 이름으로 백두산에서 발원해 금강산과 설악산, 지리산에 이 르는 백두대간의 태백산 줄기인 구봉산에서 경북 영천의 운주산과 경남 밀양의 가지산을 거쳐 부산에 이르는 낙동정맥(洛東正脈)의 끝자락이다.

몰운대에는 부산포해전에서 전사한 정운(鄭運, 1543~1592) 장군에 관 한 이야기가 전한다. 정운 장군은 충무공이 총애하던 우부장으로 다대포 에서의 결전을 앞두고 몰운대의 '운(雲)'자와 자신 이름의 '운(運)'자가 같

그림 6_____ 몰운대에서 바라본 다대포 앞바다

은 음이라며, "필시 여기가 내가 죽을 곳이다. 만일 내가 죽더라도 적이 알지 못하게 하라."고 부하에게 일러 자기 죽음을 예고했다. 그의 사후 200여 년이 흐른 1798년(정조 22)에 '정운공순의비(鄭運公殉義碑)'가 이곳에 세워졌다.

이렇게 몰운대까지 순례를 마치면 이순신길의 여정은 막을 내린다. 충무공께서 남기신 말 한 마디, 행적 하나하나가 21세기를 사는 우리에게 귀감이 되고 그분의 말씀과 그분을 간증하는 동시대의 모든 기록은 문화적 자본이 되어 많은 예술가와 사상가들에게 영감을 주었다. 이는 이순신길을 개발하는 데 주요한 자양분이 되었으나 해안누리길이라는 제한된 틀 속에 충무공의 행적을 모두 담아내기에는 한계가 있어 아쉬

움으로 남는다. 그분이 남긴 업적과 정신이 너무도 크고 위대함을 다시
한번 깨닫게 된다.

충무공 정신과 시대적 사명

해안누리길은 걷기 여행을 위한 도구에 불과하다. 해양관광과 레저
활성화를 통한 지역경제 발전을 도모하기 위한 사업으로 여행자들이 즐
거움 속에 건강과 행복을 찾도록 도와줄 수 있는 요소들을 결합한 문화
콘텐츠의 집합이지 결코 국민들을 계몽하거나 선도하기 위한 도구는 아
니다. 그런데도 충무공을 주제로 한 테마 코스를 개발한 것은, 국가관이
희미해지고 애국의 의미가 변질해가는 이 시대에 그분의 삶과 숭고한
정신을 반추하는 것이 곧 통일시대를 대비해야 하는 우리의 시대적 사
명이기 때문이다.

지난 2018년 10월 13일부터 14일까지 이순신길 중 충무공의 업적을
압축해서 보여줄 수 있는 정수만을 골라 경남 사천시와 통영시를 연계
한 1박 2일 일정의 이순신길 걷기 축제를 개최하여 참가자들의 큰 호응
을 얻었다. 이 걷기 축제를 통해 많은 참가자가 충무공의 업적을 다시금
되새기는 계기가 되었다. 특히 다음 시대를 이끌어갈 미래 주역인 어린
이와 청소년들이 학교에서 배우지 못한 많은 것들을 몸소 체험하고, 걷

그림 7_____ 이순실 테마 코스 걷기축제 개회식

고 사색하며 커다란 감동을 받았다고 한다.

　또한 이순신길을 주제로 YTN 라이프 채널과 함께 특집 다큐멘터리로 제작· 방영하여 보다 많은 국민이 이순신 장군의 삶과 업적을 간접적으로나마 체험할 수 있게 했다. 아울러 일반 여행사들이 이순신길을 관광 상품으로 개발할 수 있도록 돕기 위해 충무공 관련 각종 유적지와 교통편, 숙박지 및 식당 등의 정보가 총망라된 가이드북을 제작하여 전국 여행사에 배포하기도 했다.

　이러한 우리의 적은 노력으로, 충무공 이순신이 역사 속에 사멸된 위인이 아닌 대한민국이 동아시아의 주역이 되는 새 시대의 사표(師表)가 되는 인물로 부활하기를 바라며, 이순신길이 그분의 숭고한 정신을 체득하는 도량(道場)으로 발전할 수 있도록 더욱 정진하려고 한다.

창작 판소리
〈이순신가〉

김영옥

전남 순천 출생으로 순천여자중·고등학생 시절부터 국악에 입문하여 서라벌예술대학에서 가야금을 전공하고, 모교에서 음악 교사로 재직하며 후학을 양성하였다. 판소리로 전향하여 고 한농선 선생 문하에서 독공하였고, 부산대학·순천대학·원광대학 등 연수원 강사 및 각종 국악 경연대회 심사위원으로 활약하였다.

여수시립국악단을 창단하여 지역문화를 활성화할 즈음 김훈의 소설 《칼의 노래》를 읽고 감명받아 이순신 창작 판소리를 6년에 걸쳐 완창본을 썼다. 순천·여수·서울·뉴욕 카네기홀·보스턴 등과 육군사관학교·해군사관학교·국방부 등에서 공연하였으며, 광주광역시시립창극단 예술감독으로 위촉되어 창극으로 공연하였다.

국가 지정 무형문화재 제5호 흥보가 이수자로서 현재 사단법인 남도 전통음악 이사장으로 활동하고 있다.

판소리로 되살린 이순신

남해의 가을빛 저물었는데	水國秋光暮
찬바람에 놀란 기러기 높이 떴구나	驚寒雁陣高
가슴속 근심 가득 잠 못 이루니	憂心輾轉夜
새벽달 창에 들어 칼을 비추네	殘月珊弓刀

　김훈의 《칼의 노래》 중 '한산도 야음'이라는 시구(詩句)를 콧노래로 웅얼거리다 보면 아린 서러움은 어느새 부드러운 서정으로 나를 휘감아 돌아든다. 슬픔은 슬픔으로 이겨낼 때 비로소 선량한 진심이 우러나는 것이리라.

　유네스코에 등재된 세계문화유산 속에 우리 전통 판소리 열두 바탕이 있다. 그중 현재까지 전해져오는 다섯 바탕은 뛰어난 문학적 가치를 지

3만7554자 판소리로 되살린 '인간 이순신'

그림 1_____ **3만 7,554자 판소리로 되살린 '인간 이순신'**

*출처: 《중앙일보》(2012. 9. 4.)

닌 소설 형태로 구성되어 있다. 특히 이들 판소리는 유교 사상을 근본으로 삼강오륜의 도덕성, 물질 만능의 이타적 갈등, 붕우와의 결의, 인과응보의 윤회설 등을 재치와 재담으로 풀어내 즐거움을 준다. 그러나 현시대에 부응하기는 다소 부족함이 있어, 시대에 맞는 창작 판소리를 요구하는 목소리가 힘을 얻고 있기도 하다.

세상 모든 사람은 항상 새로운 것을 찾고 나선다. 새로운 것은 곧 희망이기에, 사람들은 그것에서 행복을 담보하고 싶어 하는 것이다. 나 역시 교육의 지침이 될 수 있는 새로운 소재나 인물을 찾아 두리번거렸다. 판소리 전공자이기에 앞서 교육자였기 때문이다.

그동안 사업가의 아내로 며느리로 두 남매의 어미로, 또한 고등학교와 대학의 강단에 서며 살아온 40여년은 비록 지치고 고달픈 세월이었지만, 나는 항상 새로운 도전과 정진으로 열심히 내 인생을 단청해왔다. 그런 꾸준함이 결실을 보아 50여 명의 단원과 함께 창단한 여수시립국악단의 단장에 위촉되기도 하였다.

사람마다 저 나름의 향기가 있다. 살아온 무게만큼 향기를 지니고 있는 그들에게서는 특유의 빛이 난다. 특히 예술인은 푸성귀 같은 신선함과 창의적인 개성과 아름다운 선량함이 생명이자 책임과 의무이며 거기에 더해 울림이 있어야 대중에게 감동을 줄 수 있다고 본다.

여수시립국악단에서 활동하며 여수만의 특색과 명분 있는 브랜드를 찾던 차에 김훈의 《칼의 노래》에서 앞의 시구를 읽고 내 마음은 파도처럼 일렁였다. 420년이 지난 오늘날까지 우리 가슴속에 살아있는 조선의 별! 그분은 충무공 이순신이었다.

충효 충의 충절 애국애민과 창작 정신으로 거북선을 제작하였으며, 탁월한 지략과 리더십으로 절망에 빠진 민족을 구한 시대의 영도자에게 감동하고 또 감동하였다.

나는 망설이지 않고 우리 고장 문화유적지와 그 행적을 찾아 나섰다. 여수에는 삼도수군통제영으로 조선 수군의 본거지가 된 진남관(국보 제304호)이 있으며, 방답진 선소에는 거북선 제작 흔적과, 일망무제 열려 있어 왜적의 동태를 한눈에 바라보던 남해의 오관·오포 진영 요새지가 굳건하다.

그뿐이랴. 영축산(영취산) 자락 천혜의 요충지이며 승병들의 호국정신이 깃든 흥국사, 장군의 팔순 노모인 초계 변씨가 기거하던 웅천 송현마을 정대수 가옥, 난세의 신호탑 역할을 하던 백야도(백야곶) 봉수대, 화양의 전마 사육지 등 임진란 발발 후 7년의 흔적이 자리 잡고 있었다.

그가 가시고 없는 오늘날에도 고소대 타루비(墮淚碑)에는 "영하의 수졸들이 통제사 이순신을 위하여 짤막한 비를 세우니 이름은 타루이다. 중국의 양양 사람들이 양우를 생각하면서 그 비를 바라다보면 반드시 눈물을 흘린다는 고사에서 인용한 것이다. 1603년 가을에 세우다."라는 글귀가 새겨져 있다. 나 역시 그를 그리워하는 마음에 눈물 흘린다.

뜻이 있는 곳에 인연이 있는 법이라고 했던가. (사)충무공이순신연구소 소장인 고 정광수 선생이 찾아와 판소리 이순신의 창작을 적극적으로 권장하고 그의 논문집과 이순신 경영학 등 자료와 조언을 아끼지 않으며 북돋아준 기운 덕분에 용기를 내게 되었다.

문학박사, 시인, 교수, 방송 PD, 사학자, 작곡자, 연주자 등 여러 귀한 분들을 모시고 토론을 거듭하며 마침내 사설을 쓰기 시작했다.

내 거처에서 2킬로미터 떨어진 곳에 장군의 모친인 변씨 부인의 기거지가 있다. 새벽 4시에 일어나 그곳까지, 검은 그림자를 등에 업고 한 소절씩 이어진 사설들을 가락과 장단으로 구음 하면서 구상하기 시작한 것이 어느덧 일상이 되어 15년을 행보하였다. 그동안 바람 스친 파도는 서산에 걸린 새벽달에 은빛 기둥을 이루며 나를 뒤따랐으며, 내 소리는 하늘과 바다를 한빛으로 물들이곤 했다.

그림 2_____ 여수 예울마루 대극장의 〈이순신가〉 공연 포스터

　비바람도 아랑곳하지 않고 어머니를 찾던 효심, 일신의 안위보다 나라와 백성을 생각하던 충의, 고매한 덕과 학문, 갖은 고난과 시련에도 절망하지 않고 담대하게 헤쳐나가던 장군의 인격과 업적을 어찌 감히 논하리오. 다만 소리에 눈을 뜨게 해준 스승님도, 50여년을 한결같은 가르침과 자애로움으로 여여뻐 해준 법정 스님도 세상을 떠난 시기에 그나마 가슴 속 허허로움을 덜어낼 수 있었던 게 바로 창작 판소리 〈이순신가〉에 매

달리는 일이었다.

문무를 두루 갖춘 학문과 덕행에 공경심이 절로 솟고, 섬세하고 자상한 감성에 불현듯 연민이 일고, 분노와 비통함을 원망하지 않고 인내하며 신음으로 삭히던 공의 깊은 침묵을 조명하는 일이 내가 풀어야 할 두려운 화두였다.

가장 신중한 것은 문학적으로 기본이 되어야 하고, 선율에 따른 청탁 고조와 장단 구성이었다. 소리를 들으면 그림을 보는 듯 실체가 떠올라야 하고 그 그림 속에 우주 삼라만상의 소리가 들리는 듯해야만 득음의 경지에 이르러 비로소 명작이라 할 수 있을 것이다.

소리는 사람의 인품에 따라 달리 나는데, '귀성'은 품위를 갖춘 우아한 소리이며, '천성'은 경망하고 천한 소리며, '곡성'은 청승맞고 울음이 섞인 권태로운 소리이고, '신성'은 청아하고 고매한 소리를 말한다.

이렇듯 어려운 게 소리이다 보니, 무지한 나는 때때로 한계에 봉착하여 절망하기 일쑤였다. 그러나 포기할 수는 없는 일. 마음을 다잡고 다시금 《난중일기》, 《거북선 제작 일지》, 《칼의 노래》, 《불멸의 이순신》, 《신에게는 아직 열두 척의 배가 있습니다》, 《이순신의 두 얼굴》, 《이순신 해전사》, 《시문집》 등등을 읽고 또 쓰며 단막 창극을 시작하여 마침내 첫 무대에 올리게 되었다.

〈성웅 그리고 어머니〉. 효는 인륜의 근본이라, 이 노래를 부르니 관중은 뜨겁게 찬사를 보내주었다.

이순신 혼정신성 거르지 않고

150

어머님께 문안 올리니

웅성대는 바람 소리 놀라서 깨셨는가

숨이 차고 기운 없고 거동이 불편한 모습

우두커니 바라보니 절로 눈물 흘릴 뿐이로다

아침진지 드신 후 하직을 고하니

아들의 손을 움켜 안고 어미 손은 약손이다

심신이 성치 않은 날 없이

고달픈 나날을 살아온 내 아들

마음처럼 여리고 작은 손이

어느새 이리도 강건하여졌는가

이 손이면 믿음직스럽구나

굳은 의지 굽히지 말고

나라의 치욕 크게 씻어 나라 원수 크게 갚아라

중중모리장단을 시작으로 완창본은 달리기 시작했다. 레퍼토리는 출생, 청년기, 방황, 출사, 전라좌수사 부임, 거북선 건조, 임진왜란 발발, 옥포해전, 당포·당항포해전, 한산대첩, 학익진 전법, 부산포해전, 정운 장군 전사, 수군 추모, 삼도수군통제사 임명, 진중 모자 해후, 역병의 시련, 한성 압송, 모친 별세 백의종군, 칠천량해전 참패, 삼도수군통제사 재임명, 전라좌·우수영 강강술래, 명량해전 대승전, 아들 면의 전사, 노량해전, 이순신 순국 등 총 이십오 장으로 4시간 30분에 걸친 완창본을 2007년 9월에 출판하였다. 이후 여수를 시작으로 순천, 서울, 미국의 보스턴과 뉴욕의 카네기홀에서 공연한 바 있으며, 해군사관학교·육군사관학교·육군본부·해군본부·수도방위사령부·용산 전쟁박물관·서울시청 등에서 강의 및 공연을 갖기도 했다. 광주광역시립창극단 예술감독으로 선임된 후에는 〈창극 이순신〉을 대극장에 올리는 등 벅찬 감동의 순간들을 보내고 있다.

지난날 이순신 장군에 대한 공연은 몇 차례 오페라와 뮤지컬로 무대에 올려진 적이 있으나, 단회로 그치고 말았던 아쉬움이 크다. 물론 예산이 충분치 않은 탓이 크나, 〈레미제라블〉이 뉴욕 브로드웨이 극장에서 40년이 넘도록 공연되고 있음을 보면 부러움을 감출 수 없다. 내 하나의 희망사항은 〈창극 이순신〉도 100년이 되도록 장기 공연으로 이어졌으면 하는 것인데, 밤잠 설치는 뜨거운 열정에 비해 열악하기만 한 현실을 감안하면 오히려 공허하기까지 하다. 문화는 시대에 머물러 한순간 소유되는 것이 아니라, 긴 역사 속에 존재하며 세세토록 나누는 것이라는 게 내 신념이다. 그렇다면 나는 무엇을 나눌 것인가? 미련과 아쉬움으로 잠 못 이루는 밤이면 아내 방씨 부인이 남편의 손을 부여잡고 이별하는 대목이 떠오른다.

님의 애환 내가 알고 속 깊은 외로움도 내가 아오
삭풍이 몰아친 험준한 변방살이 부디 강건하옵소서

진통과 함께 신음 속에 출산한 판소리 〈이순신가〉! 역사 속의 이순신

그림 3_____ 창극 〈이순신, 열두 척의 배〉에서 백의종군할 때 모친 시신을 끌어안고 통곡하는 대목

역시 붉고 푸른 흐느낌으로 사자처럼 울부짖으며 절규했다.

> 충성을 다했더니 죄가 이미 이르렀고
>
> 효성을 바치려니 어머님이 가시였네
>
> 차라리 일찍 죽어 이런 일도 없으련만
>
> 이승과 저승길 좁힐 길 바이 없네
>
> 세상천지 날 같은 사람 하늘 아래 또 있으랴
>
> 갈갈이 찢어지는 오열 속에
>
> 다만 어서 죽기만을 바라고 바랄 뿐이로다
>
> 천지도 아는지라 비는 어이 쏟아지며 샛바람 어이 불어댄가
>
> ─ 모친 별세 중머리 대목

창작 판소리 〈이순신가〉

153

아, 어머니! 통한으로 울부짖는 그의 절규 앞에 나 역시 슬픔으로 옷깃을 여민다.

칠천량해전에서 원균이 지휘한 조선 수군의 대패로 초토화된 조선을 구하라며 삼도수군통제사로 재임명받고 하동을 지나 구례·곡성 피난민과 수군들을 모아 함께 남해로 향하는 이순신. 하지만 조정에서는 수군을 폐하고 육지로 올라와 적을 막으라고 재차 영을 내리나 "아직도 신에게는 열두 척 전선이 있사옵니다. 죽을힘을 다하여 막아 싸우면 해낼 수 있사옵니다. 아직 신이 죽지 않았기에 적이 감히 우리를 업신여기지 못하옵니다." 하고 명을 거절한다.

비장한 결의로 전열을 재정비하여 진도 벽파진으로 군영을 옮긴 지도자의 기상. 열두 척의 전선으로 명량해협에서 일본 함대를 격파한 해전의 승리. 군사 훈련, 군비 확충, 피난민 생업 보장, 산업 장려 등 정유재란의 전세를 역전시키고 혁혁한 공을 세워 나라를 위기에서 구한 그였지만 얼마나 잔인하고 가혹한 아픔이 몰아쳤는가. 역경의 고난에도 굴하지 않았던 이순신은 구국의 영웅이기에 앞서 평범한 아버지였다. 고향 집을 지키고 있던 막내아들 면의 전사, 통곡 또 통곡이었다.

차가운 밤바다에 홀로 앉아
소리 없는 흐느낌을 담은
긴 한숨을 뜨거운 화염처럼 토해내면
파도와 함께 우는 아버지
"천지가 사정이 없어 하늘은 어찌 이리도 박정하오

아들이 살고 아비가 죽는 것이 세상 이치에 마땅하거늘

아비가 살고 아들이 죽으니 뼈를 깎는 아픔이라

아비가 지은 죄가 많아 앙화가 너에게 미쳤느냐

너를 따라 같이 죽어 함께 울고 싶건마는

네 어미 네 형 네 누이 의지할 곳 없는지라

아직 참고 견딘다마는

절절히 끓어오른 그리움에 간담은 불에 타고

애간장이 썩고 녹아 가슴 시린 하룻밤이 일 년 같구나"

하룻밤 지새기가 일 년 같구나

　이토록 처절해도 그는 죽고자 하면 살고 살고자 하면 죽는다는 굳은 의지가 있었기에 제해권을 확보하고 노량해협에서 일본군을 공격한다. 칠흑 같은 밤바다를 숨소리마저 죽이며 밤새 전진하여 뱃머리에 나가 싸움을 독려하던 중 왜군의 총탄에 쓰러지면서도 "지금 전투가 한창 급하니 내가 죽었다는 걸 알리지 마라."고 한다. 오! 감격스러운 이 한마디. 수군과 백성은 땅을 치며 울부짖는다.

　<u>망가 중머리 중에 중모리장단</u>

북소리야 우지 마라 칼아 슬피 울어라

풍전등화 이 조국 큰 별이 바다에 지니

파도도 가슴 치며 울부짖고 있노라

(후렴) 어너 어~어 너 어이가리너화 너화넘

가네 가네 나는 가네 고금도를 떠나가네

나비야 나비야 청산을 어서 가자

가다 가다 날 저물면 꽃에서 자고 가자

꽃이 괄시하면 잎에서 자고 가자 (후렴)

우리 장군 구국충절 하늘도 아는지라

백암리에 꽃비 되어 임을 그려 흐느끼네 (후렴)

우리 장군 조의 들고 거리거리 골골마다

흰옷 입고 엎드려서 눈물 뿌려 임 그리네 (후렴)

영구를 아산으로 옮길 때 목을 놓아 부르고 또 부르는 백성들은 통곡하고, 임금은 제관을 보내 조상하고 우의정을 증직하고, 선무일등공신 등록하고 효충장의적의협력선무공신의 호를 내렸다. 곧이어 좌의정에 증직하여 덕풍부원군에 봉하고 충무공이라 시호를 내리기에 이른다.

또한 좌수영 본영 여수에 사당을 세워 충민사라 사액했으며 호남 백성들은 수영의 동쪽 산마루에 비석을 세워 슬피 사모하는 뜻을 표했다. 참혹한 전란을 승리로 이끌었던 그는 모든 공을 수군과 백성에게 돌려 갚았다.

선조에게 장계를 올리는 데도 이렇듯 진심을 담아냈다.

진중에서 고생은 쌓여만 가도 나라에 큰 은혜 입어

정헌대부에 오르니 감격하기 그지없나이다

곰곰이 생각해보니 호남은 나라의 울타리 구실을 하였으매

호남이 없었으면 어찌 이 나라 조선이 건재하였으리오

겸허한 그 인품은 여수나 인근 지역 민중의 심금을 울리고 오늘날 우리 국민에게도 큰 가르침을 주었으니. 어찌 그의 사상과 철학을 품지 않을 수 있으리오.

친근한 눈빛 올바른 통찰에 서체도 특출하고 인자한 성품에 강한 정

그림 4_____ 뉴욕 카네기홀에서 〈이순신가〉를 완창하는 장면

의감에 그 무엇에도 의존하지 않고 장수들의 품에 안겨 향년 54세에 진중고혼 넋이 되니 원통하기 그지없도다. 공의 행적을 좇아가며 창작 판소리로 엮어내는 과정에서 드러나는 생각 하나 행동 하나 모든 것이 후세의 귀감이 되니, 가슴 벅찬 이 느낌이 어찌 나만의 감정이리오. 쓰고 지우고 또 쓰고 부르는 작업을 수백 독하면서 이순신을 가슴에 품은 뜨거운 감동이 꺼지지 않은 등불처럼 번져나가길 기원해본다.

　7년의 전란을 헤쳐오는 동안 남해안 일대의 민초들이 이순신 장군을 필두로 일심 합력하여 국난을 극복한 곳. 해상을 주름잡았던 천혜의 요충지이자, 세계 해전사에 빛나는 역사와 문화를 보여주는 이곳 여수에서 창작 판소리 〈이순신가〉가 브로드웨이 뮤지컬처럼 상시 공연되고, 나아가 세계 시장에까지 진출하는 그날을 기다려본다. 그런 기대로 오늘도 여수문화원 작은 공간에서는 '이순신을 사랑하는 사람'들이 모여 강습하며 자랑스러운 우리 문화 콘텐츠 〈이순신가〉에 대한 애착과 자부심을 키워가고 있다.

> 충무공의 각종 전서 규장각에 보존하고
> 곳곳마다 님의 공적 노적처럼 쌓였으니
> 여수에는 충민사요 남해에는 충열사라
> 거제 위묘 강진 무위 함평에 월산사며
> 정읍에는 유애사라 온양에는 충효당이요
> 아산에는 현충사라 충효 충절 백성 사랑
> 깊고 넓어 가없고 세계 해전사는 유일무이하니

청사에 길이 빛날 세계의 자랑이라

이렇게, 이순신 장군은 진한 감동과 따뜻한 안도감을 주며 내 일상 곳곳에 함께한다. 그동안 한 인간으로, 여성으로 살아오며 부귀영화는 누리지 못했지만, 이순신이 있어 그리 남루한 인생은 아닌 듯싶다. 이제 남은 염원은 오직 창작 판소리 〈이순신가〉가 뉴욕 브로드웨이에서 기립 박수를 받고 우리나라 곳곳에서 공연되는 것뿐이다.

만화책《이순신》,
세계를 정복하다!

온리 콤판(Onrie Kompan)

시카고 출신의 자비 출판인, 크리에이터, 프로듀서. 그는 최근 공동 작업자인 데이빗 앤서니 크래프트와 함께 Papercutz사의 〈납골당의 미스테리(Tales From The Crypt)〉 재발간에 기여하였고, 고인이 된 할아버지에 대한 그래픽 노블인 〈마르크스: 방치(Neglect) 이야기〉의 작가이다. 현재는 한국 영화 프로듀서와 함께 장편영화 작업을 하고 있으며, 곧 있을 만화책 프로젝트 작업도 하고 있다.

데이빗 앤서니 크래프트(David Anthony Kraft)

그의 나이 18세에 그는 카니발을 다니며 여행하고, 군에 입대하였으며, 첫 번째 소설을 팔았다. ─ 꼭 그 순서는 아니다. 곧 그는 오토바이를 타고 마블 코믹스로 향했다. 그는 거기에서 〈캡틴 아메리카〉, 〈헐크〉, 〈스파이더맨〉, 〈디펜더스〉(현재 넷플릭스에서 인기리에 방영중)와 〈쉬헐크〉라는 섹시한 녹색 여걸 극본을 썼다! 그는 또한 〈울버린의 첫 등장〉, 〈새로운 X-맨〉, 〈로그〉 그리고 코믹스 레전드인 '조지 페레즈' 곁에서 스타 갓으로 탈바꿈시킨, 재탄생한 〈맨울프〉 각본을 편집했다! 페이퍼백 책을 쓰고, 만화책 인터뷰 잡지를 출판하는가 하면, TV 극본 편집을 하며 실력을 다듬었다. 그는 《이순신》의 공동 크리에이터이다.

실존하는 슈퍼 영웅을 그리다

"나는 오늘날 우리가 알고 있고 읽고 있는, 사랑하는 모든 슈퍼 영웅들과 달리, '이순신 장군'이 실존 인물이라는 것을 발견하고 놀랐다. 그의 용감한 행동은 〈캡틴 아메리카〉나 〈스파이더맨〉과 같이 전 세계 사람들에게 큰 영감을 주었다. 이 천재적인 이순신팀은 엄청나게 헌신적이어서 만화책의 첫 번째 원칙인, '훌륭한 이야기'를 성공적으로 펼치고 있다. 사실, 훌륭한 이야기는 문학의 첫 번째 원칙이다. 단연코!"

―스탠 리(미스터 마블 코믹스)

많은 사람들은 수년 동안 세계 만화책박람회에서 왜 우리가 10년이 넘도록 이순신 장군 이야기를 하는 데 열성을 쏟았는지 궁금해했다. 바로 알아보자.

만화책 《이순신》, 세계를 정복하다!

만화 《이순신》의 공동 크리에이터인 온리 콤판과 데이빗 앤서니 크래프트

침략한 왜군은 전쟁에서 단 한 명에게만은 이길 수 없었다.

현명한 미국 작가 허만 우크라는 이렇게 쓴 적이 있다. "영웅들은 슈퍼맨(초인)이 아니다. 그들은 운명에 의하여, 적절한 때에 위대한 인간의 선행을 표현한 선인(善人)이다." 세상은 그 선함을 지금 바로 이용할 수 있다. 이순신 장군은 엄청난 박해로부터 나라를 성공적으로 지켜내 세상의 영웅이 되었다. 우리 모두 그것에 공감할 수 있다.

이것이 우리의 이순신팀—한국의 가장 위대한 전사이자 수호자의 이야기를 온 세상에 알리는 데 헌신한 크리에이터들—을 한데 뭉치게 한다. 크리에이터 '온리 콤판'과 '데이빗 크래프트'의 도전과 성공을 함께 알아보자.

온리 내 거대한 상상력을 성과로 만들기 위하여, 나는 먼저 최고의 만화책을 만드는 데 최선을 다했다. 임진왜란을 온전히 조사하는 데 몇 년이 걸렸고, 주류 만화책 트렌드를 이해하려고 또 몇 년이 더 걸렸다.

데이빗과 나는 공동 크리에이터로서 같이 쓰고, 편집하고, 그림의 레이아웃까지도 함께하며 신뢰를 공유했다. 그럼에도 불구하고 사람들이 내게 주 전공이 무엇이냐고 물으면 "모든 것!"이라고 바로 대답할 것이다.

보통 나는 만화책의 마케팅부터 제작, 출판, 배급까지 담당한다. 그야말로 일당백(one-man army)이다. 일이 많은 편이고, 대부분의 사람들이 기꺼이 감당할 수 있는 것 이상이다. 많은 사람들은 내가 IT 부서를 담당하거나 소셜미디어 담당자가 따로 있을 거라고 생각한다. 하지만 난 모든 것을 혼자 해결한다.

그러나 만화책을 창작하는 일만큼은 그렇지 않다! 모든 그래픽 스토리의 이면에는 고된 작업을 하고 동등한 칭찬을 받아 마땅한 팀이 있다. 나의 존경하는 동료 데이빗 앤서니 크래프트는 내가 전통적인 마블 방식에 따라 만화책 제작 과정을 모델링하는 것을 도와주었다.

데이빗 온리는 훌륭한 만화책을 만들기 위해 부사령관이 필요하다는 것을 일찍 깨달았다. 최고의 만화책 캐릭터인 '스파이더맨'과 '헐크'에서부터, 창조적으로 도전할 만한 캐릭터인 '슈퍼맨'과 '배트맨' 등의 작업 경험이 있는 사람. 그와 함께 일하는 것은 아름다운 우정과 위대한 창조적 협업의 시작이다. 우리는 이순신 장군 이야기를 전 세계에 알리기 위해 팀과 서로에게서 최선의 것을 이끌어낸다.

먼저 그래픽 노블을 위한 우리의 아티스트 '지오반니 팀파노'는 이탈리아에서 활동하고 있다. 그다음으로 책을 출간하기 위해 온리와 나는

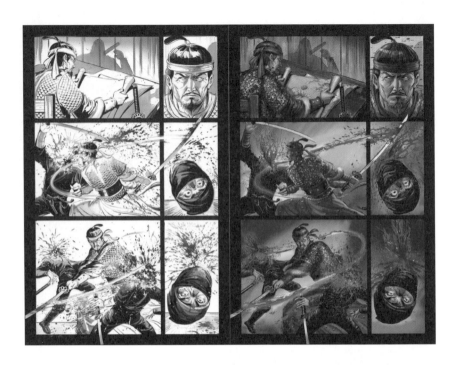

엘 아나클로스가 그린 흑백의 아트워크가 애드리아나 드 로스 산토스의 디지털 채화로 풍성하게 살아난다.

페이지 레이아웃을 디자인하기 시작했다. 필리핀 출신으로 우리의 탁월한 아티스트인 '엘 아나클로스'는 우리의 레이아웃에 풍성한 디테일을 보태 활기를 불어넣는다. 그의 완성된 드로잉은 아르헨티나에 본사를 둔 아티스트-컬러리스트인 '애드리아나 드 로스 산토스'에게 넘어가 '프랭크 프레지타' 스타일의 디테일과 아름다움을 각 페이지에 디지털로 그려 넣는다.

　우리는 강력한 마블 방식을 이용하여 작업하기 때문에 우선 장면을 구성한 후 그림이 완성되고 나서 마지막으로 대사를 쓴다. 아르헨티나 출신 '조엘 사베드라'는 레터링 전문가이다. 그래서 그는 우리가 전 과정을 감독하는 동안 단순한 레터링 작업에 그치지 않고, 페이지가 정확히 읽힐 때까지 작품에 대화를 디자인하고 맞춰본다. 그 작업은 우리와 함께 시작하고 끝난다.

우리의 제작 과정은 힘들지만, 결과는 노력을 들인 만큼 가치를 구현해낸다. 《이순신》은 명작이다. 이 작품은 집중력과 투지로 성취를 이루어낸 드문 예이다. 우리 이야기의 영웅처럼 모두를 절망에 빠뜨리는 마감 시간 등의 온갖 악조건과 환경의 열세에 우리 제작팀은 맞서고 있다. 그럼에도 불구하고 모두가 함께하는 한 우리는 결코 전투에서 질 수 없다!

온리 《이순신》을 세상에 내놓았을 때 미국의 만화책 출판업자들은 우리 시리즈에 손대기를 꺼려했다. 다양한 캐릭터의 슈퍼 히어로가 넘쳐나는데, 외국 영웅이 등장하는 작품은 무시되는 미국 만화책 시장에서 그들은 우리 작품을 어떻게 팔아야 할지 방법을 찾지 못했던 것이다. 하지만 데이빗은 우리가 이 시리즈를 히트시킬 수 있을 것이라고 확신했다. 왜냐하면 믿을만한 제작팀과 진짜 영웅의 실화 외에도, 《이순신》을 성공시키는 모든 배경에 '내'가 있다고 믿었기 때문이다.

나를 어느 만화책박람회나 엔터테인먼트 엑스포의 가장 혼잡한 곳에 떨어뜨려 놓으면, 나는 하루 종일 '이순신'을 팔 것이다. 그것은 내게 소명(calling)과도 같은 것이다. 난 발이 무감각해지도록 서 있을 것이다. 나는 발바닥에 문제가 있어 지난 수년간 발에 부신피질 호르몬 주사를 맞아왔다. 모든 병은 전쟁터에서 얻은 것인데, 그렇더라도 난 수백 번이라도 기꺼이 이를 반복하며 《이순신》을 위해 모든 것을 쏟아부을 작정이다. 이러한 고집스런 노력의 결과, 책은 10만 권을 넘어서는 판매고를 기록하고 있다.

나는 이순신 장군이 겪은 역경의 극복은 모두 어떤 인간이 '위대함'으로 가기 위해 필연적으로 겪어야 할 과정이라고 강력하게 믿고 있다. 우리에게는 새로운 독자 한 명 한 명과 악수하고, 오랫동안 지속적인 관계를 형성하며, 그들을 다시 새로운 이순신 이야기의 장으로 데려오는 것보다 더 큰 황홀함이나 영광은 없다.

《이순신》은 새로 찾아낸 모든 팬들의 손에 쥐어졌다. 《이순신》은 모든 인종과 종교적 배경, 성적 성향이 다른 사람들에게 팔렸다. 그들 모두가 이 역사적 영웅에 공감할 수 있기 때문이다.

데이빗 우리는 조사를 통해 가능한 한 실제로 일어난 일에 충실하려고 했다. 그러나 이순신을 전 세계 독자들에게 소개하기 위해서는 몇 가지 어려운 결정을 해야 했다. 예를 들어, 우리는 한국인이 아닌 독자들이 각각의 인물들을 쉽게 구별할 수 있고, 이야기의 중요성을 이해할 수 있도록 의복의 색상을 바꾸었다.

우리의 창조적인 결정은 항상 스토리를 위한 것이다. 예를 들어, 우리는 임진왜란과 친숙하지 않은 사람들이 혼란을 겪지 않도록 등장인물을 몇몇으로 압축하였다.

또한 등장인물에 활기를 불어넣기 위해 '시적 허용'(문학에서 문법상 틀린 표현이라도 시적인 효과를 위하여 허용하는 것)을 이용했다. 〈전사와 수호자〉의 두 번째 장 첫 장면은 하나의 도전이었다. 우리에게는 두 가지 목표가 있었다. 서인 세력뿐만 아니라 '구루지마 미치유키'를 소개하는 것이 첫 번째였고, 다음은 옥포해전에서의 '도도 다카도라'의 패전을 추적해야 했

다. 우리는 모든 일본 장수들을 구별하는 것이 어렵다는 것을 깨닫기 시작했다. '구루지마 미치유키'를 '와키자카 야스하루'와 구별할 방법이 없었다. 대다수 독자들 역시 이들이 도대체 누구인지 알 수 없을 것이다.

그들을 캐릭터화하기 위해서 우리는 '도도'와 '구루지마'를 연인으로 만들기로 했다. 이들은 역사적인 인물이지만, 그들 중 누구도 동성애자라는 증거는 없다. 그러나 이 설정이 두 사무라이 장수를 다른 장수와 구별할 수 있게 해주며, 이야기에 인간적인 요소를 불어넣어 준다. 우리가 일을 착수하고 그리 오래지 않아 몇몇 역사가들은 '미치유키'의 동생이 사실은 동성애자라로 믿을만한 이유가 있다고 했다.

우리는 '미치후사'가 무대에 등장할 때 그 동기가 필수적이라고 느낄 수 있도록 했다. 좋은 스토리를 만들기 위해서는 가끔 규칙을 살짝 비틀 필요가 있는데, 이것이 바로 '역사놀이(play on history)'이다.

그러나 이순신이 행한 전투와 전략은 모두 사실에 근거한 것들이다. 그렇지 않고 스토리를 만들어낼 방법은 없다. 전쟁을 둘러싼 중요한 사건도 마찬가지다. 모든 것은 문서로 기록되어 있고, 철저히 조사되었으며, 독자들의 이해를 돕기 위해 참조사항을 달았다.

온리 '스탠 리'가 세상에 마블 유니버스를 소개할 때, 바로 지금 일어나고 있는 상황처럼 스토리를 있는 그대로 적는 데에 주목했다. 그는 우리가 창문을 통해 '스파이더맨'과 '그린 고블린'의 역사적인 전쟁을 목격하는 것처럼 느낄 수 있게 했다. 그것이 바로 대화를 현대식으로 구성한 이유이다. 다소 건조하고 먼 역사적인 어느 날 일어난 일이 아닌, 바로 지금 여기서 일어나는 것처럼 긴급하고 실제적으로 느끼도록 말이다.

현대적인 느낌을 주려는 의도에도 불구하고, 《이순신》은 진정한 전쟁의 공포를 보여준다. 우리는 어느 것도 보기 좋게 꾸미려 하지 않는다. 전쟁은 극단적으로 폭력적이고 신랄하다. 젊은 독자를 위해 지나치게 단순화하지도 않았다. 만화책 속 전쟁은 바로 눈앞에서 벌어지는 현실이 된다. 독자들은 마치 전쟁을 직접 경험한 사람처럼 감정을 공유하게 된다.

우리 간행물이 과한 폭력, 섹스, 노골적인 묘사가 있더라도 이순신 장군은 양 어깨에 세상의 무게를 짊어진 진짜 영웅임에 틀림없다. 스탠 리가 만든 슈퍼 히어로와 다르지 않다.

데이빗 물론 모든 영웅은 더 강한 악당에 대항해야 한다. 우리 시리즈에서 이순신 장군은 무자비한 왜적떼, 질투심에 사로잡힌 왕과 정적에 맞서 싸울 뿐 아니라 실존했던 미스터리한 인물이자 서인 출신의 적수와도 대적한다.

온리 우리는 이순신과 서남작 사이에서 벌어진 일을 독창적으로 엮어 낸 것에 대해서도 자랑스럽게 생각한다. 작업 초반, 데이빗은 강력한 악당들은 자신들이 진정한 영웅이고, 자신들의 악한 행동이 실은 더 큰 선(善, good)을 위한 것이었다고 믿으면서 더 큰 악당이 되는 것이라고 말했다. 서남작의 비뚤어진 세계관과 이순신을 파멸시키려는 집착은 이순신을 더 강력하게 만들 뿐이었다.

데이빗 우리는 캐릭터(인물)에 집중한다. '송 중위'와 '진'의 로맨틱한 갈등은 남성과 여성 모두로부터 강력한 감정적인 반응을 이끌어냈다. 두 사람 사이에 무슨 일이 벌어질지는 아무도 모르며, 심지어 우리조차도 알 수 없다. 게다가 한국인들은 이순신 장군 이야기를 이미 알고 있다. 그러니 우리가 사건을 조금 바꾸어 재밌게 만들어보는 건 어떨까, 라고 생각했다.

나아가 캐릭터들이 우리조차도 놀랄 정도로 시리즈 내내 새롭고 신선하게 유지될 수 있도록 이야기를 풀어가고 있다. 한국 독자들은 흥미가 있다면 서점에서 《전사와 수호자》와 《추락한 어벤저》를 구입할 수 있을 것이다. 서울미디어 코믹스는 이순신 3부작 중 첫 두 권의 한국어판을 번역·제작했다. (《전사와 수호자》는 벌써 2판에 돌입했다.)

온리 만화책박람회에 갈 때마다 나는 가능한 한 많은 사람들이 이순신에게 흥미를 가지고 지속적인 관계를 만들어가도록 하려고 한다. 나는 이 작업을 다른 사람에게 넘기지 않은 이유를 궁금해하는 사람들에게 명료하게 대답할 수 있다.

이순신 장군이 직접 전투를 지휘하지 않은 채 부하들을 전쟁터로 보냈다면, 그는 어떤 리더가 되었을까? 리더라고 불릴 수 있을까? 나 또한 독립 만화책 크리에이터이자 '이순신'의 대표작가로서 장군을 알리는 책 판매와 홍보를 다른 누구에게 맡길 것이 아니라 직접 앞장서서 알려야만 했다.

《이순신》은 75회가 넘는 만화책박람회에서 모두 팔렸다. 미국에서 가

장 큰 만화책박람회 중 하나인 '뉴욕 코믹-콘(New York Comic-Con)'에서 내 목표는 4일 만에 1,500부를 파는 것이었다. 나와 우리 팀은 이 임무를 단 한번이 아닌 3년 연속으로 성공해냈다. 최근에는 시애틀에서 열린 에메랄드시티 코믹-콘(Emerald City Comic-Con)에 참가하여 그 임무에 성공하였고, 바로 이어지는 2개의 박람회까지 포함, 단 3주 만에 3,700부 이상의 책을 팔았다.

데이빗 그런 성공을 거둘 수 있는 사람은 거의 없다(자랑할 건 아니지만 전혀 없다고 할 것이다). 아마 기네스북 세계기록 중 하나일 것이다. 1주일 간격으로 쏟아지는 새로운 만화책 세례 속에서 독자들을 따라잡는 것은 말 그대로 불가능하다. 우리는 항상 《이순신》 만화책의 성공에만 집중하고 헌신했다. 이런 헌신이 이 책을 사람들 사이에서 지속적으로 회자되게 하였고, 이는 아마 영원할 것이다.

그리고 그림과 스토리의 독창성에 보다 주의를 기울였기 때문에 이 책이 갖는 의미는 영원할 것이다. 훌륭한 와인이나 브랜디처럼 《이순신》은 지속적으로 유려하게 숙성될 터이고, 우리 팀 모두는 이를 자랑스럽게 여길 것이다.

우리의 첫 공식 라이선스 거래인 2온스짜리 단단한 은화는 파워코인(www.powercoin.it), 아마존, 이베이와 우리의 웹사이트(www.yisoonsin.com)에서 구입할 수 있다. 우리는 두 개의 장난감 제작업체와 협상 중이다. 또한, 세 편의 메이저 영화를 통해 알려질 훨씬 위대한 스토리가 있기 때문에 영화 〈300〉보다 더 넓게 수용될 것이라는 희망을 가지고 영화

화할 방법을 찾고 있다.

온리 우리는 이 영화들이 오직 한국에서만 유명해지길 원치 않는다. 전 세계의 영화관이 이 놀라운 인물과 만화책의 팬으로 가득하기를 바란다. 아울러 의자에 앉아 이순신 장군이 무기를 들어 올리는 모습에 열광하기를 바란다. 그리고 상상하기를 원한다. 임진왜란의 격전지에서 울려 퍼진 그의 유명한 사자후인 "발포하라!"라고 외치는 것을.

영화 〈300〉은 전 세계 극장에서 성공작이 되었고, 그 바탕이 된 만화책은 지금도 수백만 부가 팔리고 있다. 사람들은 용감한 레오니다스 왕과 용맹스런 300명의 스파르타 전사들이 테르모필레 전투에서 현저한 수적 열세에도 불구하고 끝없이 달려드는 페르시아 군사들에 맞서 싸운 사실에 대해서 알고 있다. 이 모든 건 '그래픽 노블' 덕분이다.

상상해보라. 이순신이 스파이더맨만큼 유명해질 날을.

우리는 온 세상이 이순신 장군이라는 레전드를 알게 되고, 그에게 갈채를 보내길 원한다.

승리를 향하여 전진!

이순신 장군과
바둑

정수현

명지대학교 예술체육대학 바둑학과 교수, 프로기사 9단, 바둑과 인생 및 경영 칼럼니스트로 활동하고 있다. 고려대학교 교육학박사. 한국프로기사회 회장, 한국바둑학회 회장, 대한바둑협회 이사 등을 역임했고, 제1기 신왕전 우승, KBS 바둑왕전과 SBS 바둑최강전에서 준우승했다. KBS 바둑, 바둑 방송 등에서 해설자로 활동했다. 신문·잡지·인터넷 등 다양한 매체에 '바둑과 경영', '세상사 바둑 한판' 등 다수의 칼럼 기고 및 강연을 하고 있다. 《인생과 바둑》, 《바둑 읽는 CEO》, 《바둑학 개론》, 《현대바둑의 이해》 등 바둑 에세이와 바둑 이론서를 수십 권 저술했고, 40여 편의 학술 논문이 있다.

《난중일기》와 바둑

　나는 이순신 장군에게 특별히 감사한 마음을 갖고 있다. 우리 국민이라면 누구나 장군이 우국충정과 뛰어난 전략으로 나라를 구해낸 데 대한 감사와 존경심을 갖고 있을 터나, 여기에 덧붙여 나는 장군이 남긴 《난중일기》의 귀중한 기록문화에 대해서도 고마움을 느낀다.

　이순신 장군은 일기에서 바둑을 둔 얘기를 열일곱 차례 하고 있다.[1] 우리 선조들은 삼국시대부터 바둑을 둔 것으로 알려졌지만, 이순신 장군처럼 구체적으로 바둑을 둔 얘기를 여러 차례 기록한 사람은 없다. 바둑에 관한 과거의 기록물이 부족한 가운데 장군이 남긴 바둑에 관한 기록은 한국에서 세계 최초로 정립한 '바둑학' 분야의 귀중한 역사적 자료가 되고 있다.

　《난중일기》의 기록으로 보면 이순신 장군은 바둑을 퍽 좋아했던 것

그림 1_____ **위기도(圍碁圖, 김홍도, 1745~1816 이후)**

*출처: 국립중앙박물관.

같다. 시간이 날 때 부하 장수나 지역 행정관들과 종종 바둑을 두었다고 적고 있다. 대부분 짧게 쓴 일기문에서 장군은 바둑 얘기를 꽤 자주 하는 셈이다.

전쟁 준비와 병사 관리로 바빴을 이순신 장군이 바둑을 즐겼다는 사실이 얼핏 납득이 가지 않을 수도 있다. 하지만 바둑이 영토전쟁을 주제로 하는 전략적 게임이라고 보면 전략가인 이순신 장군이 바둑을 좋아한 것은 이해할 법도 하다.

장군이 바둑을 좋아하긴 했지만, 긴 시간 한가롭게 즐긴 것은 아니었다. 여러 가지 업무를 보다가 짬이 날 때 한 판씩 두었던 것 같다. 바둑 얘기가 나온 일기 중에 다음과 같은 내용이 나온다.

늦게야 명나라 관원이 본영으로 돌아갔다…. 오정에 거제현 앞 유자도 앞바다 가운데에 진을 옮기고서 우수사(이억기)와 작전을 토의하였다. 광양 현감이 오고, 최천보와 이홍명이 와서 바둑을 두고 헤어졌다. 저녁에 조붕이 와서 보고 이야기하고 보냈다. 초저녁이 지나서 영남에서 오는 명나라 사람 두 명과 우도관찰사의 영리(營吏) 한 사람과, 접반사 군관 한 사람이 진문(陣門)에 이르렀으나, 밤이 깊어 들이지 아니하였다.

이 일기를 보면 명나라 관원을 보내고, 바다에 진을 옮기고, 부하 장수와 작전을 토의하고, 지방 관원들이 와서 바둑을 두고, 저녁에 접견을 하고, 저녁 늦게 찾아온 명나라 사람 등을 물렸다고 적혀 있다. 바쁜 일정 중에도 짬을 내서 바둑을 두었음을 보여준다.

어떤 때는 업무가 끝난 뒤 밤에 바둑을 두기도 했다.

"아침부터 공무로 매우 바빴다. 비바람이 밤새 몰아쳤다. 흥선 수사(水使)를 불러 바둑을 두었다." (1595년 5월 20일)

장군 스스로 공무로 무척 바빴다고 적고 있다. 비바람이 몰아치는 밤중에 부하 장수를 불러 바둑을 두었다. 그런데 이후 2년여 동안 장군의 일기에서 바둑 이야기가 사라졌다. 아끼던 막내아들이 왜구의 습격으로 숨진 뒤부터였다.[2]

장군의 삶과 바둑

이순신 장군의 삶에서 바둑은 어떤 의미가 있었을까? 당시 바둑은 왕족이나 사대부 등 생활에 여유가 있는 상류층을 중심으로 즐기는 레저였으니, 장군에게도 바둑은 취미활동의 하나였을 것이다.

스트레스 해소
다만 이순신 장군에게는 바둑이 좀 더 특별한 의미가 있었던 것 같다. 무엇보다도 장군은 바둑을 즐기면서 나라에 대한 걱정과 개인적인 시름을 잊었던 것으로 보인다. 이순신 장군은 보통 사람들이 생각하는 강직하고 담대한 무인이 아니었다. 장군이 쓴 시나 일기 등을 볼 때 장군은 무인이라기보다 오히려 문인에 가까웠다. 류성룡이 쓴 《징비록》에는 말과 웃음이 적고 신중하며 담기가 있는 인물로 묘사하고 있는데[3], 오히려 이순신 장군은 다정다감하고 나라에 대한 걱정을 많이 하는 스타일이었다.

이런 성격 때문에 장군은 스트레스를 많이 받았을 것으로 생각된다. 평소 위장약을 상비하고 다녔다는 사실이 일기에 기록되어 있는데, 진중에서 장군이 받았을 심리적 압박의 무게를 짐작할 수 있는 대목이다. 어떤 날은 몸이 아주 아프기도 했다.

충청 수사와 순천 부사가 바둑 두는 것을 구경하는데, 몸이 몹시 괴로웠다. 낙안군수도 같이 있었다. 이날 밤새도록 앓았다.

널리 알려진 원균 장군과의 불화나 이일의 모함 등도 큰 스트레스였을 것이다. 장군의 일기에는 그런 내용이 잘 나타나 있다.

9월 6일. 개다. 식후에 우영공의 배에 가서 종일 이야기하다. 그러는 중 원공(원균)의 흉포한 말을 듣고 또 정담수가 무근한 말을 꾸며낸다는 말을 들었다. 가소로운 일이다. 바둑을 두고 돌아왔다.

1월 21일. 황세득의 말에 의하면 순변사 이일의 하는 일이 형언할 수 없고 나를 없애려고 몹시 애쓰고 있다고 한다. 참으로 가소롭다.

이런 기록에 대하여 〈이충무공 진중일기〉를 쓴 바둑사 연구가 김용국은 이렇게 말한다. "동료 장령인 원균이 여러 가지로 좋지 못한 일을 하고 있다는 말, 또 정담수가 근거 없이 군심을 해이하게 한다는 말을 듣고 어이없어 하며, 가소로운 일이라고 하면서도 마음의 우울함이 풀리지 않아 바둑판과 마주 앉아 모든 것을 잊으려 하였던 것이다."

바둑은 게임의 재미에 몰입하는 사이 근심걱정을 잊어버린다는 점에서 '망우(忘憂)'라는 별칭으로 불리기도 한다. 이순신 장군에게는 바둑을 두며 몰입할 때가 심리적으로 가장 행복한 시간이 아니었을까, 하는 생각이 든다.

장군은 종종 술도 마셨던 것 같다. 국가의 위태로운 형세에 대한 불안, 군주인 선조의 불신, 동료 장수와의 불화 등에서 오는 스트레스를 술과 바둑으로 해소한 것으로 보인다.

소통의 수단

한편 이순신 장군에게 바둑은 친교를 나누는 소통의 수단이기도 했다. 바둑은 종종 '수담(手談)'이라는 별칭으로도 불린다. 수담은 '손으로 나누는 대화'라는 뜻이다. 바둑을 둘 때 사람들은 말을 거의 하지 않지만, 실은 무언의 대화를 나눈다는 의미를 담고 있다. 이것은 바둑이 갖는 커뮤니케이션, 즉 소통의 기능을 보여준다. 실제로 낯선 사람끼리도 바둑을 한판 두고 나면 친한 친구 같은 친근감을 갖게 된다.

이순신 장군도 바둑을 소통의 수단으로 활용했던 것으로 보인다. 그의 바둑 상대는 대부분 지방관이나 부하 장수들이다. 이들과 바둑을 통해 친교를 다지고 군사업무도 상의했을 터다.

> 맑음. 경상우수사 원균의 막사에서 바둑을 두었다. 전라우수사 이억기
> 도 함께 어울렸다. … (1593년 3월 12일)

이 기록으로 보면 이순신 장군은 경상우수사 원균, 전라우수사 이억
기와 함께 바둑을 즐겼다는 것을 알 수 있다. 바둑사 연구가인 이청에 의
하면, 충무공이 거느린 주요 참모 숫자는 50여 명인데, 바둑과 엮여 등장
하는 부하 이름이 20명이 넘는다고 한다. 장군은 지방관 및 부하들과 바
둑으로 친교를 맺으며 마음으로 통하는 신뢰 관계를 구축했다.

장군의 전략과 바둑

이순신 장군이 바둑을 애호한 것은 군사전략과도 관련이 있지 않을
까? 이에 관한 직접적인 자료는 없지만, 바둑계 사람들은 모종의 관련이
있을 것이라고 추정한다. 바둑사 연구가 이청은 장군이 "군영 안에서 병
사들의 긴장을 바둑으로 풀어주려고 애썼다."라며, "바둑을 통한 병사들
의 병법 학습이 충무공 불패 신화의 중요한 자양분이 된 것도 분명하다."
라고 해석한다.

바둑은 예로부터 병법과 같은 것으로 간주하여 왔고, 그래서 옛날 중

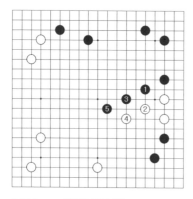

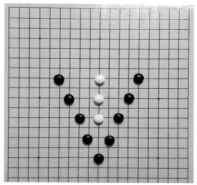

그림 2_____ **바둑의 학익진법**   그림 3_____ **우리가 아는 학익진의 형태**

국에서는 바둑서인 《기경 13편》을 《손자병법》을 본떠 13편으로 만들었다. 스콧 부어만은 마오쩌둥이 게릴라전술로 중국을 정복한 것을 바둑으로 설명하는 논문을 썼고, 헨리 키신저 장관은 중국의 전략을 바둑에 비유해 설명했다.

이순신 장군이 사용한 진법 중에는 장사진과 학익진 등이 있는데, 바둑에도 학익진이 있다. 학익진은 학이 날개를 편 것처럼 진을 펼치는 것이 특징이다. 바둑에서는 그림의 흑 1, 3, 5와 같이 진형을 넓히며 촘촘하게 배치하여 상대방이 뚫고 나가지 못하도록 하는 방법이다. 이 진법은 이순신 장군이 실제 해전에서 펼친 학익진과 닮은 면이 많다.

이순신 장군이 사용한 전략을 보면 바둑의 전략과 비슷한 점들이 많다. 몇 가지만 살펴보기로 한다.

거안사위와 지피지기

첫째, 위기관리 또는 안전관리에 대한 사고방식이다. 장군은 일본의

188

침공에 대비하여 '거안사위 전략'을 펼쳤다. 거안사위(居安思危)란 평안할 때 위기를 생각한다는 것으로 최상의 위기관리 방법이다. 바둑에서도 고수들은 미리 위기에 대비하는 방법에 능하다.

국왕인 선조는 사실 이것을 제대로 하지 못해 임진왜란을 초래하고 국토를 비참한 전란의 소용돌이로 몰아넣고 말았다. 당시 일본의 정세를 탐지하러 갔던 사신 황윤길이 왜의 침략 가능성을 보고했음에도 선조는 대비하지 않았다. 위기의 신호가 있었는데도 대비하지 않았으니 당시의 잘못된 위기관리를 탓하지 않을 수 없다.

이에 비하여 이순신 장군은 왜군의 침략 가능성을 고려하여 준비하였다.《난중일기》의 앞부분을 보면 장군이 전쟁에 대비하여 점검하고 미비한 부분을 보완하는 내용이 주를 이룬다.

2월 20일 (신해) 맑다. 아침에 모든 방비와 전선을 점검해보니, 모두 새로 만들었고 무기도 어지간히 완비되었다.

2월 22일 (계축) 아침에 공무를 본 뒤에 녹도로 갔다. 황숙도(黃叔度)도 같이 갔다. 먼저 흥양 전선소에 이르러 배와 집기류를 몸소 점검했다.

2월 27일 (무오) 흐렸다. 아침에 점검을 마친 뒤에 북쪽 봉우리에 올라가 지형을 살펴보니, 깎아지른 외딴 섬인지라 사면에서 적의 공격을 받을 수 있고, 성과 해자 또한 매우 엉성하니 무척 근심된다. 첨사가 애쓰기는 했으나, 미처 시설을 못 했으니 어찌하랴.

3월 초 6일 (병인) 맑다. 아침밥을 먹고 난 뒤 출근하여 군기물을 점검했는데 활, 갑옷, 투구, 전통, 환도 등이 깨지고 헌 것이 많아 색리, 궁장, 감, 고 등을 문책했다.

둘째, 승산 있는 싸움을 했다는 점이다. 바둑 고수들은 대부분 자신의
시도가 실패하더라도 바둑을 꾸려갈 수 있는 안전한 싸움을 펼친다. 무
턱대고 싸움을 벌이다가는 한 방에 패망할 수 있기 때문이다. 이순신 장
군은 매우 신중하게 전략을 구사하여 이길 수 있는 싸움을 펼쳤다. 그 첫
번째가 적군에 대한 정보를 수집하고 분석하는 일이었다.
《충무공 이순신전서》를 쓴 박기봉은 장군의 위대한 점 중 하나로 다
음과 같은 점을 꼽았다.

> 그는 '지피지기면 백전불태'라는 병법의 원칙에 가장 충실했던 장수였
> 다. 그는 적을 알기 위하여 끊임없이 정보수집 활동을 전개하고, 수집
> 된 정보의 진위를 분석하여 그 바탕 위에서 전략을 수립하였다. 또한
> 아군의 능력을 냉정히 판단하여 대비책을 세웠기 때문에 싸우면 반드
> 시 이길 수 있었다. 손자의 병법서를 읽어보면, 그 전체 내용이 이순신
> 의 전술 전략과 얼마나 잘 부합되고 있는지 알 수 있다.

이 내용으로 보면 이순신 장군은 《손자병법》의 명언인 '지피지기(知彼
知己)'를 철저하게 수행하였고, 그것이 승리의 제1 비결이었다고 할 수 있
다. 바둑에서도 나와 상대방을 정확히 아는 지피지기가 중요함은 두말할
필요가 없다. 술고래로 유명했던 일본의 후지사와 슈코 기성은 도전 시
합을 3개월 앞두고는 술을 딱 끊고 도전자의 바둑을 분석하였고, 바둑황

제 조훈현 9단은 항상 잠재적인 도전자들의 시합 장면을 보며 전력을 분석하곤 했다.[4]

강점과 환경 활용

이순신 장군은 전략적인 면에서 병법의 기본에 충실했다. 즉 아군의 강점을 살리고, 환경적 특성을 잘 이용하였다.

무엇보다도 장군은 아군의 강점을 적절히 활용하는 전략을 구사했다. 자신의 강점을 살리는 것은 군사, 외교는 물론 마케팅, 스포츠 등에서도 거의 필수적인 전략이다. 바둑에서도 고수들은 자신이 잘하는 기술로 승부를 겨루려고 한다. 예를 들어 계산력의 대가인 이창호 9단은 계산에 의해 집으로 승부를 겨루려 하지만, 전투의 대가인 이세돌 9단은 복잡한 전투를 벌여 힘을 겨루는 바둑으로 이끈다.

이순신 장군은 왜군과 비교하면 아군은 화포와 총포가 강점이었기 때문에 적선과 거리를 두고 화포를 쏘며 제압하는 전법을 썼다. 《한국 바둑 인물사》를 쓴 권경언 6단은 이순신 장군의 해상 전술은 거북선을 활용하여 적함 대열에 뚫고 들어가 먼저 적군의 대장선을 공격해서 지휘 기능을 마비시키고, 좌충우돌 전법으로 전열을 교란한 뒤 함포로써 적의 탑승원을 사살하며, 마지막에 당파전술로 적함을 격침시켰다고 분석했다.

어떤 영화에서는 이순신 장군이 부하들을 이끌고 왜선에 올라타 싸우는 장면이 나온다. 박진감 넘치는 전투 장면을 보여주기 위해 설정한 것으로 보이지만, 이순신 장군은 이런 전법을 쓰지 않았다. 배에 올라타 육박전을 벌이는 것은 왜군의 주특기였으며, 이런 전투를 벌일 경우 아군의 사상자도 많을 수밖에 없기 때문이다.

명량해전에서 13척의 배로 10배가 넘는 적을 무너뜨리고 대승을 거뒀을 때 장군은 사상자가 단 2명이었다고 장계를 올렸다. 왜군의 강점인 육박전을 위주로 했다면 이런 결과는 나오기 힘들었을 것이다. 오익창의 《사호집》에 따르면 이순신 장군은 사대부들에게서 이불 100여 개를 걷어다가 물에 적신 뒤 조총의 방패막이로 사용했다고 한다.[5]

한편 장군은 일정한 거리를 두고 아군의 강점인 화포를 쏘아 적선을 격침하는 전법을 주로 사용하였다. 또한 왜선에 비해 무겁지만 단단한 우리 전선의 강점을 살려 배끼리 부딪치는 방법도 사용하였다.

그런가 하면 장군은 환경의 특징을 잘 활용하였다. 예로부터 병법가들은 지형이나 바람 등 주변 환경의 특징을 활용하는 전략을 구사하였다. 바람의 방향을 이용하여 화공을 펼친 《삼국지》의 제갈량이나, 강물을 이용하여 대군을 물리친 을지문덕 장군 등이 대표적이다. 환경의 유

그림 4

목조(木彫) 바둑판

*출처: 국립중앙박물관

리한 점을 살리면 싸움을 유리하게 이끌 수 있기 때문에 오늘날의 마케팅 전략에서도 환경 분석은 필수이다.

이순신 장군은 해안의 환경적 특성을 사용하는 전법을 썼다. 울돌목의 특이한 파도를 이용하였고, 적선을 만으로 유인하여 격침하는 방법을 썼다. 장군은 견내량의 좁은 바다에서 싸울 때는 덩치가 큰 우리의 판옥선이 불리하다고 판단하여 적을 넓은 바다로 유인하는 전술을 사용했다. 이순신 장군이 모함으로 옥에 갇혔을 때 대신 적을 맞아 싸운 원균은 이러한 환경적 이점을 활용하지 않았고 결과적으로 크게 패했다.

심리조절 전략

장군은 군사들의 심리적인 면에도 밝았던 것 같다. 평소 여러 가지 방법으로 부하들의 사기를 북돋웠으며, 전투할 때는 병사들의 심리를 적절히 조절하는 방법으로 전의를 불태웠다. 전쟁에서는 전력이 중요하나 병사들의 심리적 측면 또한 매우 중요하다. 사기가 떨어진 병사들은 싸우기도 전에 패색이 짙은 경우가 많다. 천하장사 항우도 병사들에게 고향 생각을 불러일으키는 '초가(楚歌)'를 불러댄 유방의 전략에 무너져내렸다. 그리스에서는 테르모필레 협곡에서 페르시아의 대군을 맞아 레오니다스의 소수 병력이 죽기를 각오하고 싸워 나라를 지켰다.

이순신 장군은 병사들에게 '사즉생(死卽生)', 즉 "죽기를 각오하고 싸우면 살리라." 하고 외치며 북을 치고 사기를 높였다. 명량해전에서 압도적으로 많은 적군에 놀라 달아날 궁리를 하는 병사들의 사기 진작을 위해 적장의 목을 베어 전시하기도 했다.

이 외에도 장군의 병법이 바둑의 병법과 닮은 점은 많다. 바둑에서 직접적인 전법을 얻진 않았다 하더라도 거기서 모종의 전략적 영감을 얻었을 것이라는 추측을 해볼 수 있는 대목이다.

아쉬움을 남긴 삶

이순신 장군을 생각할 때면 한 가지 가슴 아프게 여겨지는 점이 있다. 장군이 바다에서 승승장구하여 나라를 구해낸 일등 공신이었음에도 불구하고 국왕인 선조가 시기하는 마음을 가졌다는 점이다. 장군을 옥에 가두고 백의종군을 시킨 것은 생각할수록 안타깝다.

국왕의 불신은 장군에게 정신적으로도 많은 불편함을 주었다. 장군이 적탄에 맞아 숨을 거두었을 때 일부러 장렬한 전사의 길을 택했다는 설이 나오는 것도 이런 이유에서다.

이순신 장군에 대한 선조의 태도는 베트남에서 성웅으로 추앙받는 쩐흥다오(陳興道) 장군의 사례와 대비가 된다. 세 차례 몽골의 침입을 막아낸 쩐흥다오는 전쟁이 끝난 뒤 국왕의 마중을 받으며 개선했고, 왕을 보좌하며 《병서요략(兵書要略)》 등의 병서를 남겼다.

쩐흥다오 장군이 죽기 전에 왕이 찾아가 "장군, 나를 두고 가시면 어떡합니까?" 하고 울먹이자 그는 이렇게 대답했다고 한다.

적이 불과 바람처럼 포효하며 돌진해온다면 이를 막기는 쉽습니다. 그러나 적이 빠른 승리를 탐하지 않고 백성들을 갈취하지 않으며, 누에가 뽕나무 잎을 갉아 먹듯 지구전을 펼친다면 우리는 훌륭한 장수가 필요하고 바둑에서처럼 적절한 전술을 펴나가야 합니다. 어떻든 군대는 한 집안의 아버지와 아들처럼 한마음으로 뭉쳐야 합니다. 백성들을 너그럽게 대해주어 뿌리 깊고 끈질긴 토대를 구축해야 합니다.[6]

쩐흥다오 장군은 적이 급습으로 나오면 늪지대 등을 이용하여 제압할 수 있다고 본 것 같다. 그러나 조금씩 공략해오는 지구전을 펼치면 쉽지 않기 때문에 뛰어난 장군과 전술 전략이 필요하다고 강조했다. 군대가 혼연일체가 되도록 해야 하며, 백성들이 국가를 신뢰할 수 있는 토대를 만들어야 한다는 국가 통치술까지 조언을 해주고 있다.

오늘날 쩐흥다오 장군은 베트남의 지폐에도 실린 '국민 영웅'이다. 쩐 장군이 정리한 군사 교범은 오늘날에도 사용되고 있다고 한다.

이순신 장군과 선조가 이처럼 좋은 군신 관계를 맺었다면 얼마나 좋았을까. 그랬다면 당시 왜군의 침략을 좀 더 효과적으로 막을 수 있었을 것이고, 우리 백성과 군사들의 피해를 줄일 수 있었을 터다. 또한 이후의 국방에도 적지 않은 도움이 되었을 것이라고 생각된다. 장군은 미리 형세를 살펴 대비하는 데 명수였다. 장군의 이러한 거안사위 정신과 전략이 이어졌다면 임진왜란 후 40여 년 만에 또다시 왕이 무릎을 꿇는 치욕스러운 병자호란도 예방할 수 있지 않았을까.

▌미주

1 권경언(1995), 《한국 바둑 인물사》.

2 이홍열(2014), 이청 씨의 인터뷰 자료.

3 김용국(1975), 〈이충무공의 진중일기〉, 《월간바둑》 2월호.

4 정수현(1997), 《반상의 파노라마》.

5 나무위키, 명량해전.

6 홍흥표(2009), 〈베트남 바둑의 역사 및 현황에 관한 연구〉. 이 내용은 위키피디아에서 인용한 것으로, 바둑 대신 체스로 되어 있는데, 홍흥표는 현지인들로부터 바둑으로 들었다고 한다.

▌참고문헌

권경언(1995), 《한국 바둑 인물사》, 재단법인 한국기원.

김용국(1975), 〈이충무공의 진중일기〉, 《월간바둑》 2월호.

박기봉(2006), 《충무공 이순신전서 1》, 비봉출판사.

이순신(2018), 《난중일기》, 박종평 역, 글항아리.

이홍열(2014), 〈충무공 불패 신화, 바둑도 한몫했다〉, 조선일보 9월 23일자.

정수현(1997), 《반상의 파노라마》, 시와사회.

홍흥표(2009), 〈베트남 바둑의 역사 및 현황에 관한 연구〉, 명지대학교 석사학위 논문.

나무위키, 명량해전.

이순신에게 묻다 –
리더는 무엇으로 사는가?

최은석

대가파우더시스템(주) 대표이사이며, (사)서울온수산업단지관리공단 이사와 (사)중소기업융합서울연합회의 제17대 회장을 맡고 있다. 프랑스 몽플리에대학교 대학원, 파리 제1대학교(팡테옹 소르본) 대학원을 졸업했으며, 대가무역(주) 대표와 대호기계(주) 이사를 역임했다.

경영에 눈뜨다

1970년 국내 최초로 분체기업을 표방하고 나선 대가파우더시스템㈜는 우리나라 산업화와 궤를 같이하며 건실하게 성장해온 분체설비 전문기업이다. 더욱이 그때부터 지금까지 분쇄기·혼합기·선별기·분급기·집진설비 및 분체 관련 플랜트에 이르기까지, 국내 최대의 분체 관련 기기를 설계·제조·설치·시운전까지 일괄 처리할 수 있는 유일한 기업이다. 국내 분쇄기 시장점유율은 50퍼센트 남짓. 분쇄기를 비롯해 혼합기, 건조기, 집진기 등 분체설비 전 시스템을 고객사에 따라 100퍼센트 주문생산 방식으로 제작하고 있다.

우리가 주변에서 흔히 볼 수 있는 화학·전자·식품·석유화학·화장품·제약 등의 제품 대부분이 고체원료를 원하는 크기의 입자로 부수는 분쇄공정을 거치게 된다. 분체설비를 이용해 입자로 분쇄한 다음 안료 등

그림 1_____ 바이오믹서 : 가축분이나 음식물 찌꺼기를 이용한 유기질 비료 생산 설비

의 여러 부재료를 혼합해 제품을 만드는 것이다. 분체산업은 이런 공정에 필요한 관련 설비를 만드는 분야다. 분체산업이 국가산업 발전을 지지하는 밑거름이자 분체기술이 제품의 질을 결정짓는 핵심 요소라고 하는 이유가 바로 여기에 있다.

선친께서 설립한 대가파우더시스템(주)에 뛰어든 것이 1996년이었다. 프랑스 파리 제1대학교에서 사회경제사를 전공하고 1993년부터 대학 강단에도 잠시 섰었다. 유학 동안 프랑스 기업인들의 역사를 공부하면서 그들의 가치관에 대해 알게 되며 감명을 받았고, 당시로써는 생소했던 단어인 '기업인의 윤리'에 대해서 깊이 있게 공부할 수 있었다.

그러다가 아버지의 권유로 회사에 입사하였다. 처음엔 당황스러웠다. 현장 경험이 없어 우왕좌왕하기 일쑤였다. 그렇게 하루 이틀을 보내며 깨달은 게 사람의 중요성이었다. 그것이 가정이든 회사든 아니면 국가든, 그것을 경영하는 기본은 역시 사람일 수밖에 없었다.

장인정신,
인간중심 경영

수많은 위대한 경영자들이 그렇듯이, 나 역시 기업 CEO의 역할은 직원들이 가진 바 능력을 최대한 발휘할 수 있도록 멍석을 깔아주고, 각자 맡은 위치에서 마음껏 뜻을 펼칠 수 있도록 돕는 것이란 확신을 가지게 되었다. "리더는 구성원들의 사랑을 먹고 산다."라는 말이 있다. 구성원들의 신뢰를 받지 못하는 리더는 사막에 뿌린 씨앗처럼 결국 말라 죽고 만다. 나는 이 말에 십분 공감한다. 직원들이 나를 믿고 따르지 않는다면, 내가 이곳에 있을 이유가 없다. 내 목표는 우리 대가파우더시스템 식구들이 모두 잘 먹고 잘사는 것이다.

아직은 IMF의 서슬이 시퍼렇던 1998년 3월 대표이사로 취임한 이후, 2세 경영자라는 꼬리표를 떼고 직원들과의 심리적 괴리감을 없애는 것을 최우선 과제로 삼았다. 우선은 임직원들과의 소통이 제일이라고 생각했고, 그들의 마음을 움직여야 회사가 돌아갈 수 있다고 확신했다. 특히 생산팀과의 의사소통을 위해 가급적 생산 현장에서 생활하기도 했다. 모든 문제와 그 해답은 현장에 있다는 게 내 믿음이었다.

당시에도 당연히 4대 보험이 있었지만, 여기에 더해 전 임직원들을 민간 상해보험에 가입하게 하여 만일의 경우 충분한 보상을 받을 수 있도록 하였다. 이 덕분에 실제로 보상을 받은 경우가 여러 번 있었다. 많은 직원이 해외 출장을 가는 관계로 해외여행자보험은 필수였고, 그들 모두가 한번도 저가항공사를 이용한 적이 없었다.

회사가 한마음 한뜻으로 똘똘 뭉쳐 전진하기 위해서 우리나라가 고질적으로 안고 있는 병폐 3가지, 즉 학력, 출신지, 종교에 관해 논하거나 파벌을 형성하는 일을 철저하게 방지하여 부당한 대우와 차별이 없는 3무 기업을 만들었다.

여기에 더해 직원들이 자신의 역량을 최대한 발휘할 수 있도록 교육 훈련에 아낌없는 지원을 했다. 전 직원이 일 년에 한 가지 이상의 교육을 받도록 의무화했으며, 일주일에 두세 번은 원어민 강사를 초청하여 영어 교육도 실시했다. 선진 기술의 흐름을 놓치지 않기 위해 해외전시회 참가도 정례화시켰다. 전 직원이 일본 분체 전시회를 다녀온 적도 있었다. 직원들의 창의력과 맨파워를 극대화시키는 것을 핵심 생존전략으로 삼은 것이다. 그런 한편으로는 취임 직후부터 경영 상태를 공개하기 시작했으며, 팀장회의에서 회사 운영의 중요한 사항을 공개적으로 결정함으로써 직원들과의 소통을 통해 신뢰를 쌓아왔다.

나아가 우리 주변의 이웃들, 즉 지역사회와 함께하며 도움이 되고자 활동을 전개해왔다. 수년 동안 해마다 소년소녀가장을 꾸준히 돕고 있으며, 매년 11월 전 직원과 그 가족들이 함께 뜻을 모아 연말에 1천 포기 김장을 담아 지역 사회복지관 등에 전달하는 일도 이어오고 있다. 단순히 우리만 잘 먹고 잘 사는 게 아니라, 지역사회와 공존하며 상생하는 책임 있는 기업으로 역할을 다하겠다는 의지를 실천하고 있는 것이다.

최고의 기술력 갖춘 엔지니어링 기업

중소기업 경영자로서 내가 추구하는 목표는 세계 최고의 기술력을 갖춘 엔지니어링 기업으로 인정받게 하는 일이다. 단순히 기계 한 대 파는 것이 아니라, 기술력을 갖추고 우리만의 독자적인 시스템을 생산하고 팔 수 있는 기업이어야 한다는 게 내 생각이다. 중소기업으로 오래도록 살아남으려면 다른 해법이 없었다. 오로지 기술을 개발해 쌓고 노하우를 축적하는 길밖에. 그때부터 시작된 기술개발과 혁신이 지금의 대가를 있게 한 동력이다. 그런 기술력을 바탕으로 1998년 하반기부터 수출도 시작해 100만 달러, 500만 달러, 800만 달러 수출탑을 수상하며 성장세를 이어가고 있다.

10억 원 규모의 삼성계열사 수주전에 뛰어든 적도 있었는데, 당시 일본 굴지의 기업과 진검승부를 벌였다. 국산 제품에 대한 편견이 심했던 시장 특성상 대가파우더가 끼어들 틈이 없어 보였다. 그러나 우리는 품질에 대한 자신감과 신속한 고장수리 시스템을 앞세워 클라이언트를 설득하기 시작했다. 일본 제품의 덤핑 공세에도 불구하고 결국 수주를 따

그림 2_____ 여과 집진기(Bag filter) : 석유 화학 제품의 이송, 저장을 위한 집진 장치

그림 3_____ 공장 안 전경 : 분쇄기, 혼합기, 집진기 등을 제작하는 모습

낸 이 회사 제품은 지금까지도 고장 없이 잘 운영되고 있다.

한때 나는 우리 제품을 구입한 고객사들이 나날이 발전하는 것을 보면서 우리도 그들처럼 제품을 생산하고 싶었던 때가 있었다. 하지만 선친이 고객사를 배반하고 경쟁해서는 안 된다고 만류하셔서 그 유지를 받들었다. 그러다 2016년부터 대한민국 최고, 세계 최고의 기술력을 바탕으로 의료기기를 제작하는 연구개발에 몰두하기 시작하였다. 이를 바탕으로 2018년에는 의료용 지혈제와 세라믹 주사기 필터와 필터 수액 세트를 개발하여 G.M.P(good manufacturing practice) Class 4와 2를 획득하는 쾌거를 이루었다. 이 두 제품은 현재 인기리에 판매되고 있으며, 대가파우더시스템㈜는 메디컬 디바이스 생산 기업으로써 1차 IR(기업설명회)을 준비하고 있다. 우리 회사는 최종적으로 2021년에 기업 상장(IPO)을 목표로 착실하게 준비 중이다.

한 조사 결과에 따르면 국내 장수 중소기업의 비결은 한 우물 경영과 끊임없는 기술혁신이었다. 세계 장수기업들의 공통된 성공 요인은 경영자의 철저한 윤리의식과 긍정적인 기업 이미지 구축이고, 국내 장수기업들의 공통점에는 더불어 사는 조직문화가 포함됐다고 한다. 한 우물 경영, 쉼 없는 기술혁신, 경영자의 윤리의식, 더불어 사는 조직문화, 이 키워드를 보면 49년 업력을 자랑하는 대가파우더시스템이야말로 우리나라 장수기업의 모범이 아닐까 싶다. 50년 가까이 이어온 장인정신과 인간중심 경영이야말로 대가파우더시스템을 세계 속에 우뚝 선 글로벌 기업으로 발돋움하게 해줄 것이라 믿는다.

그런가 하면 지속가능한 경영을 위해서는 새로운 성장 동력이 필요했고, 이를 위해 대가파우더시스템㈜는 환경 분야에 주목하였다. 나와 경영진들은 환경 분야의 무한한 성장 가능성을 발견하고 지난 2000년부터 냄새방지설비 개발에 주력해왔다. 이후 대규모 설비를 구축하면서 기술력까지 인정받으며 성장을 이어왔다. 이렇듯 끊임없는 연구개발을 통한 기술개발과 인간중심의 경영으로 인해 대가파우더시스템㈜는 우수 중소기업으로 자리 잡을 수 있었다.

이순신에게 배우는
인간중심 경영

회사를 운영해오면서 내 경영철학이 충무공 이순신의 마인드나 리더십과 많이 닮았다는 것을 깨달았다. 《불패의 리더 이순신》의 저자인 윤영수는 "사색과 독서를 통해 다져진 인문학적인 소양, 이를 바탕으로 한 인간에 대한 깊은 이해야말로 이순신과 그의 정신, 그의 리더십을 만들었다. 칼과 붓을 든 장수, 그가 바로 이순신이었고 그래서 이순신일 수 있었다."라고 적고 있다. 나 역시 처음 회사에 들어와 아무것도 모르던 시절, 경영에 인문학을 접목하려고 했던 기억이 새삼 떠올랐다.

이순신은 부하들을 믿고 모든 것을 맡겼다. 특히 각 분야의 전문가들을 발굴해 전쟁을 승리로 이끌 기초를 닦는 일에 전력을 기울였다. 배에 미쳤던 민간인 기술자 나대용은 이순신 장군의 전적인 신뢰로 판옥선을 업그레이드시키고 거북선을 창제한 임진왜란의 또 다른 영웅이다.

또한 그는 부하들과 백성들에게 확실한 비전과 존재감을 심어주는 뛰어난 리더였다. 이순신은 잘 때도 갑옷을 벗지 않으며 병사들에게 위기의식을 불어넣었다. 지위를 망라하고 똑같은 군율을 적용했다. 전투에 나가 죽은 병사의 시체를 고향으로 보내 장사지내게 하고, 남은 가족들은 구휼하는 법전대로 시행하도록 했다. 승전을 보고하는 장계에는 부하 장수는 물론, 전투를 도운 백성과 노비 이름까지 기록했다. 자기 휘하에서는 누구든 역할을 인정받을 수 있다는 확신을 심어주었다.

예나 지금이나 최고경영자(CEO)에게 가장 중요한 덕목은 사람을 잘 관리하는 일이다. 어떤 조직이든 어떤 업무든 결국 사람을 통해서 모든 일이 이루어지기 때문이다. 오늘날 기업들이 'HR(human resource)' 관리를 중시하는 것도 그 때문이다.

기록을 살펴보면 이순신은 사람을 쓰는 원칙이 분명한 리더였다. '입현무방(立賢無方)' 즉 현명하고 유능한 인재를 세우되 친소(親疎)와 귀천(貴賤), 네 편과 내 편을 가르지 않았고 내가 잘 아는 사람을 쓰는 것이 아니라 그 일을 잘할 수 있는 전문가를 썼다. '입현무방'은 지금도 유효한 덕목으로, 김대중 전 대통령도 리더가 지켜야 할 원칙으로 강조한 바 있다.

이순신 장군은 자신을 쓰는 원칙도 분명했다. "대장부로 세상에 태어나 쓰임을 받으면 죽을힘을 다해 충성할 것이요. 쓰임을 받지 못하면 농사짓고 살면 그 또한 족하리라. 권세 있는 자에 아첨하여 허황한 영화를 탐하는 것은 내가 부끄러워하는 바이다."라고 어록을 남겼다. 자신의 임무에 충실하며, 부당한 청탁은 일체 하지도 받지도 않았고, 사람을 쓰는

데 있어 친하거나 편한 사람만 찾게 됨을 경계하였다.

사실 이순신은 그 누구보다도 폭넓고 화려한 인맥을 구축하고 있던 인물이었다. 상당수 조정 대신과 일선 지휘관들이 그를 지지하는 서포터로서 '파워 인맥'을 형성하였다. 그렇게 되기까지에는 그만의 노하우가 있었다. 예컨대 오로지 구국의 일념으로 우려와 대안을 주고받던 편지나 신의를 담아 나누는 술잔 등이 그런 것들이다. 평소 그런 관계를 유지한 결과 이순신이 죽음의 위기에 몰렸을 때 그 인맥들은 적극적으로 나서 그를 변론하며 자신에게 화가 돌아올지도 모르는 상황에서도 구명 활동을 펼쳤다. 물론 이순신을 극도로 경계하고 싫어해 제거하려는 이들도 만만치 않았다.

원칙이 바로 선 사회, 이순신이 꿈꾸던 나라

"오이밭 옆에서는 짚신 끈을 고쳐 매지 말고 자두나무 밑에서는 갓끈을 고쳐 매지 말라(瓜田不納履 李下不整冠)." 《악부시집》(중국 송나라 때의 곽무정이 중국 고대와 중세의 악부 작품을 모아 지은 책)의 격언처럼 이순신은 의심받을 일은 일절 하지 않았고 신뢰를 무너뜨릴 일도 삼갔다.

직속 상관의 인사 청탁을 거절하는 것은 물론, 공물사용(公物私用)을 저지했으며 부당한 언행도 제지했다. 조정 대신의 은밀한 뇌물 요구를 거부했고 아예 만남조차도 외면하기 일쑤였다. 심지어 이순신은 조정의 부당한 출전 명령도 거부했다. 우리 수군을 꾀어내 패퇴시키려던 적의 유인책이 뻔히 보이는데, 아무리 임금의 명령이라 해도 부하들 목숨을 담보로 전투에 나설 수는 없는 노릇이었다. 그로 인해 한양으로 압송되는 고초를 겪을지언정, 그는 끝내 자신의 신념을 굽히지 않았다.

이렇듯 그는 오로지 법과 원칙에 따라 옳은 것은 옳다 하고 그른 것은 그르다고 직언과 충언을 서슴지 않았다. 이순신의 공직생활 중 일어난 세 번의 파직과 두 번의 백의종군이 모두 부당한 지시를 거절했거나 부당한 명령을 거부했기 때문에 벌어진 사달이었다.

그러나 다행히 조정에는 그런 이순신을 높이 평가하는 사람들도 많았다. 이른바 친위그룹들이었다. 사색당파를 막론하고 류성룡, 이원익, 이항복, 정언신, 정탁 등이 이순신을 천거하고 위기에 처했을 때 구명에 앞장섰다. 이들은 임진왜란의 위기가 닥치자 임금(선조)에게 천거해 정읍현감으로 있던 이순신을 전라좌수사로 파격적인 인사를 단행케 한다. 정유재란 재침 때 파직시켰던 이순신을 또다시 삼도수군통제사에 임명토록 한 것도 그를 믿고 후원하던 파워 인맥들이었다.

작금의 우리나라에도 이순신처럼 법과 원칙을 지키며 어떤 위기가 닥쳐도 믿고 따를 수 있는 지도자, 언제라도 위험이 다가오면 믿고 맡길 수 있는 리더가 필요하다고 말한다. 그것만이 지금의 경제위기를 극복하고 질서가 바로 서는 선진강국을 만들어나갈 수 있다고 믿기 때문이다.

탁월한 전략가이자
경영의 귀재

이순신 장군은 탁월한 지도자요 무장인 동시에 시대를 앞서가는 전략가이며 경영의 귀재이기도 했다. 그는 국가의 지원이 전무한 전쟁 중에도 오로지 혼자의 역량으로 군사를 모아 훈련을 하고, 먹이고 입혔으며, 무기를 제작하고 전함을 건조하는가 하면, 백성들의 생업까지 돌본 '맨주먹의 CEO'였다. 세계 전쟁사를 살펴봐도 이처럼 장수가 모병부터 훈련, 군수품 조달과 후방 안정까지 혼자서 아우르며 전투를 치른 사례는 찾아보기 힘들다.

총포를 만들 철이 부족해지자 조정에 건의해 기증하는 철물의 중량에 따라 상과 벼슬을 주거나 병역 면제, 면천(免賤)의 기회도 주었다. 요즘 같으면 "특혜다, 비리다" SNS에 난리가 날 상황이지만, 철이 절대적으로 부족하던 당시로써는 이렇게라도 해서 전쟁 물자를 만들어야만 했다. 1594년 무렵의《난중일기》에는 "원식이 남해 현령에서 쇠붙이를 바치고 면천 공문 한 장을 받아갔다."라는 기록이 나온다.

《이충무공 행록》은 "공(이순신)이 진중에 있으면서 매양 군량 때문에 걱정하여 백성들을 모아 둔전을 짓게 하고 사람들을 시켜 고기를 잡았으며, 소금을 굽고 질그릇을 만드는 일에 이르기까지 하지 않는 일이 없었다. 또 그것들을 모두 판매하여 몇 달이 채 안 되어 곡식 수만 석을 쌓게 되었다."라고 기록하고 있다.

이순신이 얼마나 군수물자 조달을 위해 노력했는지를 알 수 있는 대목이다. 그는 피난민과 군사들이 둔전을 개간하여 생업에 종사케 하고 그들의 안전을 보살펴 전쟁 물자를 조달하는 비상한 경영 능력을 보여주었다. 그 뒤에는 선산부사로 신망을 쌓던 정경달이라는 인물이 있었다. 이순신 장군은 정경달을 종사관으로 특채하여 그 많은 일을 기획하고 관리 감독하는 업무를 맡겨 차질 없이 수행토록 하였다.

그렇게 전장을 아우른 이순신 장군은 모함으로 인해 압송되어가기 직전에, 원균에게 삼도수군통제영의 지휘권을 넘기면서 100여 척이 넘는 판옥선과 2만 명에 가까운 수군, 군량미 9,914석, 화약 4,000근, 총통 300문, 신기전 12,000발 등을 인계하였다. 아무런 국가적 지원이 없었음에도 이순신 장군이 부하 장졸 및 백성들을 아우르며 전쟁 경영에 나서 이처럼 막대한 재정을 이룬 것이다.

이순신 장군은 군사들뿐만 아니라 인근 백성을 살피는 일에도 모자람이 없는 관리였다. 전쟁의 불안정함 속에서도 백성들의 생업과 안전을 보장하여 확고한 지지를 끌어냈으며, 승려나 노비들까지 전장의 정보 수집에 자발적으로 나서서 장군의 눈과 귀가 되기도 했다. 명량대첩 후 고금도로 본영을 옮겨 조선 수군의 재건에 매진할 때, 통제사를 의지해 고금도로 몰려온 백성들이 수만 호에 이르러 그 웅장함이 한산도의 열 배에 이르렀다고 한다. 이렇듯 백성과 부하들의 절대적 지지를 받은 이순신 장군은 원균에 의해 궤멸되다시피 한 조선 수군을 불과 몇 개월 만에 정상 전력으로 끌어올렸다.

이순신 장군에게 배울 또 하나의 덕목이 소통이다. 당시 조선의 수군은 고된 노역이자 천대받던 직업으로, 이를 참지 못하고 탈영하는 병사들이 많아 골치를 앓았다. 이를 방지하기 위해 이순신은 엄격한 군율로 병사들을 다스리며, 때론 수십 명을 한꺼번에 효수하거나 자신이 아끼는 장수까지 군율로 책임을 물어 목을 베는 카리스마로 군영을 다스렸다.

대신 그는 자신이 전투의 최일선에 나서 솔선수범하며 무패의 자신감을 부하들에게 심어주었으며, 최선을 다해 병사들을 입히고 먹였다. 군율로 다스릴 때는 엄격하되, 부상한 부하들을 일일이 찾아 어버이처럼 자상하게 문병을 하였으며, 수많은 부하를 모아 허심탄회한 술자리를 마련하기도 했다. 《난중일기》에는 부하 장졸 5천여 명과 술을 마시며 그들의 마음을 얻기도 했다는 기록이 남아 있다.

한산도 통제영 시절에는 운주당(運籌堂)을 세워 이곳에서 거처하며 여러 장수와 작전계획을 세우고 전쟁에 관하여 허심탄회하게 논의를 이어가는 소통의 리더십을 발휘하기도 했다. 특히 계급의 높고 낮음에 관계없이 전쟁에 관해 말하고자 하는 병사가 있으면 누구라도 찾아와 의견을 제시하게 함으로써 자칫 놓치기 쉬운 세세한 제반 상황까지 파악하고 있었다.

세계가 인정하는
최고의 해군 제독

이렇듯 해군을 이끈 경험이라고는 전남 고흥의 발포만호로 잠시 재직했던 게 전부인 해전 무경험자였음에도 불구하고, 이순신 장군은 유명을 달리하는 마지막 전투에서조차 승리를 거둠으로써 세계 해전사에 빛나는 탁월한 전략가이자 유일무이한 명장으로 추앙받고 있다.

러시아 발트함대를 대파한 일본의 전쟁 영웅 도고 헤이하치로(東鄕平八郞) 제독은 감히 이순신에 비교할 수 없다며, "이순신 장군에 비하면 자신은 하사관에 불과하다. 만약 이순신 장군이 나의 함대를 가지고 있었다면 세계의 바다를 제패했을 것"이라고 얘기했고 한다.

특히 일본의 쓰시마 해전 승리 축하 리셉션에서 넬슨과 자신과 이순신을 비교하는 것에 대해, 자신과 넬슨을 비교하는 것은 가능할지 모르나, 이순신 장군과는 감히 비교할 대상이 못 된다며 손사래를 쳤다고 한다. 넬슨은 온 국민의 성원과 지지를 받으며 전쟁을 치렀지만, 이순신 제독은 온갖 시기와 모함을 무릅쓰고 싸워 전승을 기록한 점을 높이 평가한 것이다. 실제로 도고 제독은 러시아 발트함대와 일전을 앞둔 상황에서 자신의 선조들을 무릎 꿇린 이순신 장군의 혼령에게 도와달라고 제를 올리기까지 했다고 한다.

나는 지금도 기업가 정신이 없는 기업은 제대로 성장할 수 없다고 믿고 있다. 대가파우더시스템은 돈을 벌기에 앞서 직원들이 진정으로 사랑하는 기업이며, 또한 구성원들이 믿고 존경하는 기업가가 되는 게 더 중요하다고 생각한다.

이순신 장군이 그러했듯이, 리더는 명예와 충성심을 먹고 산다. 나라가 누란의 위기에 빠졌을 때 조선 수군과 백성들이 그랬듯이, 회사가 어려움에 부닥쳤을 때도 배려하고 양보하는 정신과 개성과 품격을 갖춘 직원들이 필요하다. 이순신 장군은 부하들을 진심으로 아끼고 보듬은 진정한 리더였다. 나 역시 직원들을 진정으로 좋아하는 참다운 경영자가 되기 위해 오늘도 최선을 다할 뿐이다.

성웅 이순신을 위한
관현악곡 〈Warrior〉

~

유수웅

한국 음악저작권협회 회원으로서 관현악곡을 비롯해 200여 곡 이상 작곡하였고, 모차르트 서거 200
주년 기념 오스트리아 빈 국제작곡콩쿠르 1등 및 국내·외에서 작곡상을 수상하였으며, 독일 5개 지
역 순회공연을 하였다. "Figaro Fantasy" 서울재즈아카데미, 경복대학교 실용음악과 부교수를 역임
했고, 현재 대한불교 조계종 찬불가 작곡가로 활동하고 있다. 《세계를 정복한 K-Pop 369》를 출간하
고, 앨범 〈가야금 클래식 연주곡집〉과 〈천년의 향기〉를 발표하였다.

첫 관현악곡의 주인공을
이순신으로 삼은 이유

이순신은 한국사에서 가장 위대한 인물의 한 표상이다. 그런 추앙은 그를 수식하는 '성웅'이라는 칭호에 집약되어 있다. '성스럽다'는 표현은 그 자체로 범접할 수 없는 경지를 나타내지만, 천부적 재능과 순탄한 운명에 힘입어 그런 수준에 도달한 것이 아니라 수많은 역경을 치열한 고뇌와 노력으로 돌파했다는 의미를 담고 있다. 그런 측면은 '악성'으로 불리는 베토벤이나, '시선' 이백(李白)과 대비되어 '시성'으로 지칭되는 두보의 삶과 작품을 생각하면 수긍이 갈 것이다.

인간의 행동 중에서 가장 거칠고 파괴적인 것은 폭력이다. 그리고 가장 거대한 형태의 폭력은 전쟁이다. 이순신은 그런 전쟁을 가장 앞장서 수행해야 하는 직무를 가진 무장이었다. 그러므로 그가 돌파해야 할 역경이 다른 분야의 사람들보다 훨씬 가혹했으리라는 예상은 지극히 자연스럽다. 실제로 그는 잔인하고 폭력적인 거대한 운명을 극복하고 위업을 성취한 인간의 위엄을 보여주었다고 평가할 만한 인물이다.

〈성웅 이순신〉이란 제목으로 관현악곡을 작곡하게 된 시기는 2004년 SBS 대하드라마 〈장길산〉의 OST를 담당할 때로 거슬러 올라간다. 그즈음 영화 〈반지의 제왕〉의 음악에 깊은 감명을 받고 우리나라를 대표할 만한 인물을 주제로 관현악곡을 작곡해야겠다는 생각을 하게 되었다. 또한 나는 프랭크 밀러의 〈300〉이라는 작품을 좋아한다. 영화 〈300〉은 스파르타 레오니다스 왕이 이끄는 300명의 결사대가 100만의 페르시아 제국군과 용감하게 싸우다 전멸하는 내용이다. 나는 23개의 전투에서 연달아 승리한 이순신 장군의 이야기가 이보다 훨씬 더 극적이고 웅장한 서사구조라고 생각했다. 이것이 내가 첫 관현악곡의 주인공을 이순신으로 삼은 이유이기도 하다.

그렇다고 단순한 상징성으로 '이순신'이란 인물만을 생각해서 작품을 완성한 것은 아니다. 대한민국에서 유일하게 '성웅'이라고 불리는 단 한 명의 장군, '이순신'의 대표적인 해전을 크게 4개의 카테고리로 나누었다. 제1장 '천지개벽'은 '사천해전(泗川海戰)', 제2장 '여명'은 '한산도해전(閑山島海戰)', 제3장 '행진'은 '명량해전(明朗海戰)', 마지막 제4장 '싸움의 시작'은 '노량해전(露梁海戰)'이다. 그리고 이러한 해전(海戰)들을 영화의 한 장면으로 연상하여 표현했다.

보통 유럽 태생이 아닌 작곡가들은 자국의 전통 악기로 자신만의 독특한 음향을 만드는 경우가 많다. 예를 들면 윤이상의 제자인 일본인 작

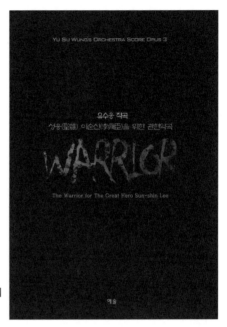

그림 1_____

성웅 이순신을 위한 관현악곡 〈Warrior〉의
작곡집 표지

곡가 호소카와 토시오(Toshio Hosokawa, 1955)는 '쇼(shō)'라고 하는 생
황과 유사한 악기를 사용하였고, 메시앙(Olivier Messiaen, 1908~1992)
의 제자인 중국인 작곡가 천지강(Qigang Chen, 1951)은 얼후(erhu)·비파
(papa),·쟁(zheng) 등의 중국 악기를 사용하였다. 이에 비하여 윤이상은
자국의 악기를 사용하지 않은 독특한 예에 속한다. 이것은 박영희나 진
은숙(Unsuk Chin) 등 다른 한국 작곡가도 마찬가지이며, 나 또한 그들의
음악적 표현방식에 영향을 받았다고 할 수 있다.

다만 내 작품은 위에서 언급한 작곡가들처럼 서양음악의 12음 기법을
사용한다거나 무조 음악으로 흐르지 않고, 화성은 조성의 방식을 따르면
서도 동양적인 색채를 느낄 수 있도록 5음 음계(pentatonic scale)를 이용

하였으며, 영화 음악의 형태(form)를 추구한다.

그러면 영화에서 음악은 어떠한 기능을 하는가. 영화에서 배우의 연기 못지않게 중요한 것이 배경이 되는 음악이다. 아무리 배우가 연기를 잘해도 음악이 그 영화의 스토리와 등장인물의 심리를 잘 묘사해주지 못하면 좋은 영화가 될 수 없다. 그렇다면 음악은 영화에서 어떠한 역할을 하며, 스토리 라인을 따라 어떻게 발전하는가. 영화에서 음악은 첫째 시간과 공간화의 기능, 둘째 심리적 묘사와 상징의 기능, 셋째 정서적 기능, 넷째 속도감의 기능을 가지고 있다.

첫째로 시간과 공간의 기능이다.

이 경우는 그 음악에 사용되는 악기 음색이 특수한 시·공간 배경을 가진 이야기를 중시하는 영화에서 큰 역할을 한다. 음색은 공간의 연상적

악보 1_____ "천지개벽"에 나오는 5음 음계(pentatonic scale)의 P4도, P5도, m3도 진행

특성을 지니고 있기 때문이다. 민속 악기를 사용하는 경우가 그러한데, 음색이 지닌 연상작용으로 영화 속 배경이 보강된다. 위에서 언급하였듯이 본 관현악 작품에서는 동양의 이미지를 특수한 악기 음색으로 표현하지 않고, 5음 음계를 사용하여 그 시대의 특성을 표현하였고, 해양 영화의 출항 장면에서 폭넓은 화음과 율동적으로 움직이는 현악기를 확대하여 사용하는 것이 그 예이다.

둘째로 심리적 묘사와 상징의 기능이다.

심리적 갈등이나 대립을 불안한 불협화음, 복조성(複調性, 두 개 혹은 그 이상의 조성이 동시에 나타나는 일), 반음계주의 반복 기법 등으로 나타낸다. 긴장감 넘치는 장면에 불안한 불협화음과 빨라지는 속도감, 긴박감을 타악기를 사용하여 표현할 수 있다. 또한 사건이 전개되기 이전에 숨겨진

악보 2_____ "싸움의 시작"에 나오는 불협화음, 복조성, 반음계적 진행의 예

의미를 상징적으로 드러내는 역할을 하기도 한다.

셋째로 음악은 정서적 기능이다.

극적인 역사적 사건의 정서적 분위기를 음악이 강화해주기도 한다. 이순신 장군이 치렀던 수많은 해전을 살펴보면 전쟁의 냉혹한 분위기, 일촉즉발로 나라의 운명이 풍전등화(風前燈火)에 이르는 상황들을 연상할 수 있다. 따라서 본 관현악 작품에서는 그러한 음악적 분위기를 작품 전체에서 느낄 수 있도록 작곡하였다.

네 번째로 사건의 전개를 빠르게 하거나 속도를 늦추는 속도감의 기능이다.

모험 영화나 전쟁 영화의 추격 장면에서는 액션에 초점을 맞추기 때문에, 음악의 속도를 증가시킴으로써 관객의 심리를 화면의 빠른 변화에 맞추는 역할을 한다.

영화 배경음악에 가장 많이 사용하는 주제의 발전 기법이 라이트모티프이다. 라이트모티프(Leitmotiv, 유도동기)란 오페라, 악극, 표제음악 등에서 어떤 인물·감정·사물 등과 결부해서 사용하는 동기(motive)이다. 그 후 같은 대상이 등장하거나 언급될 때마다 그 라이트모티프가 다시 나타난다. 그 개념이 극중에서 어떻게 변화해가느냐에 따라, 그 동기의 리듬이나 화성이 변형·발전됨으로써 작품의 내용을 암시·유도하여 악곡을 통일시키는 기능을 한다. 그리고 그것이 새로운 전후 관계에서 나타날 때마다 새로운 의미가 그 라이트모티프에 축적되어간다. 여러 라이트모티프의 반복은 많은 관현악곡에서 주제의 반복처럼 음악적 통일성을 이루는 데 효과적인 수법이기도 하다.

이러한 음악적 상징이나 의미를 내포하는 라이트모티프가 영화에서 처음으로 나타날 때는 인상에 남을 정도로 확실하고 뚜렷하게 제시해야 한다. 라이트모티프는 극의 변화에 따라 이에 상응할 만한 음악적 처리와 기법들, 즉 이조·전조·화성의 변주, 리듬적 변주, 선율의 변주, 악기 처리의 변화 등으로 통일성과 다양성을 제공한다. 이런 특성 때문에 라이트모티프 기법은 영화음악에서 가장 많이 사용한다.

이순신 장군이 사천 앞바다에서 왜군과 전투를 벌인 사천해전은 최초로 거북선을 이용한 해전으로, 본 관현악 작품 〈Warrior〉에서는 제1장 "천지개벽"이 서곡(overture) 역할을 하며, 긴장감을 느낄 때마다 나오는 텐션(tension) 화음과 관계가 있다. 또한 제4장 "싸움의 시작" 부분에 사용했던 음 진행은 오스티나토(ostinato) 음형(악보 2)과도 연관된다. 이 오스티나토 음형은 거울에 비추는 것 같은 대칭의 축을 가지고 있는데, 본 작품 마지막 부분에서 중추적인 역할을 한다. 이 오스티나토 음형은 "싸움의 시작"에서 계속 반복되는데, 처음에는 현악기 파트인 바이올린에서 시작해서 비올라와 첼로로 이어지며, 불협화음 및 텐션 화음으로 작품 마지막 부분을 장식한다. 나는 장마다 긴장감을 표현하는 방식을 서로 다르게 표현하였다.

제1장
천지개벽/사천해전

  음악적 긴장감을 만드는 한 방법으로, 해결되지 않는 7화음을 사용
하였다. 이 기법은 제1장 "천지개벽"에서 사용하였다. 두 개의 복조성의
7화음에서 도출된 두 개의 음(G와 A)이 불협화음으로 부딪히도록 사용하
였고, 이 화음은 두 개의 조성으로 서곡을 담당하는 "천지개벽" 전체에
걸쳐 계속 사용되며, 작품에서 전쟁의 긴장감을 나타낼 때도 사용된다.
"천지개벽"에서 이 음들은 해결되지 않은 두 개의 7화음으로 Am7에서
Dm7으로 진행하고 있다.

악보 3 ___ "천지개벽"에서 사용하고 있는 해결되지 않은 7화음의 예

제2장
여명 / 한산도해전

불협화음이 주는 이러한 불편한 느낌은 뒤로 갈수록 더욱 증가하고, 하행 음형과 상행 음형의 분산화음으로 반복되다가 마침내 목관 파트(플루트, 오보에, 클라리넷)와 금관 파트(혼, 트럼펫, 트롬본) 등이 포르테시모로 화음을 동시에 연주하며, 이것은 네 마디 동안 지속한다. 18마디 전까지는 이 시끄럽고 혼란스러운 7화음이 해결되지 않는다. 7화음은 또한 나중에 전쟁 모티프로 사용되는 기초가 되기도 한다.

7화음이 불협화 하는 성질은 듣는 사람이 불협화음이 협화음으로 해결되리라는 기대감을 가지게 한다. 그러한 해결에 대한 기대감이 충족되지 못하면 듣는 사람으로 하여금 불안과 긴장감을 조성할 수 있다. 또한 반복되는 7화음을 사용하는 것은 불협화음에 대한 해결을 연장하거나 해결하지 않는 것과 같은 것이므로 긴장감을 조성한다. 7화음의 정서적인 불안감은 화성적 협화음에서 순간적으로 이탈하는 방법으로써 선호하는 특별한 기법이다.

복조성이나 다조성보다는 거슬리는 정도가 덜하지만, 규범적인 온음계주의에서 이탈하는 또 다른 방법은 반음계주의이며, 음악적 긴장감을 유발하기 위해서 반음계주의를 효과적으로 사용하였다. 이 부분에서 반음계주의를 적절히 사용함으로써 한산도해전의 긴박한 상황을 음악으

로 표현하였다. 또한 긴장감을 고조시키기 위해서 텐션 화음을 사용하지

않고 조성에 속해 있는 화음은 악기의 리듬을 달리하여 표현하였다.

제3장
행진 / 명랑해전

이 부분에서는 반음계주의를 사용하지 않고 서로 다른 리듬을 사용함

으로써 쫓고 쫓기는 긴박한 상황을 음악으로 표현하였다.

내가 본 작품에서 아주 선호하는 또 다른 중요한 기법은 화성 요소에

리듬 요소를 가미하는 것이다. 이 기법을 오스티나토라고 하는데, 같은

악보 4 _____ "행진"에서 사용하는 리듬의 변화

음역과 같은 음정으로 어떤 특정 음형을 지속해서 반복한다. 이러한 경우에 사용하는 음악적 방법은 규범에서 이탈하는 방법으로 긴장감을 조성한다.

　제4장 "싸움의 시작"에서는 멜로디를 희생시키면서까지 오스티나토를 많이 사용하였다. 지나칠 정도로 사용하는 이러한 반복 기법은 듣는 사람에게 긴장감을 유발한다. 이 오스티나토 음형이 나오는 가운데 낮은 음역의 현악기를 리듬 있게 연주한다. 이렇게 반복되는 음은 페달 포인트(pedal point, 보통 최저음에 배치된 긴 지속음을 가리킨다)의 효과를 내고 있고, 하성부에서 화음이 변화하는 동안 길게 유지되는 상성부는 오랫동안 계속된다.

악보 5＿＿＿＿ "행진"에서 나타나는 오스티나토의 예

성웅 이순신을 위한 관현악곡 〈Warrior〉

227

제4장
싸움의 시작/노량해전

현악기로 시작하여 전체 오케스트라가 날카로운 비명처럼 치솟는 듯이 빠른 아르페지오 음형으로 제4장 "싸움의 시작"을 시작하는데, 반음계적 음형을 가진 치솟는 듯한 음악은 마지막 두 개의 음이 반음계적으로 상행하는 움직임으로 발전할 때까지 계속 반복된다. 연장된 반음계의 음형으로 만들어진 부분은 확고한 조성의 중심으로부터 계속 이탈하기 때문에 긴장감을 조성한다.

악보6 ____ "싸움의 시작"에 나타나는 아르페지오 음형의 예

1598년(선조 31) 11월 19일 노량 앞바다에서 이순신이 이끄는 조선 수군이 일본 수군과 벌인 마지막 해전이다. 이순신은 19일 오전 관음포(觀音浦)로 도주하는 마지막 왜군을 추격하던 중 총탄을 맞고 쓰러지면서 "싸움이 급하니 내가 죽었다는 말을 하지 마라(戰方急 愼勿言我死)."라는 세계사상 길이 빛나는 유언을 남기고 숨을 거두었다.

본 작품 〈Warrior〉는 임진왜란이라는 절체절명의 국가적 위기 속에서 절대 열세의 전력을 극복하고 수많은 해전에서 전승을 거둔 이순신 장군의 업적을 기리기 위해서 작곡하였다. 그리고 삶과 죽음의 갈림길에서 극도의 긴장감을 최대한 조성하기 위하여 위에서 언급한 여러 가지 기법을 여러 개 혹은 한꺼번에 다 사용하였다. 이 음악은 이순신 장군의 심리상태뿐만 아니라 정신적 강인함을 표현하기 위하여 오스티나토 음형을 비롯하여 불협화음, 복조성, 반음계주의를 사용했다. 서스펜스를 유발하는 이 모든 기법을 사용하고, 곡의 처음부터 끝까지 계속 크레셴도(crescendo)를 시킴으로써 효과를 더욱 강화했다.

병법 중 하나인 '배수진'은 더는 도망칠 곳이 없는 상태로 적과 맞서는 것을 말한다. 피할 수 없는 극한의 상황에서 두려움을 떨치고 맞서 싸우는 방법은 그것뿐이다. 수평선 위로 133척의 왜선들이 등장하던 순간, 13척의 배에 탄 병사들은 극도의 두려움에 떨었을 것이다. 나아갈 수도 뒤로 도망칠 수도 없어 얼어붙어 있는 병사들 앞으로 이순신 장군의 대장선만 앞으로 나아갔다. 이순신 장군 역시 인간이라 두려움에 압도되지 않을 수 없었을 것이다. 하지만 그는 이 확률 없는 싸움을 포기하지 않았고, 두려움을 떨치고 먼저 앞으로 나아갔다. 죽음이 두렵지 않다고 믿으며 그는 병사들의 용기를 북돋웠으며, 병사들을 휘감고 있는 두려움과 패배 의식을 용기로 바꾸어준 그는 진정한 리더였다.

"신에게는 아직 열두 척의 배가 남아 있사옵니다."라는 말은 지금 들어도 내 가슴을 울린다.

인생이 억울하십니까?
이순신을 만나보세요!

~

장정호

고려대학교 철학과를 졸업하고 다양한 교육 서비스 회사에서 경력을 쌓아왔다. 이후 회사를 운영하면서 충무공 이순신을 쫓아다니게 되었다. 80여 년 동안 잠들어 있던 《이순신세가》를 발굴해 번역하여 세상에 내놓기도 했다. 저자가 발굴한 《이순신세가》는 웹툰과 애니메이션 등으로 활발히 제작되고 있으며, "이순신세가 영웅의 탄생: 녹둔도 전투"라는 제목으로 한국만화영상진흥원의 '다양성 만화 제작 지원사업'에 선정된 바 있다. 현재는 ㈜듣는교과서를 설립하여 대표이사로 재직 중이다.

이순신 찾아가기

마흔 즈음이었다. 서른여섯에 사업이랍시고 시작하여 우여곡절을 겪으면서 간신히 먹고살 만한 회사가 되었다. 그러나 나의 조심증은 아직도 여전하다. 회사라는 민간 조직은 국가 조직처럼 세금으로 운영할 수 있는 게 아니기에 스스로 고객을 확보하고 수익을 창출해야 한다. 보장된 것이라고는 아무것도 없다 보니 모든 책임을 짊어진 사장으로서는 참으로 고달픈 노릇이 아닐 수 없다.

대박을 꿈꾸며 차린 회사였지만, 한 해 두 해 지나면서 그 꿈은 온데간데없이 사라졌다. 그저 하루하루 생존에 감사하며, 어떻게 하면 우리 회사 구성원들이 조금이라도 더 안정된 삶을 꾸리게 할 수 있을까가 당면한 목표가 되었다.

그때 이후, 필자는 사업하는 분들께 거꾸로 '초심을 버리라'고 얘기한다. 대박의 꿈, 부자가 되는 꿈보다 회사가 구성원들에게 얼마나 안정적인 삶의 터전을 제공해줄 것인가, 어떻게 사회에 기여할 것인가가 더 중요한 목표라고 생각하기 때문이다.

그런 사실을 깨닫자 사업가와 부자를 서서히 구별할 수 있게 되었다. 대박을 꿈꾸는 사람은 사업가가 아니라 부자가 되고 싶은 것이다. 사업가는 가치를 추구하는 사람이다. 사업가가 가치를 추구하다가 부자가 될 수도 있고 안 될 수도 있다. 그것은 순전히 '운'에 달려 있다고 생각한다.

세상 사람들, 특히 언론들은 사업하는 사람들을 이기심에 찬 나쁜 존재로 몰아갈 때가 많다. 참 힘든, 아니 힘 빠지는 일이다. 나 역시 이런저런 오해를 받은 적이 있다. 그럴 때마다 억울한 마음이 들기도 했다. 그러다가 문득 나보다 더 억울한 사람이 있는지 떠올려보았다. 세상에서 가장 억울한 사람이 누구일까?

아! 너무도 유명한 그분! 그렇다. 충무공 이순신 장군이다. 이순신 장군은 나라를 구하고도 역적으로 몰려 죽음의 문턱까지 떠밀려가야 했다. 간신히 죽음을 면했지만, 관직을 모두 삭탈당한 채 전쟁터로 끌려갔다. 칭찬은커녕 미안하다는 말 한마디 듣지 못한, 그저 나라를 위해 봉사하라는 명령만 듣고 말이다.

억울한 옥살이 동안 모진 문초와 고문을 당했다. 감옥에서 나와 백의종군을 떠난 지 십여 일 후에 어머니마저 돌아가셨다. 팔순 노모가 아들 이순신을 보기 위해 남해안에서 아산으로 올라오다가 배에서 객사한 것이다. 그때 비보를 접한 아들의 심정이 어떠했겠는가? 엎친 데 덮친 격으로, 그해 가을 13척의 배로 명량해전에서 승리함으로써 백척간두의 위기에 놓인 나라를 구하나, 그 직후 금쪽같은 아들 면이 왜놈들에게 살해되고 만다.

안으로는 군주가 자신을 죽이려 하고, 밖으로는 왜적이 자신의 가족을 죽이는 기막힌 상황! 이순신 장군은 이 억울함을 대체 어떻게 견뎌냈을까?

정유년 10월 16일 일기에 그는 이렇게 적고 있다.

> … (중략) 내일이 막내아들의 죽음을 들은 지 나흘째가 되는 날인데도 마음 놓고 울어보지도 못했다. 염한(소금 굽는 사람) 강막지의 집으로 갔다 … (후략)

전쟁 중이다 보니 부하 장수들 앞에서 마음대로 울 수도 없었다. 그래서 소금 장수 강막지라는 사람의 집에 들어가서 아무도 몰래 통곡해야 했다.

이순신을 공부할수록, 이순신에 대해 알면 알수록 나의 억울함은 아무것도 아니라는 걸 깨닫게 된다. 지금 이 글을 읽고 있는 당신은 어떠한가? 당신은 억울한 적이 없었는가?

그렇게 시작된 '이순신 찾아가기'는 대략 3년 정도 이어졌다.

이순신 찾아가기를 통해 나는 세상에 대한 억울함을 누그러뜨렸음은 물론, 진심으로 나 자신을 반성하고 성찰하게 되었다. 다른 사람을 함부로 재단하지 않으려는 습관도 생겼다. 누군가를 억울하게 만드는 것은 개인적으로나 사회적으로나 있어서는 안 될 일이며, 불행했던 역사를 반복하는 셈이기 때문에 나 역시 혹여나 경솔해지지 않을까 조심하게 되었다.

이순신을 찾아 떠나는 여행은 그 외에도 두 가지 선물을 더 주었다.

우선, 이순신은 상승(常勝) 장군이다. 말 그대로 "싸울 때마다 항상 이기는 장수"였다. 23전 23승이라는 전승의 기록은 사실 전쟁사에서 그 유래를 찾기 힘든 기록이다. 더군다나 그 전승의 이유, 싸우면 항상 이겼던 이유는 결코 '운'이 아니었다.

그 이유, 즉 이순신 장군이 싸울 때마다 이겼던 요인이 궁금해 연구를 시작했고, 그 연구를 통해 장군의 전략과 노력이 지금 이 시대의 각 분야에도 매우 필요하다는 사실을 알게 되었다. 내 사업이나 일에도 많은 참조와 도움이 되었음은 물론이다.

둘째, 이순신의 정신과 발자취를 우리나라 전역에서 찾을 수 있다는 점이다. 특히 이순신의 주요 해전이 일어난 곳, 병영이 있던 곳들은 우리나라 남해안의 거의 전부를 덮을 만큼 광범위하다. 이순신 장군의 발자취를 따라가는 여행은 아름다운 우리나라 남해안을 돌아보는 것이며, 이를 통해 마음과 눈이 평화와 안식을 찾는 행복한 여정이기도 하다.

이 글을 보는 당신에게도 이순신 여행을 권한다. 아름다운 남해를 여행하면서 비록 내 인생이 억울하다는 생각이 들지라도, 다른 이들을 억울하게 만들지 않겠다는 마음을 한 번 더 품을 수 있다면, 그것만으로도 이미 의미 있는 여행이 되지 않을까?

한산도 여행-
내가 만약 도자기공이었다면

고려청자나 조선백자는 대표적인 우리의 문화유산으로, 그 아름다움은 가히 세계 으뜸이라 할 만하다. 고대 그리스에서 출토되는 많은 도기도 그리스의 자랑스러운 문화유산이지만, 우리나라의 도자기들과는 문양이나 그림에서 큰 차이를 보인다.

우리 도자기의 문양은 멋진 시구, 도덕적인 경구나 문장 혹은 새와 꽃 등이 주류를 이룬다. 이에 비해 그리스 도기에는 대체로 호머의 《일리아드》와 《오디세이》처럼 유명한 이야기의 한 장면이 담겨 있는 경우가 많다. 그리스 도기에는 스토리가 담겨 있는 것이다. 이는 동양과 서양의 역사적인 차이에서 비롯되는 것이 아닐까 싶다.

내가 만약 한산도에서 활동하는 도공이었다면, 나는 도자기에 가장 먼저 학익진을 입혔을 것 같다. 학익진은 학이 날개를 펼쳐서 상대를 감싸 안은 듯한 진의 모양을 말한다. 이순신이 한산도에서 최초로, 그리고 대규모로 왜군 함선들을 격파한 전술이 바로 학익진이었다.

학익진은 포위·섬멸전의 대표적 진법이다. 전투에 있어 포위·섬멸전의 중요성은 거의 절대적이다. 왜 그럴까?

전쟁사를 보면 수많은 전투가 있지만, 역사적으로나 전쟁사적으로 중요한 전투는 전체 전쟁의 양상과 전개에 큰 영향을 끼친다. 대개의 경우

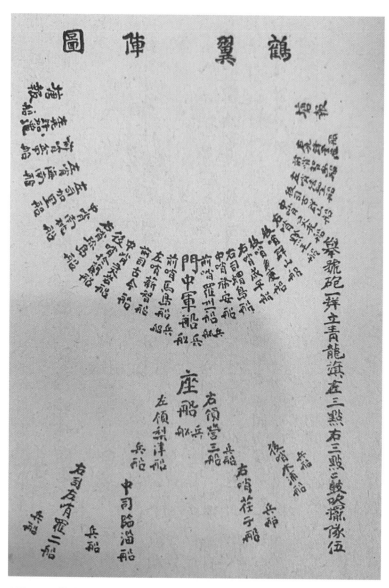

그림 1_____ 학익진도

전투에서 패한 측이 결정적인 전력 손실을 입게 마련이다.

a 나라의 병력 1,000명과 b 나라의 병력 1,000명이 전투를 하다가 한쪽이 졌다고 치자. 하지만 패한 쪽이 재빨리 후퇴해서 900명의 전투력을 보전할 수 있다면, 비록 당장은 졌지만 언제든 다시 전투를 벌일 만한 전력을 보유하고 있는 셈이다. 그러나 만약 한쪽의 피해가 700명 이상의 규모로 전력 자체에 큰 손실이 발생했다면 어떨까? 그 한 번의 전투로 전쟁의 승패가 판가름이 나고 만다.

포위·섬멸전은 상대의 전력에 큰 피해를 안기는 대표적인 전술이다. 그런데 이 전법을 바다에서 성공적으로 구사한 경우는 많지 않다. 그래서 학익진으로 포위·섬멸전을 펼친 한산도대첩이 세계의 해군사관학교에서 배울 만하다고 평가받는 것이다.

1592년 봄에 부산진에 상륙한 이후, 불과 20일 만에 한양을 점령할 정도로 승승장구하던 왜군이 바다에서는 연전연패했다. 왜군은 바다에서 패배한 이유를 무엇 때문이라고 생각했을까? 그들은 비교적 소규모로 분산되어 움직이던 전선들이 조선 수군의 습격을 받았기 때문에 패배했다고 분석했다.

그래서 왜는 조선 수군에게 제대로 본때를 보여주자고 다짐한다. 수군도 충분히 육군처럼 조선을 제압할 수 있는데, 단지 규모가 작아서 졌다고 생각한 것이다. 그래서 왜는 자신들의 수군을 거제도 근처 견내량 앞바다에 모은다.

그로 인해 임진왜란 발발 이후 최초의 대규모 해전이 벌어진다. 그것이 바로 한산도대첩이다. 이 전투에서 이순신은 학익진이라는 포위·섬멸전을 통해 일본 수군에게 심각한 타격을 입힌다. 이후 일본은 조선 수군과의 전투를 철저하게 피하기 시작한다. 규모의 문제가 아니라 해전은 이길 수 없다고 판단한 것이다.

모두가 아는 내용이지만 한산도대첩의 간략한 전개 상황은 이렇다.

이순신은 일본 전선들이 칠천량에 모인다는 정보를 입수한다. 첩보선 등을 통해 확인하니, 과연 일본의 전선 약 70여 척이 칠천량 근처에 집결해 있었다. 이를 파악한 이순신은 육지와 가까우면 왜군이 언제든 뭍으로 올라가 도망갈 수 있으니, 이들을 바다 한가운데로 유인해 격파하기로 작전을 세운다.

이순신 장군은 우선 판옥선 7, 8척을 보낸다. 일본 수군이 이를 보고 본때를 보여주려고 모두 쫓아 나오자, 우리 판옥선들은 방향을 돌려 한산도 쪽으로 도망을 친다. 도망을 치는 것처럼 보였지만 실은 유인하는 것이었다. 이를 모르는 왜의 수군들은 허겁지겁 조선 선봉대를 쫓아 어느새 한산도가 보이는 바다까지 나오게 된다.

그런데 웬걸? 도망가던 조선 배들이 갑자기 방향을 돌리는 것이 아닌가. 마치 도망가던 사람이 돌아서서 공격 자세를 취하는 것과 같다. 하지만 일본 수군은 수적으로 우세하니 겁먹을 것 없다고 생각했다. 그러던 어느 순간, 어디선가 나타난 조선 배들이 주위를 둘러싸기 시작했다. 갑자기 이상하게 생긴 배가 와서 왜선들을 들이받았다. 그 배에 들이받힌 배들은 쩍 소리를 내면서 깨져나갔다. 거북선이었다.

왜의 수군은 혼란에 빠지고 배들은 깨지고 일대 혼란이 일어났다. 거의 동시에 사방에서 포탄이 날아들었다. 화살도 비 오듯 쏟아졌다. 마치 천둥 번개가 치는 듯이 요란했고, 왜군의 정신은 이미 저 멀리 달아나버렸다.

70여 척의 일본 전선 중 10여 척을 제외하고는 모두 바다에 가라앉고 말았다. 이 모든 것이 이순신의 각본대로였다. 학익진으로 왜군을 공격하는 장면이 바로 이 전투의 대표적인 장면이다.

한산도에 남아 있는 이순신의 흔적들

도자기에 그려 넣고 싶은 두 번째 소재는 한산도의 건물들이다. 이순신 장군은 임진왜란 다음 해인 1593년 7월부터 1597년 정유년 2월에 의금부에 끌려갈 때까지, 이곳에 삼도수군통제영을 설치하여 머물렀다. 《난중일기》에도 한산도에서의 기록이 가장 많다.

임진왜란을 계기로 경상도, 전라도, 충청도의 삼도 수군을 단일한 지휘계통 아래에 두자는 주장이 나와 삼도수군통제영이 설치되고, 이 통제영을 관장할 삼도수군통제사라는 직제가 설치되었다. 제1대 삼도수군통제사로 임명된 이가 바로 이순신이었다.

이순신은 최초의 삼도수군통제영을 한산도에 설치하였다. 이 한산도 통제영은 1593년에 지어졌고 정유재란 초기인 1597년 4월 칠천량해전에서 원균이 이끄는 조선 수군이 궤멸할 때, 그 휘하 장수 중 하나인 배설이 후퇴하면서 불태워졌다. 왜군이 통제영을 활용하는 것을 막기 위한 조치였다.

임진왜란이 끝난 후, 조선은 삼도수군통제영을 경상남도 통영에 새로 설치하였다. 지금 한산도에 있는 건물들은 1970년대 중반 다시 세웠다.

한산도 통제영의 대표적인 건물로는 우선 '제승당'을 꼽을 수 있겠다. 원래 이름은 운주당이라 하였는데 "작전을 짠다, 계책을 세운다"라는 뜻이다. 말 그대로 작전 회의를 하던 공간이었다. 이를 후임 통제사 중 한 명이 제승당으로 바꾼 뒤 비석을 세워서 그 터를 기념하였다. 앞에서 말한 대로 1970년대 중반에 새로 지은 이 제승당은 한산도 통제영 시절에 조선 수군의 전략을 탄생시킨 산실이다.

그림 2 _____ 한산도 동제영의 제승당

둘째로 '수루'를 들 수 있다. 수루에 오르면 한산도 앞바다가 한눈에 내려다보인다.

한산섬 달 밝은 밤에 수루에 혼자 앉아 큰 칼 옆에 차고 깊은 시름 하는
차에 어디서 한 줄기 피리 소리는 남의 애를 끊나니

너무도 유명한 이순신 장군의 〈한산도가〉의 배경이 된 곳이다. 실제 《난중일기》의 기록을 보면 이 시와 비슷한 구절을 곳곳에서 찾을 수 있다. 〈한산도가〉와 거의 비슷한 정서를 표현한 기록은 1595년 을미일기에서, 그중에서도 7월과 8월 사이에 집중적으로 나타난다.

맑음. … (전략) 밤 열 시쯤에 바다 위의 달빛이 수루에 가득 차니 생각이 번거로워서 수루 위를 서성거렸다.　　　　　－을미일기 7월 9일

맑음. 몸이 몹시 불편하다. 저녁나절에 우수사와 만나 서로 이야기했다. 양식이 떨어졌는데 아무런 계책이 없다고 했다. 매우 답답하고 괴롭다. 조방장 박종남이 왔다. 두어 잔을 마셨는데 제법 취했다. 밤이 깊어 수루 위에 누웠더니 초승달 달빛이 수루에 가득하여 마음을 억누르기 힘들다.　　　　　－을미일기 7월 10일

새벽에 망궐례를 했다. … (중략) 오늘밤도 달빛이 수루에 가득하니, 잠을 이루지 못하고 밤새 피리 소리에 시를 읊었다.　　　－을미일기 8월 15일

그림 3 _____ 한산도 통제영의 수루

외롭게 달빛 가득한 수루에 앉아 나라 걱정, 백성 걱정에 잠 못 이루는 이순신 장군의 모습을 조선의 깨끗한 백자에 그려 넣고 싶은 마음이다.

세 번째 주요 시설로는 활터가 꼽힌다. 《난중일기》 기록을 보면 이순신 장군이 가장 많이 했던 일이 활쏘기였음을 알 수 있다. 물론 군무도 많이 보았고 수루에 올라 나라와 백성 걱정으로 전전긍긍하기도 했다. 하지만 그중에서도 부하 장수들과 훈련 삼아, 놀이 삼아, 혹은 고뇌를 잊기 위해 제일 많이 한 활동이 바로 활쏘기였다.

달빛 가득한 수루의 풍경을 엿볼 수 있는 구절은 1595년 7월과 8월 사이에 집중적으로 보이지만, 활쏘기에 대한 글은 임진왜란 7년 내내 기록한 《난중일기》의 처음부터 끝까지 줄기차게 나온다. 이순신에게 활쏘기는 삶 그 자체였을지도 모른다.

이순신은 명궁이었다. 그는 문신 집안이었던 덕수 이씨 가문 최초로

244

그림 4_____ 한산도 통제영의 활터인 한산정

무과 급제를 통해 등용된 무신이었다. 그가 무과로 출사한 데는 장인인 보성 군수 방진의 영향이 컸다고 짐작된다. 이순신은 당시 명궁으로 유명했던 방진의 딸과 혼인할 때쯤 본격적으로 무과시험을 준비했다고 알려져 있다.

한산도대첩의 학익진 그림, 한산도 제승당에서 작전 회의 하는 그림, 활터에서 부하 장수들과 활쏘기를 하는 그림, 수루에 올라 멀리 들려오는 피리 소리와 파도 소리를 들으며 나라 걱정, 어머니 걱정, 백성 걱정에 고뇌하는 장군의 모습…. 이렇듯, 한산도와 관련해 적어도 네 개의 그림을 도자기에 그려 넣을 수 있지 않을까?

통영에서 세병하다

임진왜란이 끝났지만 삼도수군통제사 직제는 그대로 유지되었다. 그 대신 불타버린 한산도가 아니라 충무에 통제영을 새로 설치하였다. 이 통제영은 조선이 망하는 구한말까지 존재했는데, 통제영이 들어선 곳이라 하여 지명이 '통영'이 되었고, 훗날 충무시가 통영과 합쳐져 지금의 '통영시'가 되었다.

통영시에 가면 다음의 두 곳만큼은 꼭 둘러보길 추천한다.

그중 한 곳이 충렬사이다. 전국적으로 이순신 장군을 기리는 사당이 많지만, 군주가 지정한 충무공 사당은 몇 곳 안 된다. 통영시에 있는 충렬사는 임진왜란이 끝난 지 8년 후인 1606년(선조 39), 7대 삼도수군통제사 이운룡이 왕명을 받들어 창건하였다. 현종 4년인 1663년에는 남해 충렬사와 함께 사액 사당이 되었는데, 사액 사당이란 임금이 현판을 하사한 사당이란 뜻이다.

통영 충렬사 근처 옛 통제영 자리에 삼도수군통제영의 주요 건물들을 정성껏 복원해 조선시대 당시의 통제영 모습을 쉽게 살펴볼 수 있도록 해놓았다.

삼도수군통제영의 대표 건물로 꼽을 수 있는 곳이 세병관인데, 웅장하면서도 단순한 건축 양식이 주는 아름다움을 간직한 대표적인 지방관아 건물이다. '세병'이란 씻을 세(洗)에 병기 병(兵)자로, 곧 "병기를 씻는 곳"이란 뜻을 내포하고 있다.

왜냐하면 병기를 씻는다는 것은 전쟁이 끝나고 평화의 시기가 왔음을 의미한다. 겨울이 끝나고 봄이 오면 겨우내 입었던 옷을 잘 빨아서 옷장에 보관하듯이, 종전 후 무기를 창고에 잘 보관하기 위해 깨끗하게 씻는 것, 그것이 '세병'의 의미이다.

중국 당나라 때 두보(杜甫)라는 시인이 있다. 안녹산의 난으로 나라가 어지럽고 전란에 휩싸이자, 피폐해져 가는 백성들과 자신의 삶을 안타까워하며 많은 시를 지었다. 중국의 시성(詩聖)으로 불리는 너무도 유명한 두보의 시 중에 〈세병마행〉이 있다.

그 시가 바로 "(전쟁을 끝내고) 병기를 씻어 오래오래 쓰지 않아도 될

그림 5_____ **병기를 씻는 세병관**

때"를 노래한 작품이다. 그 〈세병마행〉에서 '세병'이라는 글자를 따와 건물의 이름으로 삼았다. 평화의 시대를 기뻐하고 오래 지속하기를 바라는 마음이 세병관에 깃들어 있는 셈이다.

전쟁에 대비하고 무력을 기르는 참뜻은 '평화'에 있음이다. 전쟁을 끝내기 위해, 전쟁을 시작하지 않기 위해, 평화를 유지하기 위해 '힘'을 기르고 유지해야 함을, 세병관은 오늘도 묵묵히 웅변하고 있다.

충무공 이순신 정신과
우리 시대의 '거북선'

황기철

한남대학교 대학원 박사과정을 수료했고, 파리 제1대학교 대학원 역사학 석사, 고려대학교 문학 학사, 해군사관학교 학사를 마쳤다. 해군참모총장, 해군사관학교장, 해군 작전사령관을 역임했으며, 현재는 세종대학교 석좌교수로 있다.

환란 속에 손을 잡아준
호국의 스승

《손자병법》에서는 "승리하는 군대는 먼저 이겨놓고 싸운다."라고 했다. 또 "자기를 알고 상대를 알면 일 백 번 싸워도 절대 지지 않는다."라고도 했다. 나는 이 명언을 가장 잘 실천한 사람이 이순신 제독이라고 감히 말하고 싶다.

임진왜란 당시 이순신 제독이 이끌던 함대가 23전 23연승을 할 수 있었던 요인은 무엇이었을까? 필자는 충무공의 나라 사랑 정신과 애민사상을 동력으로, 여기에 더해 공께서 자기 자신을 잘 알고 먼저 자기를 이겼기에 가능한 승전이었다고 확신한다.

내가 태어난 곳은 이순신 제독이 해전에서 최초로 승리했던 옥포만의 작은 바닷가 마을이며, 평생을 그 바다와 함께 살았고 지금도 해군의 요람 진해에서 진해바다와 옥포만을 바라보며 살고 있다.

그리고 내 인생의 절반이 넘는 40여년을 해군에 몸담아 군인으로서 조국의 바다를 지키며 국민의 안위와 국가에 헌신하게 되었음을 일생의 긍지와 보람으로 여겨왔다. 나와 해군 가족, 그리고 진해 사람들과 대한민국 국민에게 끝없는 존경과 도전의 물음표를 새긴 이충무공의 족적을 되새김하고 후대에 계승하는 일이 얼마나 소중한지를 늘 피부로 느껴왔다.

때때로 고난과 환란 속에서도 해군과 함께 오직 한 길로 매진할 수 있었던 배후에는 충무공 이순신 제독이 있었다. 그분의 숭고한 애국애민 정신이 나를 지배하고 견인했다. 해군 생활 중 순간순간 위기가 닥치고 어려움이 있을 때마다 공의 한결같음이 나를 독려했다.

지금까지 내 인생에서 가장 힘들었던 일은 세월호 사건으로 통영함 방산 비리에 연루되어 강제 전역을 당하고 구치소에 수감되었을 때였다. 그런 황당하고 억울한 상황 속에서도 나는 이순신 제독을 마음속에 그리며 수감생활을 견뎌냈다.

충무공께서도 한때 모함에 빠져 옥에 갇힌 후 백의종군하며 그 고난을 극복한 사실들이 현실의 벽에 갇힌 나를 일으키고, 공의 끝없는 자기희생과 애국애민 사상이 나를 더욱 성숙하게 하는 자양분으로 작용했다.

그러기에 공은 환란 속에서 나의 손을 잡아준 호국의 스승이자, 국난의 위기를 호기로 바꾸는 지혜와 용기, 희망의 등대였음이 분명하다.

이순신 제독과
나의 학창 시절

앞서 얘기했듯 나의 고향은 진해다. 이곳에서 학교에 다녔고 이후 사관생도 생활을 포함한 대부분을 옥포만이 자리한 진해에서 근무하였기에 그 옥포만을 호령했던 이순신 제독에 대한 친숙감은 남달랐다.

어린 시절 해안가에서 놀 때 동네 형들이 갯바위의 움푹하게 파인 곳이 이순신 장군의 발자국이라며 공을 신출귀몰한 영웅인 양 묘사했던 기억이 새롭다. 중·고등학교 시절에는 진해 북원로터리에 우뚝 선 이순신 제독 동상의 늠름하고 자랑스러운 모습에 가슴 뿌듯했다.

이충무공 동상은 임진왜란 360주년을 맞은 1952년도에 국내 최초로 시민들의 성금으로 건립되었으며, 당시 제막식에 이승만 대통령이 참석했을 정도로 전국적인 이슈가 되었다.

큰 칼을 옆에 차고 부릅뜬 두 눈으로 남해를 호령하는 모습은 대한의 기상과 늠름한 군인의 표상이었다. 당연하게 진해의 동상이 전국의 충무공 동상과 영정의 표준이 되었다.

매년 4월, 벚꽃이 피기 시작하면 진해에는 군항제가 열리고 전국의 상춘객들이 몰려들면서 다양한 행사가 펼쳐진다. 이 중 단연 으뜸가는 행사가 충무공 정신을 계승하는 추모제인데, 이를 통해 그분이 물려준 구국 혼과 사랑의 정신을 되새기며 공의 후예들인 해군과 함께 진해에서 살고 있음을 자랑스럽게 생각해왔다.

사실 나는 유년과 소년 시절에 왜 진해 사람들이 이렇게 충무공 이순신을 추모하고 존경하는지에 대해 해소되지 않는 궁금증을 가지고 있었다. 그 의문의 실타래는 해군사관학교에 입학하면서 풀리기 시작했다. 생도 시절 이곳 옥포만에서 눈 뜨고 잠자리에 드는 순간까지 늘 부르던 군가 가사에는 충무공 이순신과 거북선, 그리고 군항의 북소리와 용맹스러운 전투가 고스란히 담겨 있었다.

그 뿐만 아니라 '충무공 이순신'이란 수업을 통해 이순신 제독의 어린 시절부터 모든 해전에 이르기까지 체계적인 학습을 통해 보다 사실적으로 제독에 대한 존경심을 체득했으며, 해군의 간성(干城)이 된 것에 감사했다.

사관학교 졸업 후, 훗날 내가 해군사관학교 교장으로 부임해 '충무공 이순신'이라는 과목이 없음을 확인하고 그 이유를 물었더니, "역사 과목이 없어져서 '충무공 이순신'도 함께 폐강되었다."라는 대답을 들었다.

당시 나는 사관생도들이 해군의 역사와 우리 해군의 정신적 지주이자 롤모델인 이순신 제독을 배울 수 없다는 것이 참으로 안타까워 '충무공 이순신' 과목을 당장 포함할 수 없냐고 물었다. 그랬더니 당장 반영한다고 해도 검토 기간을 거쳐 2년이 지나야 가능하다고 해 그렇게라도 해보자고 제안했다. 검토 기간을 두는 제도는 사관학교로 부임해오는 교장의 판단에 따라 교과목이 바뀌는 것을 방지하기 위해 만들었다고 하니 그 취지를 이해하면서도 아쉬움을 금할 수 없었다.

국민들이 자기 나라의 역사와 문화를 안다는 것은 자신은 물론 사회의 정체성을 찾고 그 나라의 국민으로서 자부심을 가질 수 있게 하는 것이기에 그 무엇보다 중요한 일이다. 우리 해군의 정신적 지주인 충무공 이순신을 사관생도들이 배울 수 없는 현실에서 충무공 정신을 강조하고 충무공 가사가 들어간 군가를 부른다고 하여 대한민국 해군의 정체성과 자부심을 얼마나 느낄 수 있을까 하는 통찰이 요구된다.

세계사 속에서도 빛나는 이순신 제독

1990년 초 필자는 프랑스 해군대학으로 유학을 떠났다. 유학을 하기로 결심했을 때 나는 두 가지를 꼭 해야겠다고 다짐했다.

하나는 선진국 해군의 군사 지식과 문화를 배워 우리 해군의 실정에 맞게 접목하는 것이었고, 또 다른 하나는 우리나라와 대한민국 해군의 자랑인 이순신 제독과 거북선을 프랑스에 널리 알리는 일이었다.

그 때문에 나는 유학길에 오르며 우리 역사와 문화에 대한 소개 책자와 《난중일기》 등 이순신 제독과 관련된 여러 서적을 준비해갔다. 그러나 막상 현지에서는 불어로 의사소통을 하는 것 자체가 여간 어렵지 않았다. 사실 고등학교와 해군사관학교에서 불어를 배웠고, 일반대학에서 불어를 전공했음에도 나의 불어 실력은 턱없이 부족했다. 별도의 어학교육 과정을 거쳐 일정 수준에는 도달했지만, 우리 문화와 이순신 제독을 불어로 소개하기에는 역부족이었다.

그러던 어느 날 구토 베가리(Couteau Begari) 교수가 자신이 담당한 전략 수업 시간에 "한국은 과거 삼국으로 나뉘어 경쟁하는 등 부침의 역사가 있어 한반도 통일이 그리 쉽지 않을 것이다."라고 말하는가 하면, "16세기 말 일본이 한국(조선)을 침공했을 때 이순신 제독이 해전에서 연전연승함으로써 일본의 침략을 막아낼 수 있었다."라는 사실도 언급했다.

순간 나는 심장이 고동치며 북받쳐 오르는 흥분을 억누를 수가 없었다. 일부분이긴 했지만, 프랑스 교수가 우리나라의 역사에 관심을 갖고, 이순신 제독에 관해서도 알고 있다는 사실 때문이었다.

당시는 동·서독의 통일이 막 이루어진 시점이라 세계인의 관심은 유일한 분단국가인 한국의 통일문제에 쏠려 있었다. 이때 구토 베가리 교수는 한국은 통일에 상당한 어려움을 겪으리라는 것과 일본이 조선을 침략하게 된 근본적인 이유는 서구와의 교역을 통해 선진문화와 부를 축적한 일본이 이웃한 조선·중국과 자유로운 무역을 원했지만 조선이 문호를 개방하지 않아서였다고 했다.

당시 이같이 왜곡된 한국 역사 강의를 프랑스 장교를 비롯한 20여 나라의 외국 장교가 듣고 있다는 사실에 문제의 심각성을 느껴 결단코 이를 바로 잡아야겠다고 스스로 다짐했다. 바로 다음날 나는 사전 준비를 철저히 한 다음 정확하게 반론했다. 한국은 고려시대와 조선시대의 일천 년 동안 통일된 왕조를 이어온 저력 있는 민족으로, 삼국시대와 무관하게 머지않아 통일을 이룩할 수 있다는 점을 조목조목 설명했다. 덧붙여 일본의 조선 침략은 토요토미 히데요시의 정치적 야욕 때문에 빚어진 일임을 차분히 설명했다.

이 같은 주장에 대해 구토 베가리 교수는 수업 후 별도 자리에서 만나 "프랑스는 데카르트가 태어난 논리적인 나라다. 그러므로 학생의 주장이 받아들여지려면 무엇보다 학문적으로 인정을 받아야 한다. 그런 생각이나 의도가 있으면 논문으로 역사지에 게재하는 것이 좋겠다."는 의견을 내놓았다. 이는 처음 유학 당시, 이순신 제독만을 간단히 소개하려 했던 생각이 발전해 대학원에서 역사학을 전공하는 계기가 되었다. 나는 대학원 연구논문을 통해 이순신 제독의 거북선은 세계 최초의 철갑선이라는 것과 일본의 한국 침략 배경을 입증해야겠다는 의욕으로 스스로 고난을 자초했다.

구토 베가리 교수의 추천으로 파리 제1대학교(소르본)의 기 페드론시니(Guy pedroncini) 교수를 소개받았다. 기 교수는 역사학, 특히 전쟁사 분야에서는 아주 유명한 교수로서 앵발리드(Hôtel des Invalides, 파리 군사박물관)에서도 큰 활약을 하고 있었다.

해군대학 수업과 함께 일반대학원에서 수업과 논문 지도를 받는 과정은 참으로 힘들었다. 정해진 기한 내에 모든 과정을 마쳐야 한다는 압박감은 나를 더욱 초조하게 만들었다. 게다가 완숙하지 못한 나의 불어 실력은 논문을 쓰기에 적잖은 장애가 되었다.

이를 극복하고자 논문을 쓰는 과정에서 프랑스 동료 장교들에게 문장 작성에 대한 조언을 구했고, 소르본대학 도서관과 퐁피두센터 도서관 등에서 자료 수집에 몰입했다.

자료를 찾으면서 놀랐던 것은 프랑스 도서관이 보유한 장서 중에 과거 유럽 선교사들이 기록한 16세기의 아시아와 한국(조선)에 관한 책들을 볼 수 있다는 점과 일본이 자기 나라의 문화와 역사를 불어로 번역해 프랑스 사람들이 알아보기 쉽게 편집해놓았다는 점이다.

일본은 그들이 펴낸 역사서 가운데 한일관계사의 많은 부분을 왜곡했으며 이를 바탕으로 일본을 연구하는 사람들은 일본인들의 주장을 그대로 원용하는 우(愚)를 범하고 있어 그 충격과 당혹스러움은 이루 말할 수 없었다.

현실이 이렇다 보니 우수한 우리나라 역사와 문화를 세계에 알리는 것이 후손으로서 마땅히 해야 할 사명이며, 그것이 곧 세계화를 이루는 첫걸음이고 국력 신장이라는 확신으로 논문을 쓰기 시작했다.

그렇게 일 년 반에 걸쳐 대학원 수업과 논문을 끝마쳤다. 내 논문은 당시 프랑스 주재 한국대사관 문화원, 파리 소재 민간대학과 해군대학을 비롯한 여러 연구기관, 그리고 당시 유학 중이던 세계 여러 나라 사람에게 전달되었다. 프랑스 해군대학 학장을 포함한 여러 사람이 연구 논문을 읽은 후 "한국에 이순신 제독 같은 훌륭한 분이 있었음을 알게 되었고 그분의 리더십에 큰 감동을 하였다."라는 반응을 보였다.

구토 베가리 교수는 이 논문으로 책을 만들자는 제의까지 했었고, 소르본대학 기 페드론시니 교수는 《해군과 대양(Marins et Oceans)》이라는 해양 역사지에 필자의 논문을 실어주기도 했다. 논문에는 '학익진' 등 충무공 이순신 제독의 전략과 전술, 그 시대의 함선과 무기체계까지 서술해놓았다. 특히 거북선은 철갑선으로써 프랑스 최초의 철갑선인 '라 글로와(La gloire)'보다 261년이나 먼저 건조되었다는 사실을 기록해놓았다.

이러한 논문 내용이 각 대학과 프랑스군 및 역사학회에도 알려져 우리 역사와 군사 문화의 우수성을 프랑스 전문가들에게 널리 알릴 수 있었다. 또한 이 사실이 우리나라 해군에도 보고되어 귀국한 후 참모총장 표창까지 받을 수 있었다.

1992년 유학을 마치고 돌아올 당시 프랑스 주재 국방무관인 김윤암 장군이 공항까지 배웅해주면서 "황 중령은 짧은 기간에 참 많은 것을 이루고 간다."며 칭찬을 해주었다. 후일담이지만 사실 나는 그 보람의 무게만큼이나 프랑스에서의 생활이 너무 힘들어 그쪽으로 뒤도 돌아보고 싶지도 않을 정도였다.

프랑스에서 나는 해군으로서 불어로 된 최초의 논문을 통해 이순신 제독을 세계에 알린 것은 무엇보다 가장 값진 일이라 생각하여 큰 자부심을 느낀다. 이 논문을 2015년 충무공 탄신 400주년을 기념하며 출판할 계획이었으나 전역 후 힘든 시련의 시간이 찾아와서 무산된 것이 지금도 안타깝다.

충무공 전승의 리더십 정신

군 생활, 특히 바다를 무대로 하는 해군 생활은 그 어떤 직업보다 고되고 힘들다. 또한 해군은 해군만이 가진 함정과 무기체계로 인해 특수성과 고도의 전문성이 요구되는 직업이다. 또한 바다의 거친 풍랑과 바로 앞도 보이지 않는 해무와 싸우며 수개월을 함상에서 지내야 하는 등 큰 인내심이 없이는 결코 영위하기 어려운 게 해군 생활이기도 하다.

배를 타본 사람들은 바다가 얼마나 쉽지 않은 무대인지, 배에서의 생활이 얼마나 고독하고 인내를 해야 하는지 알 것이다. 배를 타고 바다로 나가면 끝없는 수평선과 넓은 하늘이 펼쳐져 자유로워 보이지만 비좁은 선실 내부와 좁은 갑판은 개인의 활동 공간을 제한할 뿐만 아니라, 거센 풍랑과 파도를 만날 때면 롤링과 피칭을 만들어 신체를 꼼짝달싹 못하게 묶어놓기도 한다. 더욱이 일단 출항하면 육지로 돌아가고 싶어도 마음대로 갈 수 없기 때문에 심리적 압박감은 말로 표현하기 어렵다.

따라서 생활 공간이면서 작전 전투 공간이기도 한 함상은 여러 도전적 환경 속에서 임무를 수행해야 하는 자신과 부단한 싸움이자 협상의 연속이라 할 수 있다.

고도로 발전한 우수한 과학기술 장비와 톤수의 증가로 생활 여건이 나아진 현대 해군이 이럴진대, 임진왜란 당시 충무공께서 이끌던 수군들의 고난은 상상하기조차 어렵다. 항해 장비가 거의 없는 가운데 물길을 파악하여 조함(操艦)하는 것도 힘들겠지만, 왜군과 마주치면 전투까지 해야 하니 지옥이 따로 없었으리라. 특히 이순신 제독은 지휘관으로서 왜군의 군사력에 대응할 수 있는 무기를 만들고, 전술을 개발하며, 작전을 짜고 이를 운용하기 위한 훈련을 체계적으로 해야 했으니, 그 어려움이 오죽했을까? 정말 고독하고 고단한 자신과의 싸움이었을 터이다. 더욱이 조정으로부터 아무런 지원도 없는 가운데 가난한 백성 중에서 수군을 선발하고 군수지원을 하는 일의 어려움이야 오죽했겠는가.

조선시대에는 가장 천한 백성이 배를 타는 수부나 봉화를 지키는 일을 했다고 하니 당시의 어려웠던 시대적 분위기를 알고도 남음이 있다. 이에 더해 조정의 지나친 간섭, 해전에 대한 전문성이 부족한 육군 상관의 무리한 요구, 그리고 명나라 진린 제독과의 조·명 연합작전을 하면서 쉽지 않았을 상호 간 협조 문제 등은 평소 남다른 인격을 갖춘 이순신 제독이라도 극복하기가 녹록지 않았을 것이다.

해군을 운영해본 필자의 경험으로 보면, 아무리 무기체계가 우수하고 많은 정보와 잘 훈련된 부하가 있다고 하더라도 지휘관의 훌륭한 능력과 리더십이 없으면 조직을 관리하기도, 전투에서 싸워 이기기도 어렵다.

그런데 임진왜란 당시 조선은 임금에 대한 충성 경쟁, 장수들 간의 알력, 부대 간의 전공 챙기기 등을 극복하는 데 더 많은 어려움이 있었을 것으로 보인다. 더욱이 이순신 제독은 선조에게 미움을 사 투옥되는 상황을 겪으며 '이게 내 나라냐'라는 생각도 들었을 것이다. 조정에서 자신을 경계하고 정치적 올무를 씌워 죄인으로 만드는 상황에서 '아~ 내가 너무 멀리 왔었던 거구나' 하는 후회스러운 생각이 밀려왔을지도 모를 일이다.

왜 '삼도수군통제사인 나를 희생양으로 만들어 충성스러운 부하들의 사기를 꺾고, 백성들에게도 불신받는 수모를 겪게 하는가'라는 억울한 마음도 들었을 것이다. 과연 이순신 제독은 그 많은 고통을 어떻게 견뎌냈을까?

수많은 시련을 무릅쓰고 해전마다 연전연승을 이룬 기적은 오직 백성을 먼저 생각하는 마음과 나라에 대한 일편단심의 충성심, 그리고 왜적과 싸워 이겨야 한다는 일념에서 나온 것이 아닐까? 이는 한 장수의 능력을 뛰어넘는 굳센 신념이 있었기에 가능한 일이었으리라.

필자는 이순신 제독의 이러한 정신이 바로 '충무공의 리더십 정신'이라고 감히 말하고자 한다. 오늘날 우리나라의 해군은 충무공의 리더십 정신으로 무장하여 바다로, 세계로 나아가는 능력을 갖추고 있다. 장병들의 군가가 영내로부터 우렁차게 울려 퍼지고, 힘찬 뱃고동 소리로 출항을 알리면 바다로 향한 마음은 설렘을 더한다.

국민의 안전과 국익을 지키는 일은 예나 지금이나 어렵고도 힘든 일이다. 이를 위해 장병 스스로 자기를 지키고, 어려움을 이겨내는 정신력과 강한 훈련이 필요하다. 힘들 때마다 우리에게는 모든 백성을 지키고, 나라를 위해 정의로운 길과 희생의 삶을 택했던 충무공 이순신 제독이 있었기에 더 강한 해군, 더 큰 대한민국으로 나아갈 수 있는 것이다.

이충무공에 대한 호칭과 해군의 정체성 확립

이충무공에 대한 호칭과 관련하여 간과해서는 안 될 것이 있다. 공은 마땅히 '이순신 장군'이 아닌 '이순신 제독'이다.

2005년 필자가 진해기지 사령관으로 근무할 당시 노무현 대통령을 모시고 통영 한산도 제승당에 참배하러 간 일이 있었다. 당시 제승당 입구 안내문에 '이순신 장군(General Yi)'이라고 적힌 것을 보고, 돌아와서 관계자에게 이순신 장군을 '이순신 제독(Admiral Yi)'으로 고쳐서 표기해야 한다고 이야기한 적이 있다. 왜냐하면 영문 표기는 외국인들을 위한 것인데, 육전을 담당하는 장군이 수군을 지휘하고 해전에서 싸워 이겼다고 할 때, 누가 이러한 사실을 제대로 믿을 수 있을까? 정말 이런 작은 부분부터 하나하나 고쳐나가야 한다. 이것은 해군 정체성의 문제이자 나아가 자존감의 문제이기 때문이다. 대부분 이순신 관련 유적지에 장군(General)이라고 적혀 있는 것으로 알고 있다. 우리는 이제부터라도 육군 중심 문화에서 탈피하여 각 군이 가진 문화와 전통을 존중해주어야 한다. 이렇게 해야만 현대전에서 전문성을 더욱 강화하고 구성원들의 사기와 자부심을 증진할 수 있다.

각 군의 문화와 전통은 하루아침에 생긴 것이 아니고 오랜 세월 많은 경험을 통해 이루어진 생활방식이다. 서로가 존중하고 이해의 폭을 넓혀갈 때 조직은 더 강해지고 세계화에 부응하는 선진 강국이 될 것이다.

포용과 화해의
큰 바다를 향한 거북선

오늘 나는 충무공 이순신 제독의 첫 해전지 옥포만을 바라보며 충무공의 나라 사랑 정신을 되새김한다.

남과 북으로 국토가 갈라진 나라, 동과 서로 마음이 갈라선 나라, 진보와 보수로 생각이 분열된 나라, 여와 야의 정쟁이 멈추지 않는 나라…. 사분오열된 이 나라와 이 시대에 꼭 필요한 정신이 '충무공 전승의 리더십'이라고 필자는 힘주어 강조하고자 한다.

'충무공 전승의 리더십 정신'이란 바로 애국, 애민, 창의, 정의, 희생, 책임 완수, 선공후사(先公後私)이다. 이 7가지 정신이 집약되어 소통과 창조와 혁신의 결실을 거둘 것을 믿는다. 그리하여 풍전등화 같은 조국의 바다 위에서 파고를 헤치며 승전의 나팔을 불었듯, 오늘의 '거북선'은 새로운 역사와 사명의 깃발을 달고 시대 가치에 부응하는 재창조된 신형 철갑선으로 진화되어 보다 밝은 미래로 세계로 항진해야 한다.

충무공의 리더십으로 남과 북의 군사분계선을 넘어 평화를 이루고 통일의 물꼬를 개척하며, 왜적과 맞섰던 그 무한능력으로 동과 서의 지역 감정을 극복하여 지역 이기주의의 벽을 허물어야 한다. 진보와 보수, 이념의 다름도 나라 사랑, 국민 사랑의 정신으로 소통하여 이순신 제독과 함께 거북선을 타고 포용과 화해 그리고 통합의 큰 바다로 나아가야 하리라.

이순신에게
배우는
기업가 정신

~

성명기

여의시스템의 대표이사이면서 암벽 등반 하는 CEO, 책 쓰는 CEO, 강의하는 CEO로 알려져 있다. 기술혁신 중소기업 단체인 이노비즈협회장, ASEM 중소기업 친환경혁신센터 이사장, 동반성장위원, 연세대학교 전기전자공학부 겸임교수를 역임했다. 지금은 성남산업관리공단 이사장을 맡고 있다. 자신의 삶을 세 권의 책 《도전》, 《열정》, 《사랑은 행동이다》에 담아 펴냈다.

설상가상,
한꺼번에 닥친 불행

기업 경영 36년째의 경영자로서 지난 시간을 돌이켜보면, 감당하기 힘든 위기를 여러 번 겪었다.

국가가 부도난 1997년 IMF 구제금융 사태, 수백만 신용불량자를 양산한 2002년 카드 대란 사태 등이 있었다. 이 무렵에는 또 노사 분규가 부쩍 심해진 가운데 기업들이 저임금의 수혜와 해외시장 공략 차원에서 중국을 비롯한 해외로 공장을 이전하기 시작했다. 우리 회사 역시 사업 분야인 공장 자동제어 장비 시장이 급격히 줄어들면서 적자로 전락했던 시절이었다.

그리고 2008년 미국의 서브프라임 모기지 사태라는, 우리와 아무런 인연이 없을 것 같은 일로 인하여 발생했던 금융위기가 있었고, 최근 들어 더욱 심화되는 글로벌 경제의 불확실성과 미·중 무역분쟁의 격화로 인해 새로운 위기의 조짐을 보이고 있다.

그렇지만 회사와 내 가족의 최대 위기는 창업 후 불과 10개월 만인 1984년 5월에 시작되었다. 가족들의 질병으로 죽음과의 사투가 벌어졌다.

대학 졸업 후 직장생활을 시작한 지 3년 만에 접한 애플사의 8비트 컴퓨터를 보고 사업 아이템의 영감을 얻었기에 과감히 사표를 내고 창업을 했다. 그렇게 정신없이 하루하루를 보내던 그때, 이제 갓 2년 4개월 된 아들이 백혈병이라는 사형선고를 받았다.

그 시절만 해도 백혈병은 불치의 병으로 알려져서 〈애수의 크리스마스〉, 〈러브 스토리〉와 같이 눈물을 짜내는 멜로 영화의 단골 주제로 쓰일 때였기에 백혈병은 영화 속에서나 볼 수 있는 먼 나라의 슬프고도 끔찍한 질병으로만 알았다.

아들이 백혈병 진단을 받았을 때 나는 아직 서른 살도 안 되었고 아내는 이제 막 스물일곱 살이었으니 신혼의 단꿈에 젖어 있던 시절이었다.

아들이 백혈병의 합병증인 폐렴으로 중환자실에 입원하며 죽음과 사투를 벌이면서 우리 부부는 갑자기 밀어닥친 불행으로 인해 고통을 감당하기가 너무나 힘들었다. 설상가상으로 아내는 그 충격으로 임신 6개월째이던 둘째를 유산했다.

그때만 해도 백혈병은 약물치료로는 완치가 거의 힘들었을 뿐만 아니라 재발하는 경우에는 골수 이식을 해야 했는데, 타인과 골수가 맞을 확률은 10만분의 1이지만 형제간에는 50퍼센트의 확률이라는 게 의사의 얘기였다. 우리 부부는 골수 이식을 준비하려고 다시 임신을 선택했다. 둘째도 먼 훗날 철이 들었을 때 부모의 어쩔 수 없었던 선택을 이해해주리라 믿으면서….

그런데 둘째가 태어나기 직전의 건강검진에서 의사는 아내가 폐결핵에 걸렸으니 백혈병 치료를 받고 있는 큰아들뿐만 아니라 얼마 후에 태어날 둘째와도 무조건 격리해야 한다고 통보했다. 그렇지만 백혈병에 걸린 아들도 갓 태어날 아기도 누구에게 맡길 형편이 되지 않았기에 우리 가족의 운명을 하늘에 맡기고 한 집에서 같이 생활하기로 했다.

아내와 같이 창업한 회사는 주인이 없는 상황에서 영업을 제대로 할 수 없었고, 게다가 치료비는 상상을 못 할 정도여서 결국 빚더미에 올라앉게 되었다. 아내의 폐결핵 치료비를 조금이라도 줄이기 위해서 스트렙토마이신을 약국에서 사 내가 직접 아내에게 주사를 놓았다.

돌이켜 생각해도 끔찍한 시간이었던 그때, 우리 가족에게는 또 다른 날벼락이 기다리고 있었다. 바로 그다음 해에 집안의 가장인 내가 위암 진단을 받고 수술대에 오르게 된 것이다.

1983년 창업에 1984년 첫째의 백혈병과 뱃속의 아기 유산, 1985년에 다시 임신한 둘째 출산과 아내의 폐결핵, 그리고 1986년에 나의 위암 수술…. 그때 우리는 온 가족이 죽음의 그림자를 매일매일 느끼며 악몽 속에서 사투를 벌여야 했다.

내가 위암 수술을 받았을 때 백혈병 투병 중인 큰애는 4년 4개월이었고 둘째는 태어난 지 11개월이었다. 아내와 나는 죽음의 그림자가 일렁이던 그 시절에 서로를 격려하고 용기를 북돋아주면서 그 어려운 시간을 무사히 이겨냈다. 요즈음도 가끔 그 시절을 생각하다가 둘째가 벌써 30대 후반의 나이라는 것을 느끼고는 아들보다 어린 나이에 그 어려움을 어떻게 다 이겨냈을까 싶다.

영화 속 영웅들과
임진왜란의 이순신

나의 중·고등학생 시절 학교에서는 '문화 교실'로 이름 붙여 수업을 대체하는 영화 관람 시간이 있었다. 반공보다는 통일을 국시로 바꿔야 한다고 발언한 국회의원을 교도소에 수감시키던 공포정치의 시절이라 우리가 보는 영화는 그 시절 독특한 카리스마로 스크린을 주름잡던 장동휘 주연의 〈돌아오지 않는 해병〉이라든가 〈구월산의 빨치산〉 같은 반공교육 영화가 많았다. 영화 속의 국군은 항상 선량하고 정의감에 불타는 역할로 나왔고 적들은 표정부터 잔인하게 생긴 배우들이 잔혹한 행동을 일삼았기에, 누구나 못된 악마들을 주인공이 빨리 처단해주길 바라면서 영화에 빠져들곤 했었다.

또한 베트남전이 미국과 월남의 패망으로 끝난 이후에 그 시절 가장 잘나가던 미국의 액션 배우 실베스터 스탤론이 악독하기 짝이 없는 베트콩(남베트남민족해방전선)을 무찌르는 영화를 보면서 카타르시스를 느끼곤 했다. 주연을 맡은 장동휘나 실베스터 스탤론은 총탄이 빗발치듯 쏟아지는 전쟁터에서도 끝까지 살아남아서 임무를 완수했기에 흥분한 관객(나도 그중의 한 명이었다)들의 격정적인 박수를 받곤 했다.

그런데 나이가 들어가면서 영화 속의 영웅들은 대부분 허구였으며, 특히 월남전에서 미국이 주도한 연합군이 패한 후 들리는 그들(미군과 한국군을 포함해서)의 악행은 내 귀를 의심케 했다. 그 전쟁에서 동료가 적의 포탄에 죽어 나가는 것을 본 병사들은 피에 굶주린 듯 적군과 아군을 가리지 않고 엄청난 만행을 저질렀다.

그처럼 영웅을 만드는 영화 속 장면들은 역사나 현실과는 너무나 동떨어진 가상의 세계일 뿐이었다.

그 시절 영화에 등장하는 또 한 명의 전쟁 영웅이 있는데, 그가 바로 이순신 장군이다.

일본 열도가 오랜 세월 극심한 내전을 겪은 후 통일이 이루어지자 도요토미 히데요시는 전쟁 기간에 축적된 엄청난 군사력을 조선과 명나라 침략으로 돌려 자신에 대한 역모를 방지하고자 했다.

그 시절 일본은 실전 경험뿐만 아니라 조총과 같은 첨단 병기를 보유하였기에 군사력에서 조선을 압도했고, 특히 해군력은 세계 최강이라 해도 부족함이 없었다. 이와 같은 군사 대국의 침략으로 조선은 육전에서 제대로 싸워보지도 못하고 연전연패하면서 선조는 의주로 몽진을 했고 국토의 대부분이 초토화되었다.

일본군이 4월 13일 부산에 상륙한 이후 수도 한양이 점령당한 것이 5월 3일이었다. 적들은 고작해야 덜컹거리는 소달구지로 시골길을 거슬러 올라 불과 20여 일 만에 한양을 점령했으니, 우리 군은 저항다운 저항 한 번 못한 것이다.

조선의 최정예 군을 거느린 신립 장군은 부하 장수들이 문경새재에서의 매복 작전을 간청했는데 이를 받아들이지 않고 탄금대에서 조총을 가진 일본군에게는 어울리지 않는 배수의 진으로 맞서다 전멸하고 말았다.

바로 그 임진왜란에서 이순신 장군은 〈돌아오지 않는 해병〉의 장동휘나 〈람보〉의 실베스터 스탤론에 필적하는 영웅이었다.

학창시절 교과서에서 이순신에 대한 글도 읽고 〈성웅 이순신〉과 같은 영화에서도 접했지만, 나에게 이순신은 장동휘나 실베스터 스탤론의 범주를 크게 벗어나지 않는 그런 인물에 불과했다.

베트남전에서 미군은 패했지만, 영화 속의 실베스터 스탤론은 무차별적으로 베트콩을 무찔러 미국과 우방에게 쾌감을 안겨주었듯이, 이순신의 작은 승리들을 확대 과장하여 임진왜란에서 참패한 수모와 울분을 잠시나마 풀어주는 수준을 넘지 못한다고 생각했다.

전쟁다운 전쟁을 제대로 치러보지 못한 오합지졸의 조선 육군과 별차이가 없는 조선 수군으로 세계 최강의 일본 수군을 한산도에서 무찔렀다니 그게 말이 되는 이야기인가?

상식적으로 말이 안 되는 실체를 보여준 것은, 이순신 장군이 감옥에 갇힌 이후 이순신 장군을 대신하여 삼도수군통제사의 자리에 오른 원균이 이끄는 조선 수군은 단 한 번의 칠천량전투에서 거의 전멸한 것에서 미루어 짐작할 수 있다.

칠천량전투에 참가하지 않은 덕분에 살아남은 배설 장군의 배 12척을 비롯한 13척으로 명량(울돌목)에서 일본 주력 함대 133척과 싸워서 이를 격파했다는 게 영화에서나 있을 법한 이야기이지 어떻게 현실에서 일어난 전투였겠는가?

나의 판단으로는 몇백 년 전에 있었던 임진왜란에서 그나마 어느 정도 작은 승리를 했던 조선 수군의 전과를 터무니없이 과장한 것으로밖에 받아들일 수가 없었다.

이성계가 조선을 세우고 얼마 되지 않아 만든 〈용비어천가〉에서도 그의 조상들을 신격화했는데, 대한민국에서 5.16쿠데타로 정권을 잡은 박정희 대통령이 수백 년 전에 있었던 임진왜란에서 작은 승리를 거둔 장수 한 사람을 영웅으로 만드는 것은 너무나도 쉬운 일로밖에 여겨지지 않았다.

그렇게 나에게 이순신은 오합지졸 조선 수군으로는 가당치도 않은 작은 승리를 조작한 전쟁 영웅이란 느낌이 강했다.

영화 속 영웅들과는
완전히 다른 이순신

그런데 환갑이 지난 나이에 친한 기업인들의 권유로 우연히 접하게 된 이순신포럼의 통영·한산도행 리더십 버스는 전설이나 신화로 생각했던 나의 잘못된 생각을 송두리째 바꿔놓았다.

이순신은 영화가 만든 억지 영웅이 아니었고 임진왜란이라는 끔찍한 전쟁의 물줄기를 송두리째 바꾼, 한반도 역사 속에 분명히 살아있던 영웅이었다.

이순신포럼의 통영·한산도행 리더십 버스에서, 한산대첩의 현장 한산도의 수루에서, 그리고 통영의 통제영에서 나는 몇 번이나 눈시울이 뜨거워져 눈물을 감추려고 하릴없이 하늘을 쳐다보곤 했다.

그는 조정의 당파 싸움을 일삼던 관료들과 무능한 왕으로 인하여 아무런 보급도 받지 못하고 병사들과 같이 직접 농사를 지어 군량미를 비축했다. 또한 전함과 혁신적인 병기인 거북선을 만들어 무에서 유를 창조했던 진정한 리더였다. 그뿐만 아니라 한산도대첩이라는 세계 해전사에 길이 남을 전쟁을 진두지휘했던 바로 그 전쟁 영웅이었다.

나는 예순이 넘어서야 비로소 이순신의 참모습을 접했고, 역사 속의 이야기가 전설이 아니라 사실임을 깨달았다.

이순신에 관하여 알게 되면 될수록 나에게는 기업 최고경영자라는 직업병이 발동하기 시작했다. 절체절명의 위기에서 그는 어떻게 그 시절 강대국과의 해전을 승리로 이끌었을까?

이순신을 기업체 CEO에 대입하여 얻은 나의 결론은 이렇다.

1. 전쟁이 일어날 것을 예측하였다. (미래 예지력)

2. 거북선이라는 혁신 제품을 개발하였다. (첨단제품 개발의 혁신성)

3. 일본 배의 약점을 알고 천자총통을 이용한 원거리 포사격을 하였

다. (전략적 판단력)

4. 지형과 바닷물이 만들어내는 해류를 활용하였다. (환경적 요인 활용)

5. 원칙에 입각한 따뜻한 리더십이 있었다. (심복의 리더십)

먼저, 이순신은 전쟁이 일어날 것을 예측했다.

일본은 오랜 기간의 내전으로 엄청난 전쟁 역량이 쌓여 있었다. 이로 인한 군사력에 대한 자신감도 있었겠지만 이를 그대로 두면 자신에 대한 역모로 돌아올 수 있다고 생각한 도요토미 히데요시가 조선과 명나라를 공격하면서 자신을 해할 수도 있는 군사력을 해외로 돌렸다.

일본의 통일 소식을 접한 이순신은 조선 공격의 가능성을 간파하고 미리 전쟁에 대비한 것이 첫 번째 혜안이었다. 이순신 장군의 혜안을 교훈 삼아 오늘날 대한민국의 경영자들은 첨단 기능에 더해 저렴한 가격으로 무장한 중국 제품들이 물밀 듯 밀려들어 오는 시점에 있음을 확실히 인지하고 대비해야 한다.

둘째, 거북선이라는 혁신 제품을 준비했다.

원래 거북선은 고려 말에서 조선 초 왜구를 퇴치하기 위해 개발했다는 게 정설이다. 즉, 이순신이 거북선을 최초로 개발한 것은 아니었고, 다만 그는 이 획기적 제품을 실전에 사용할 수 있도록 개량했다. 실제로 거북선은 조선 수군의 주력 선인 판옥선에 적이 올라오지 못하도록 철갑을 씌우고 쇠못을 박아서 이를 돌격선으로 활용하였다.

지금 우리나라는 인공지능과 가상현실, 그리고 빅데이터가 만들어내는 4차 산업혁명과 스마트 팩토리라는 혁신적 변화가 허리케인처럼 세상을 휩쓰는 와중에 놓여 있다.

기업을 경영하는 최고경영자들은 위기가 닥칠 때마다 이를 극복하기 위하여 모든 촉각을 곤두세우고 혈로를 뚫기 위해 혼신의 힘을 다한다. 혁신을 이야기할 때 우리는 초일류 기업인 애플사의 스마트폰과 앱, 아마존의 물류 등을 이야기한다.

하지만 공룡기업들의 혁신은 중소기업들에 참고는 될지언정 정작 혁신을 하는 데 큰 보탬은 되지 않는다. 왜냐하면 혁신에는 천문학적인 돈과 첨단 기술력을 가진 인재 그리고 이를 통제할 수 있는 최고 수준의 경영자가 있어야 하기 때문이다.

그렇지만 자본과 기술력이 부족한 중소기업이라도 거북선에서 혁신 제품의 아이디어를 얻을 수 있지 않을까.

이순신은 이미 개발된 제품을 전쟁에서 활용할 수 있도록 개량시킴으로써 혁신을 이루었다. 그리고 이런 작은 혁신으로 그는 전쟁에서 능히 이길 수 있는 무기로 발전시켰다.

우리 회사는 그동안 산업용 제어 장치들을 끊임없이 개발해서 20여 년 동안 대기업과 중소기업에 납품해왔다. 그런데 세월이 지나면서 한때는 혁신적이고 첨단이었던 기술도 점점 보편화하면서 수익을 내기 쉽지 않은 레드오션이 되고 만다.

스마트 팩토리 시장이 4차 산업혁명의 주요 분야가 되면서 우리는 이순신의 판옥선에 철갑을 덮는 작은 변화를 생각해내고 이를 시도했다. 바로 우리가 납품했던 자동제어 부품이나 장치에 스마트 팩토리의 네트

워크에 연결할 수 있는 IOT 기능을 살짝 추가했다. 그리고 이를 고객에게 꾸준히 홍보했고, 이런 작은 변화가 얼마나 큰 차이를 만들어내는지를 알렸다.

결국 거북선처럼 아이디어를 통한 작은 변화를 시도하여 좋은 경영 성과를 내면서 우리 회사는 스마트 팩토리 전문 회사로 거듭나기 시작했다.

셋째, 적선의 약점을 알고 원거리 포사격 전략을 썼다.

임진왜란 동안 자주 오르내리는 전투가 탄금대에서 행했던 신립 장군의 '배수의 진'이다. 부하 장수들이 새재에서 매복 작전을 쓰자고 했으나 그는 이를 거부하고 배수의 진을 택했다. 결과적으로 조총의 사정거리에 무방비로 노출되어 신립 장군을 포함한 조선군 주력이 괴멸에 이르며 수도인 한양까지 뻥 뚫리는 결과를 가져오고 말았다.

그런데 조총을 가진 일본 수군을 이순신은 어떻게 요리했을까? 그는 조총의 사정거리 밖인 원거리에서 천자총통으로 일본 전함 아다케부네(安宅船)를 명중시키는 전략을 세웠다.

일본 수군은 안택선을 조선 수군의 배에 가깝게 붙인 다음 박달나무로 만든 방패판을 바깥으로 넘어뜨려 적선으로 올라가는 사다리 전술을 폈다. 그런데 이순신은 일본 전함의 전술과 약점을 정확히 꿰뚫고 천자총통을 쏘니 포탄을 맞고 부서진 배 옆구리로 바닷물이 노도와 같이 밀려들면서 수장되었다.

적의 강점은 피하고 약점을 공략한 대표적인 사례인데, 같은 예로서

그림 1_____ **거북선(복원품).**
한국해군정비창 제작(1980. 1. 31.)
*출처: 해군사관학교.

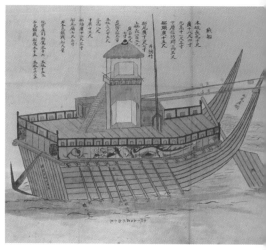

그림 2_____ **판옥선**
조선 후기 전선. 황룡이 그려진 방패판 안에서 격군들이 노를 젓고 그 위의 갑판에 여장(女牆)을 둘러 전투원이 타고 전투에 전념할 수 있었다. *출처: 해군사관학교.

우리 회사는 그동안 대기업과 중국 기업들의 강점인 대규모 시장에서 대량생산체제로 전면전을 치르는 경쟁은 철저히 피하고 소량다품종의 고객 맞춤형 제품으로 우리만의 경쟁력을 확보했다.

넷째, 지형과 바닷물이 만들어내는 해류를 절묘하게 활용했다.

한산도대첩, 명량대첩과 같은 해전에서 지형지물과 바닷물의 흐름을 절묘하게 이용했던 이순신은 가히 전쟁의 신이라 불러도 손색이 없는데, 지형과 환경에 관하여 끊임없이 공부해서 물의 흐름과 물때를 정확히 알고 있었기에 가능했다.

마찬가지로 4차 산업혁명 시대의 기업 CEO와 임직원들은 시장의 흐

그림 3_____ **아다케부네(安宅船)**

배에 층루가 있는 이세형(伊勢型) 아다케부네의 모습. 외형이 화려하여 조선 수
군의 집중적인 화포 공격에 쉽게 노출되었다.

*출처: 해군사관학교.

름과 국가의 경제 상황을 잘 파악하고, 최저임금 급상승과 같은 새로운
요인이 생겼을 때 그 상황에 걸맞은 전략을 수립하려면 끊임없이 공부
하여 전문성을 키워야 한다.

마지막으로, 원칙에 입각한 따뜻한 리더십을 구사했다.

이순신 주변에는 늘 훌륭한 장수들과 병사들, 그리고 백성이 따라다
녔다. 그의 이러한 리더십이 발판이 되어 한산도와 명량에서 세계 해전
사에 길이 남을 신화를 이룩할 수 있었다.

《난중일기》에서 부모와 아내 그리고 자식에 대해 애틋함이 묻어나듯,
따뜻함은 가족과 부하와 백성을 생각하는 이순신 리더십의 뼈대였다.

그는 탐관오리나 전쟁 중에 군사의 도리를 다하지 않는 장수와 병사에 대해서는 단호했지만, 기본적으로 백성에 대한 따뜻함을 지니고 있었다. 또한 자신과 함께 전쟁을 치르는 장수와 병사에 대해 따뜻함은 물론이고, 자신의 부모와 자식 그리고 아내에 대한 각별한 애정을 늘 가슴에 담고 살았다.

이순신에게 배우는
진정한 리더의 미덕

1960~70년대 우리나라의 경제를 이끌었던 일부 기업의 최고경영자들이 납기나 공기를 못 맞출 것 같으면 임직원을 구둣발로 걷어차며 강압적으로 일정을 맞추었다는 일화가 아직은 기성세대들에게 초고속성장의 신화로 전설처럼 남아 있기도 하다. 그러나 세상은 바뀌었다.

만약 요즘에 기업의 오너나 임직원들이 그랬다가는 갑질의 전형으로 뉴스에 오르내리며 교도소행은 말할 것도 없고 심지어 평생을 바쳐서 키운 회사의 경영권까지 빼앗길 수 있다.

SNS의 세상이 되면서 개인의 영향력이 엄청나게 커졌는데도 구태의 경영방식에서 벗어나지 못하는 소수의 경영자가 이를 깨닫지 못하다가 낭패를 당하고 나서야 비로소 문제를 인식하게 되는 경우를 종종 본다.

돌이켜보면 예나 지금이나 따뜻한 리더는 항상 존경받고 자신이 가진 역량보다 더 큰 성공을 이루는 것 같다. 중국의 요순임금이 그러했고 조선시대의 세종 임금이나 정조 임금이 그러했다.

같은 맥락에서 이순신 장군의 원칙에 입각한 따뜻한 리더십은 그를 세종 임금과 더불어 대한민국 수도의 중심인 광화문대로에 우뚝 서게 했다.

이제는 기업 경영자도 직원과 고객에 대해 기본으로 따뜻함을 갖추고 정확한 상황판단을 할 때 훌륭한 리더의 자질을 인정받는다. 그러고 보면 이순신 장군은 수백 년 전에 벌써 오늘날의 리더로서도 손색이 없는 됨됨이를 보여준 인물이었다.

우리 가족이 오래전에 겪었던 죽음과의 사투와, IMF 외환 위기로 국가 경제가 초토화되면서 대기업의 부도가 잇따르고 외국의 투기자본이 물밀 듯 밀려오던 위기의 상황들이 주마등처럼 스쳐 지나간다. 당시 나는 어떻게든 회사를 살려보려고 밤낮으로 뛰어다녔다.

그 시점에 내가 느꼈던 황망함과 비교하면 그 규모는 비할 데가 아니지만 그동안 훈련시켰던 장수와 병사들 그리고 철저히 준비했던 전함이 원균이 이끄는 단 한 번의 해전에서 모두 수장당한 이후에, 우렁우렁 소리를 내며 흘러가는 급류의 울돌목에서 13척의 배로 133척의 일본 함대를 마주해야만 했던 장군의 심정을 짐작해본다.

자신과 병사들에게 드리워진 죽음의 그림자를 느끼면서도 필사즉생 (必死卽生) 정신으로 전투에 임했던 이순신 장군의 절박함이 감히 나와 진배없었으리라는 어림으로, 우리 가족의 투병 이야기로 시작하여 기업 이야기에 연결을 지어 보았다.

이 글을 쓰면서 덕분에 나의 기업경영과 이순신 장군의 리더십을 연결해서 생각해보는 좋은 기회를 가질 수 있었다.

이순신 리더십의 기본은 미래를 꿰뚫는 혜안이고, 인간 존중과 원칙이고, 혁신과 상황에 맞는 전략이며, 따뜻함이다.

지하철을 공짜로 탈 수 있을 만큼 충분한 나이가 되어서야 성웅 이순신 장군이란 말을 들으면 가슴이 뭉클해질 정도의 진한 감동을 느끼니, 사람은 늙어 죽을 때까지 책을 읽고 공부하고 때때로 글도 써봐야 하는가 보다.

혁신을 꿈꾸며,
잠자는 이순신을
불러내다!

박성권

교통약자를 위한 복지 차량 제조업체인 창림모아츠(주) 대표이사. 아주대학교 경영대학원 졸업, 화성이업종교류회 회장, 중소기업융합연합회 중앙회 수석 부회장, (사)화성시새마을회 회장 등을 역임했다. 현재 화성상공회의소 회장, 한국자동차제작협회 회장, 한국보조기기산업협회 회장을 겸하고 있다. 환경감시운동, 천사친구운동, 독거노인·소년소녀가장 지원 등 지역사회를 위한 봉사활동에도 적극 나서고 있다.

창립모아츠의 시작

사람은 누구나 한평생을 살면서 영광과 시련이 교차하는 순간순간을 보내게 마련이다. 즐거운 일이 있으면 곧 시련이 찾아오고, 만남이 있으면 헤어짐도 따라오는 게 우리네 삶인가 보다.

학업과 군 복무를 마치고 파란만장한 젊은 시절을 보냈다. 그 후 특장차 분야의 엔지니어로서 야심 차게 사회에 첫 발을 내디뎠다. 결혼도 하고 예쁜 딸을 얻었다. 엔지니어로서 커리어를 쌓아가며 순탄한 나날을 보낸다고 생각했을 때 예기치 못한 청천벽력과도 같은 사고를 겪었다. 딸의 첫 돌을 불과 일주일 남겨뒀을 때였다. 2년 5개월을 휠체어와 목발에 의지해야 할 정도의 교통사고에 휘말렸고, 그렇게 한쪽 다리와 무릎에 커다란 상처를 입게 되었다.

불편한 점은 한둘이 아니었다. 그러나 군 병원에서 복무했던 경험을 살려 장애를 극복하기 위한 재활 치료에 혼신의 노력을 다하였고, 그 결과 상당 부분 회복하여 정상에 가까운 생활을 할 수 있었다.

이후 동료들과 두 번의 창업, 그리고 새로운 제품을 개발하며 더 열정적으로 사회생활에 매진했다. 엔지니어로서의 성공을 위해 밤낮을 가리지 않고 일하며 재활 치료도 게을리하지 않던 그때를 떠올리며 살았다.

그렇게 물리적인 장애를 극복할 수 있는 따뜻한 기술이 필요하다는 생각을 늘 가슴 한 켠에 담아두고 장애인의 이동 편의에 도움이 될 만한 제품 개발의 절실함을 갈망했다. 이런 생각이 창림모아츠의 시작이었다.

교통약자들을 위해 누군가는 해야 할 일이었고, 나름대로 쌓아온 재능을 사회에 환원할 기회라고 생각했다. 사회생활을 시작할 때부터 무언가 주위에 도움이 되는 일을 해야 한다는 막연한 사명감 같은 게 있었다. 그렇지만 장애의 아픔을 모르고 정상적인 생활을 이어갔다면 장애인을 위한 복지 차량으로 눈을 돌리진 못했을 것이다.

그렇게 1994년 말에 창림모아츠의 전신인 창림정공을 설립하고 그 이듬해 장애인 특장차용 휠체어 리프트 3종을 개발하는 등 본격적으로 사업을 전개하기 시작했다. 그러나 출발이 쉽지만은 않았다. 당시만 해도 장애인 복지 차량에 대한 인식은 낮은 편이었다. 복지 차량은 고사하고 교통약자의 이동 편의를 위한 법령이나 제도는 부족했고, 도로 턱은 높기만 했으며 건물에는 온통 계단뿐이었다.

그야말로 '맨땅에 헤딩'하는 꼴이었다. 기술력은 있는데, 제품에 대한 수요가 부족하니 자금이 모자랐다. 구걸하다시피 자금을 융통하여 직원들 월급 주기 바빴다. 엎친 데 덮친 격으로, 신규 기술 개발과 함께 제품을 납품한 회사가 부도가 나며 덜컥 법정관리에 들어갔다. 내 이름으로 사업자등록을 하고 정말 열심히 기술을 개발하고 이를 적용해 제품을 만들었는데, 하늘이 무너지는 것과 같은 시련과 괴로움은 말로 표현할 길이 없었다.

아무 생각도 나지 않았다. 제법 유망한 회사였는데, 부도가 날 줄은 꿈에도 몰랐다. 그때 떠오른 게 이순신이었다. 원균이 지휘하는 조선 수군이 칠천량에서 대패하자 그제야 백의종군하던 이순신에게 지휘권을 넘긴 선조에게 "신에게는 아직 열두 척의 배와 군사들이 있다."라고 장계를 올리며, 흩어진 수군과 장비를 정비해 반드시 승리하겠다는 이순신의 각오가 느껴졌다.

장군은 선조나 원균 등 누구도 원망하지 않는 대신, 필승의 각오를 다지며 어떻게 하면 전투에서 이길까에 집중해서 고민한다. 최선의 전략을 수립하기 위해 전투가 벌어질 명량해협을 사전 답사하며 물때를 살피고 전투에서 이를 어떻게 활용할 것인지에 대한 비책을 마련한다. 문견이정(聞見而定), 즉 '현장에서 직접 보고, 듣고 난 후 싸움의 방책을 정한다.'는 지극히 현실적인 판단을 한 것이다. 용기와 정신력만으로는 전투에서 이길 수 없다는 점을 누구보다 잘 알고 있었다. 또한 열두 척의 배밖에 없는 것이 아니라, 아직 열두 척의 배가 남아 있다고, 상황에 대한 부정이 아닌 긍정의 마음가짐으로 명량해전에 임해 130척이 넘는 적선을 물리치는 대승을 거둔다.

이순신과 사람들

이순신 정신을 떠올리며 나 역시 긍정의 마음으로 상황을 보다 객관적으로 바라보며 후일을 대비하려 노력했다. 당장은 13척의 배도 없는 절박한 상황이었지만, 이순신 장군이 장계를 올리는 심정으로 아무것도 없는 상태에서 성공에 대한 확신을 가지고 내일을 준비하자고 자신을 독려했다. 그런 의지와 준비라면 두려울 게 없고 어떤 어려움도 헤쳐나갈 수 있다고 믿었다. 변화와 혁신은 어느 날 갑자기 이루어지는 게 아니기에, 미래를 위해 반드시 해야 할 일을 찾아 준비하고자 모든 열정을 다 쏟아부었다. 그 이후에도 얼마간 어려움이 있었지만, 다행히 뚝심은 강한 편이라 쉽게 실망하거나 좌절하지 않고 견뎌냈다.

그렇게 성심을 다하고 열정을 쏟아부으며 기다리는 동안 기회를 열어주는 이들이 하나둘 주변에 나타났다. 사람은 누구를 만나느냐에 따라 그 미래가 바뀔 수 있다고 생각한다. 내 주위에 누가 있느냐에 따라 전혀 다른 길을 갈 기회가 찾아오게 마련이다.

이순신 장군 역시 전 생애에 걸쳐 다양한 사람들과 인연을 맺으며 살아갔다. 특히 어머니 초계 변씨와 보성 군수를 지낸 무장 출신의 장인 방진은 이순신을 무장의 길로 이끌어 마침내 누란의 위기에서 나라를 건져낼 수 있도록 기초를 다져준 인물들이다.

그런가 하면 일찍이 이순신의 무재(武才)를 알아보고 숱한 반대 속에

서도 그를 전라좌수사로 등용시켜 남해를 철통같이 지키게 한 서애 류
성룡은 이순신의 전 생애에 큰 영향을 미친 영원한 후원자였다.

이순신과 류성룡은 나라를 사랑하고 임금에 충성하는 강직함과 탁월
한 군사 지식을 갖춘 전략가라는 측면에서 보면 닮은 데가 많은 듯하다.
류성룡은 알려져 있다시피 어릴 적부터 이순신과 위아래 동네에 살며
그의 다섯 살 터울 형과 친구로 지냈다. 자연히 이순신과도 교류하며 그
의 됨됨이를 눈여겨봐 온 류성룡은 임진왜란이 발발하기 전에 《증손전
수방략》이라는 책을 직접 보내 군사훈련에 참고하게 했다.

이순신의 옆에는 용맹하며 충직한 동료 및 부하 장수들도 많았다. 임
진왜란 최고의 선봉장이자 돌격대장이었던 녹도만호 정운, 이순신과 함
께 모든 해전에 참여한 숨은 공신 송희립, 78세의 나이로 이순신의 군사
로 참전한 조방장 정걸, 거북선 건조의 책임자 나대용, 조선 최고의 물길
연구가 어영담, 염초를 만든 화학자이며 봉화대 건축가 이봉수 등등.

부산포해전에서 적탄에 맞아 전사한 정운은 해전 경험이 없던 이순신
에게 실전 노하우를 전수하는 등 조력을 아끼지 않았으며, 그가 전사하
자 이를 애통해한 이순신 장군이 직접 제문을 지어 추모했다고 한다.

나에게 기회를 준 인연들

나 역시 살아오며 많은 사람과 만났고, 그들에게서 영향을 받았으며,

그들이 만들어준 기회를 적극적으로 활용해 오늘에 이르고 있음이다.

처음 나에게 기회를 준 사람은 내가 회사를 설립해 독립할 수 있도록 해준 전 회사의 사장님이었다. 그분은 자기 회사의 거래처까지 넘겨주며 내가 자리 잡을 수 있도록 물심양면의 지원을 아끼지 않았다. 아무리 분야가 다르더라도 쉽지 않은 일이었는데, 시대를 앞서가는 열린 의식의 소유자였다. 그분의 영향을 받아 나 역시 같이 일하던 직원들에게 분사의 기회를 주며 그들이 자리를 잡을 때까지 스타트업 인큐베이터 역할을 자처하고 있기도 하다.

한편, 먼저 다니던 직장의 상사는 당시 장애인체육회 사무총장이던 자기 동생을 내게 소개해주며 조언을 듣도록 했다. 그분과 만나며 나는 장애인을 위한 복지용품이나 편의설비 등에 도전하는 새로운 기회를 잡을 수 있었다.

그러나 호사다마라던가. 막 자리를 잡아가던 그 시기에 불쑥 IMF가 찾아왔다. 다들 허둥대며 그야말로 패닉 상태에 빠졌다. 하지만 우리 회사는 이전부터 항상 긴축재정을 이어왔던 터라, 모두 담담하게 그 위기를 견뎌냈다. 사회 전체가 큰 어려움을 돌파하면서 오히려 의식도 많이 성숙하여 장애인 등 사회적 약자에 대한 배려도 개선되었다. 1997년에는 장애인·노인·임산부 등의 편의 증진을 위한 법률 제정이 이루어졌으며, 2005년에는 교통약자에 대한 이동편의증진법이 제정되어 전국적으로 노약자 및 장애인을 위한 특별 교통수단이 확대 공급되기 시작했다. 또한 2008년 7월에는 노인장기요양보험이 시행되면서부터 목욕 서비스를 필요로 하는 전국의 모든 대상자가 이동 목욕 서비스를 받을 수 있게 되어, 이들을 위한 복지 차량이 서서히 빛을 보기 시작했다.

　장애인이나 노약자 등 교통약자를 위한 특수차량은 신산업 분야였다. 복지 분야에 대한 여론이 성숙하며 정부의 투자도 기대되는 시점이었다. 임진왜란을 앞두고 거북선을 새롭게 개발한 이순신 장군처럼 우리도 장애인을 위한 새로운 아이템 개발에 나섰다. 나와 우리 직원들은 특별 교통수단에 대한 장비 개발이 또 다른 복지 서비스 분야라고 판단했다. 우선은 휠체어 등이 쉽게 승하차할 수 있는 리프트 개발 및 장착에 심혈을 기울였다.

　거기서 한 발 더 나아가 이동 목욕 차량이나 이동 세탁 차량 등 단순 이동 수단이 아닌, 복지 서비스를 제공할 특수 차량을 개발하는 것이 향후 사업 확장에 유리할 것으로 판단하고 앞선 기술력으로 세계 시장을 공략하던 일본 회사에 도움을 요청했다. 아무리 외국 사람이라도 회사의 기술을 공개하지 않는 게 일반적인 상식이지만, 무작정 찾아가 도움을 요청하는 한국의 젊은이에게 그 회사의 회장은 자신들이 쌓아온 노하우를 아낌없이 전수해주었다. 내가 만난 두 번째 은인이었다.

열정과 기술로 이룬 성과

　또 하나의 인연이 삼성전자와의 만남이었다. 당시 삼성은 '작은 나눔 큰 사랑'이라는 캠페인을 전개하며 약 400억 원에 달하는 자체 복지기금을 적립해놓고 그 돈을 어떻게 사용할까 고민하고 있었다. 그러다 결정한 것이 교통약자들을 위한 이동수단 개발 지원이었다. 당시만 해도 국내에는 특수차량을 제작하는 회사가 거의 없었고 기술력에 대한 믿음도 없던 터라, 애초에 삼성은 수입해서 보급하려고 했다.

그 정보를 입수한 나는 당장 삼성 담당자를 찾아가 더 좋은 차량을 더 저렴하게 보급하겠다고 제안했다. 더군다나 고장 등으로 인한 수리 서비스의 강점을 부각하며 창림의 기술력을 집중 강조했다. 믿을 수 있겠냐는 의혹 등 우여곡절을 이겨내고 드디어 130대의 국산 복지 차량이 삼성전자 기증 로고를 붙이고 관련 기관 등에 납품되어 전국을 누비게 되었다. 초창기 창림이 여러 어려움을 딛고 일어서는 데 큰 힘이 되었음은 물론이다.

그때만 해도 우리나라에는 이동 복지 차량이라는 개념이 희박할 때였다. 시장이 상당히 제한적이었다. 그러나 누군가는 해야 할 일, 창림이 앞장서 나감으로써 장애인들의 사회 참여가 늘었다고 자부한다. 비록 매출은 크지 않지만, 이동이 제한적인 교통약자들을 위해 차량을 만든다는 것 자체만으로도 보람을 느낀다.

그 이후에는 탄탄대로였다. 교통약자를 위한 특수차량(복지 차량)을 독점 공급하기 시작한 것이다. 서울시나 현대자동차 등에서도 우리의 열정과 기술을 인정해줘 납품할 수 있었다. 지금에야 경쟁사들이 많아지고 시장 점유율도 예전 같진 않지만, 여전히 창림모아츠만의 경쟁력으로 공정한 경쟁을 하고 있다.

복지 차량 제작에는 장애인들의 특수한 상황을 이해한 후 설계에 반영시키는 기술이 필요하다. 장애인을 위한 자율주행 자동차 개발도 이미 15년 전부터 추진해온 분야이다. 그렇게 만든 특허기술이 50여 가지다. 대부분 국내 최초의 기술들이다. 안전이 가장 중요하고 다음이 편리성, 그다음이 합리적 가격이다. 이들 차량을 안전하게 운전하기 위해 창림모아츠와 도로교통공단, 경찰청과 함께 전국 6개 지역에 중증장애인운전센터를 운영 중이다.

신뢰와 소통의 리더십

발전하기 위해서는 변화를 두려워하지 않고 당당하게 목소리를 내야한다. "모난 돌이 정 맞는다."라는 속담은 없어져야 한다. 어떤 성도 둥근 돌로만 쌓을 수 없다. 설혹 쌓았다 하더라도 곧 무너지게 마련이다. 성을 쌓기 위해서는 모난 돌도 있고 각각의 크기가 적당해야 한다. 그것이 개성이고 화합이다. 모난 돌이 정 맞는 게 아니라, 사회의 구성원으로서 당당하게 자기 역할을 할 때 우리 사회는 변화와 발전으로 나아가게 되는 것이다.

그렇게 누군가는 세상을 바꾸기 위해 목소리를 내야 한다. 특히 사회의 리더들이 작은 목소리라도 내고 힘을 보태야 한다. 그래야 세상이 변한다. 그런데 지금은 리더들이 그런 목소리를 내고 있지 않다. 기성세대와 지식인들이 현실에 너무 무감각하다. 아니 안일하다. 쉽사리 안 움직인다. 변화와 혁신을 기대하기가 점점 어려워진다. 무엇보다 기업인이 사회의 믿음이 되어야 한다. 조금씩이라도 변화해야 한다. 그래야 우리의 미래가 좀 더 밝고 명확해질 것이다.

이순신을 의식하진 않았지만, 이순신처럼 살려고 노력해왔다. 내가 지금 이 일을 왜 하는지? 나와 내 조직을 위한 역할은 무엇인지? 나에게 부족한 점은 어떤 것인지? 끊임없이 고민하고 해결하려 애써왔다.

이순신을 만나며 나는 이순신의 정신, 이순신의 리더십을 지금의 시대에 어떻게 적용할 것인가를 고민한다. 그런 정신을 잃지 않는다면 뭔가 해보려는 의지가 생기고, 급변하는 환경에서도 어떤 역할을 할지 적극적으로 고민하고 실천에 옮길 수 있을 것이다.

이순신 정신의 첫 번째는 신뢰다.

장군은 상하 간, 동료 간 신뢰를 가장 중요시했다. 아무리 말단 병사라도 그들과의 신뢰를 쌓기 위해 잠을 설쳐가며 노력했고, 심지어는 노비와도 약속을 지키며 그들에게 신뢰를 심어주었다. 동기부여를 위해 정보를 가져오는 이들에게는 신분의 고하를 가리지 않고 그에 합당한 대가를 지불했다. 그렇게 신뢰를 통해 일치된 의사결정과 전투를 앞두고 철저한 정신무장을 시켰다.

이순신 정신의 두 번째는 창의적인 생각이다.

요즘 젊은이들을 보면 도전정신이 없고 목적의식도 부족한 것처럼 보인다. 그러다 보니 창의성도 떨어지는 듯하다. 그런데 젊은이들이 그렇게 된 데에는 기성세대의 책임이 크다는 게 내 생각이다. 젊은 친구들에게 무언가 구체적인 목표나 비전 같은 걸 제시해주지 못하는 것 같다.

이순신은 창의와 개척 정신을 통해 실의에 빠진 군사와 백성들에게 비전을 제시했다. 그는 임진왜란이 일어나기 이전은 물론 전쟁 중에도 지속해서 전비 태세를 유지하며 '유비무환'의 모범을 보여주었다. 이순신 장군이 거북선과 총통을 만들어 전쟁에서 뛰어난 활약을 보인 것을 두고 영국의 해군 장군이었던 발라드는 "이순신은 기계 발명에 비상한 재능을 갖고 있었고 이를 이용해 전쟁에서 승리한 장군으로 넬슨보다 뛰어난 면모를 보였다."라고 평가했다.

이순신 장군은 모든 상황에서 문제점을 발견하고 이를 시정하여 다음 전투 때 보완하고 발전시킴으로써 연승을 거뒀다. 특히 성능이 뛰어난 무기 등을 개발하면 이를 확산시켜 모든 전선에서 적을 무찌르는 데 이용하도록 했다. 무기나 전력 전술뿐 아니라 '둔전'이나 '해로통행첩' 등 전쟁물자 확보를 위한 새로운 제도를 과감하게 도입하는 등 항상 창의적인 사고와 행동으로 전쟁에서 승리할 수 있다는 비전을 끊임없이 제시한 크리에이터였다.

이순신 정신의 세 번째는 소통과 포용력이다.

이순신은 필요하다고 생각하면 지위고하를 가리지 않고 인재를 중용했으며 그들 각자가 가진 재능을 끄집어내 극대화했다. 아무리 사소한 것이라도 세심하게 챙겼으며, 한없이 겉돌던 부하들과 백성들을 끌어내 하나로 만드는 소통 능력을 보여주었다.

이순신포럼의 '이순신 리더십 버스'를 타고 격전의 현장을 둘러보며 점차 이순신의 실체에 다가가게 된다. 나라면 어떻게 했을까? 420여 년 전에도 했는데, 지금 와서 못할 게 뭐가 있겠느냐는 생각이 절로 든다.

이순신 리더십 버스를 타다, 생각이 바뀌다!

사실 우리는 너무 이기적이다. 자금이 부족하다, 능력 있는 인재가 없다, 재수가 없었다 등등 남 탓만 하고 있다. 나 하나 바뀐다고 세상이 달라지겠냐는 이기적인 생각으로 아무것도 바꾸려 하지 않는다. 그래선 당연히 변화와 발전을 이룰 수 없다.

사람인 이상 잘못을 할 수도 있고, 어떤 일을 하다 보면 잘못된 부분이 나타날 수도 있다. 물론 문제가 있어서 그렇게 되었겠지만, 뒤집어 생각해보면 잘못된 그 부분에 해답이 있는 경우가 많다. 한 번 잘못되었다고 실망하고 포기하기보다는 해답을 찾으려는 노력이 필요하다. 그러나 요즘은 어른이나 청년들이나 그런 노력 대신 남 탓만 하는 것 같다. 설혹 잘못된 것이라도 바로잡으면 된다. 피해를 최소화하려는 노력이 필요하다. 그런데 지금은 잘못되면 아예 포기해버린다.

지금 우리에게 필요한 것은 도전정신이다. 창림모아츠는 사훈이 없다. 대신 "나는 할 수 있다"는 문구만 걸어놓았다. 나는 그것이 창의적인 사고이고 자신감이고 도전정신이라고 생각한다. 내가 지금 외국어에 도전하고 있는 것도 그런 생각에서다. 사업상 영어나 일어를 조금 하지만, 좀 더 능숙한 대화를 위해 공부를 이어가고 있다. 항상 기죽지 않고 도전하려 노력한다. 겁내지 않아야 새로운 것을 경험할 수 있다는 게 내 신념이다. 이순신 장군도 매번 나는 할 수 있다고 자신을 다독이며 혹시나 일어날지 모를 두려움을 삭였을 것이다.

'이순신포럼'에서 운영하는 '이순신 리더십 버스'는 학습 효과도 효과지만, 임진왜란의 전적지를 둘러보며 이순신 정신에 대해 생각해보고 사고의 전환을 이루는 게 가장 큰 이득이다. 단순히 어떤 해전에서 몇 척의 적선을 부수고 몇 명의 왜군을 섬멸했는가 하는 연대기가 아니라, 그 시대에 필요한 것이 무엇이었고 그걸 통해 무엇을 이루었는지를 아는 게 중요하다. 특히 이순신 정신과 그의 변화와 혁신 의지를 아는 것이 핵심이라 할 수 있다.

또한 그런 정신과 의지, 상황에 대한 인식과 유효적절한 전략의 수립과 실행 등을 지금 시대에 어떻게 적용할 것인지를 고민하는 계기가 되는 것 같다. 그런 고민과 변화는 곧 지금의 내 앞에 닥친 현실에서 어떤 역할을 할 것인지를 깨닫게 해준다. 뭔가 적극적으로 해보려는 의지를 불러일으키는 것, 그것이 이순신 리더십 버스의 가장 큰 장점이자 핵심이다.

그렇게 이순신 리더십 버스에 탑승한 사람들은 공감대를 형성하고 원활한 소통을 이룬다. 또한 어떤 문제 앞에서도 좌절하지 않고 헤쳐나갈 수 있는 문제 해결 능력을 키운다. 격전의 현장을 둘러보고 체험하면서 당시의 상황과 긴박했던 실체에 한 발 더 다가가 '나라면 어떻게 했을까, 420여년 전에도 했는데, 그때보다 여건이 훨씬 좋은 지금 와서 못할 게 뭐가 있겠냐'라는 긍정적이고 적극적인 마인드로 바뀌게 되는 것 같다. 이순신 리더십 버스에 탑승한 회사 직원들은 돌아와서 '협업과 소통'의 중요성을 깨닫고 이를 통해 더 나은 내일을 준비하게 된다고 입을 모은다.

이것이 이순신 키워드라고 생각한다. 지금 잘 나가도 방심하면 곧 좌절의 상황이 닥치고, 반대로 지금 힘들고 어렵더라도 정신 차리고 내일을 준비하면 곧 승리할 수 있는 기운이 충만해진다는 사실. 그것이 내가 틈만 나면 잠자는 이순신 장군을 불러내 만나는 이유이기도 하다.

미주
이순신 교육 운동의
어제와 오늘

이내원

대전고등학교와 서울대학교 사범대학을 졸업했다. 미국 워싱턴으로 이주한 후 재미 한국 교육과 이순신 정신 인성 교육에 힘써왔다. 2018년 세계 이순신 교육 사이트 www.yisunsinworld.com을 개발하여 세계 한국학교 연계 '이순신 글쓰기'에 나서고 있다.

이순신 미주교육 운동의 시작

한 사람의 인생 진로나 심지어 세계사의 큰 흐름조차도 우연한 만남과 사소한 사건으로 인해 그 전개 과정이 크게 바뀌거나 요동치는 사례를 흔히 본다. 이순신 미주교육의 시작 또한 그러했다.

필자는 사범대학을 졸업하고 미국 이주 22년째가 되는 1997년 가을, 생업도 어느 정도 안정기에 접어드는 시기에 여가를 활용해보고자 한국의 헌 책을 들여와 빌려주는 허름한 책 방에 들어섰다. 이 우연한 행보가 이순신 미주교육 운동으로 이어졌다.

무슨 책을 빌릴까? 어지럽게 진열된 책장을 둘러보던 중 책장 맨 윗단에 제법 깔끔해보이는 검정 표지의 책 한 질이 눈에 띄었다. 다가가 표제를 보니 《임진왜란》이었다. 순간, '임진왜란 하면 성웅 이순신 이야기일 터인데 뭐 그리 늘려 쓸 것이 있다고 일곱 권으로 만들었을까?' 의아해하며 첫 권을 뽑아보았다.

함경남도 풍산(豊山) 출생으로 일본 도쿄대학을 중퇴하고 동아일보 출판국장을 지낸 소설가 김성한(金聲翰)의 저술이었다. 작가는 믿음이 가지만 바쁜 이민 생활 중에 임진왜란 한 가지 주제로 일곱 권을 읽기는 부담스러웠다. 그래서 일곱 권을 모두 내려 대중없이 몇 군데씩 책을 펴 보다가 놀라 어안이 벙벙했다. 침입한 왜군의 만행으로 무고한 조선 백성들의 시체가 길가에 즐비하고, 야만스럽게 산 사람의 코를 잘라가 코 없이 다니는 사람들이 종종 눈에 띄었다는 대목에 분노가 치밀었다.

필자의 학창시절인 1950~1960년대의 이순신 교육은 해방 정국의 고교 국정교과에 나오는 이순신 연구의 선구자인 이은상의 《성웅 이순신》뿐이었다 해도 과언이 아니다. 따라서 필자 세대의 임진왜란에 대한 인식은, 대륙 침략이라는 턱도 없는 욕심으로 조선을 침범한 도요토미 히데요시의 왜군들이 이순신 장군에게 싸울 때마다 참패하여 초라하게 쫓겨난 '신나는 승전보'로 각인되어 있었다.

이게 정말일까, 의아해하며 소설의 행간을 좀 더 뒤져보다가 중요한 주해(註解)를 발견했다. 저자 김성한은 역사소설을 좀 더 실제 기록에 가깝도록 엮어내고자 주요 사건의 서술 말미에 출전(出典)을 덧붙여서 사실성(史實性)을 입증하는 독특한 편제를 추구하였다. 그렇다면 '이 비참했던 참상이 창작적 가공이나 허구가 아니고 역사 기록이란 말인가?' 필자는 일곱 권 전질을 몽땅 빌려와 읽기 시작했다.

이렇게 필자는 뒤늦게, 그것도 미국에서 전혀 새로운 이순신을 만났다. 특별할 것 없는 이 이야기를 이만큼이나마 마음 기울여 기록하는 데는 나름의 이유가 있다. 나이 팔순이 넘은 현시점에서 돌아보니, 의미 없이 끝날 수도 있는 일생을 하나라도 더 알아보려는 탐구욕과 교육이라는 엄중한 과제를 추구하며 그나마 '백지 일생'을 면할 가능성을 남겼다는 메시지를 전하고 싶었다.

이순신 복습과 탐구의 어려움

말이 복습이지 책으로 배운 이순신이란 고등학교 국어 교과서에 실린 "내 고향 남쪽 바다, 그 푸른 물 눈에 보이네, 꿈엔들 잊으리오…"라는 이은상의 《성웅 이순신》 뿐이었으니, 사실상 새로운 공부였다.

그러나 이순신을 독학하는 데는 두 가지 어려움이 따랐다. 하나는 끝없이 일어나는 의문을 홀로 해결하기 위해서 여러 자료를 참고하는 교차확인이 필요했다. 한데 그때는 IT 정보기술이 정착되기 이전인 2000년대 초였고, 더군다나 워싱턴이라는 타국이다 보니 자료와 정보 입수가 쉽지 않았다.

이런 와중에 서울에 있는 육군 대위 출신 처조카사위 표수현이 열성을 다해 준 덕으로 약 5년에 걸쳐 한국의 이순신 출판물 150여 권을 모았다. 그러나 이즈음부터 필자는 한국의 이순신 출판물에 강한 회의를 갖기 시작했다.

저자와 출판사는 달라도 내용을 들여다보면 마치 베끼어 쓰기를 한

듯 큰 차이나 새로운 역사 관점이 보이지 않아 허탈했다. 같은 사안에 대해서도 탐구자에 따라 다른 해석과 의미를 제기하는 학술 풍토가 보이지 않았기 때문이다. 이때 필자는 이왕이면 올바른 학설로 이순신 공부를 똑바로 해야겠다고 생각하게 되었다.

2003년이었던가, 가지고 있는 문헌에서 충무공수련원을 알게 되었고, 정통 이순신 학설을 찾아 그곳의 문을 두드렸다. 그 당시 원장은 최두환 교수였고, 현재 순천향대학교 이순신연구소장인 제장명 교수가 연구원으로 실무를 담당하고 있었다. 그때 제 교수는 불쑥 찾아온 해외의 낯선 방문객인 필자를 참으로 자상하고 친절하게 안내하며 박물관 거북선 등을 두루 보여주었다.

당시에는 우리 두 사람 중 누구도 이 어설픈 만남이 15년이라는 세월 동안 이어지며 이순신 세계화 교육에 한몫할 줄은 생각지도 못했다. 이렇게 필자는 한국 정통 이순신 연구의 메카라고 할 수 있는 해군사관학교의 학설에 다가가고 있었다.

신문 기고를 통한
이순신 계몽운동을 시작하다

새롭게 이순신 공부를 시작한 지 6년 만인 2003년이 되니 완전히 새로운 인간 이순신이 정형화되었다. 필자가 이순신을 일개 무장(武將)으로 보지 않고 완성도가 지극히 높은 '인간 이순신'으로 정형화할 수 있었음은 다행 중 다행이요 복 중의 복이라고 자부한다. 장군이라면 전장의 영웅으로 역사 인물에 불과하지만, 완성형 인간이라면 현대 교육 사조가 추구하는—두루 부족함이 없는 완성형 시민을 양성하려는—전인교육(全人敎育)과 맞닿아 그 응용 확장성이 무한하기 때문이다.

알면 알수록 이순신은 혼자만 알고 있기에는 너무나 아까운 교육 자료였다. 이 시대의 한인들은 필자와 마찬가지로 '이순신' 이름 석 자 외우는 것으로 이순신을 잘 안다고 자부하며 자신을 속이고 있었다. 이는 한국 교육과정의 탓으로 너와 나의 차이가 없었다.

이를 바로잡고자 교민들이 애독하는 신문에 기고를 시작하며 이순신 계몽운동을 펼쳐나갔다. 그렇게 드문드문 신문 기고를 하던 2004년 4월 《워싱턴 중앙일보》에서 10회에 걸친 이순신 기획 연재를 제안해왔다. 제목은 "21세기에 다시 읽는 이순신"이었다. 이 연재를 접한 시카고의 한 한글학교 운동가는 세계의 몇몇 한국학교에 교육자료로 채택했으면 한다며 승인을 요청해와 보람을 느끼기도 했다.

교육 대상을 동포 차세대
초·중·고 학생으로 예정하다

정신과 인성교육을 생각할 때 그 대상은 당연히 초·중·고 학생이어야 한다. 그러나 필자가 신문·방송 기고로 기성세대에 먼저 다가간 데는 두 가지 이유가 있었다.

첫째, 한글 독해가 어려운 동포 학생들이 비교적 편하고 쉽게 읽을 수 있는 짧고 다양한 주제의 이순신 교육자료, 즉 읽을거리가 먼저 마련되어야 했다. 필자의 교육 신념으로는 비록 한 줄의 문항이라도 학생이 직접 읽고 느끼는 교육만이 인성 함양에 다가가는 유일한 길이라고 생각했기 때문이다.

본국의 수많은 '어린이 이순신'처럼 미주의 어린이들도 이순신을 일대기 통사로 교육하려 하면 쉽게 싫증을 느껴 포기하거나 초점을 잃는다. 그래서 필자는 '이순신의 효성', '이순신의 책임감', '이순신의 창의력', '백성을 끔찍이 사랑한 이순신'과 같이 단계적으로 나눠서 교육하는 방식을 택했다.

이런 자료는 본국에서도 찾을 수가 없었으므로 필자가 직접 약 30편을 지어냈다. 또 해외인 만큼 현지인과 같은 영어 능력을 갖춘 버지니아 법과대학 출신의 큰딸과는 'A Brief Study of Yi Sun-Sin(이순신에 대한 간략한 연구)'과 'Great Lessons of Yi Sun-Sin(이순신의 위대한 교훈)'의 두 편을, MIT를 졸업한 작은 딸과는 'Turtle Ship Gobuksun' 한 편을 합하여 모두 세 편으로 교육 사이트(www.yisunshinusa.com)를 먼저 마련했다. 이 준비에 2005년 초반부터 약 6개월이 소요되었다.

둘째, 신문·방송 기고와 강연은 새로운 이순신의 소개와 함께 학부모에게 이순신 교육의 필요성을 인식시키는 분위기를 조성하려고 계속하였다.

'워싱턴 이순신문학상' 시대의 개막

워싱턴문인회는 수준과 규모가 높은 편인데 2004년에 필자에게 가입을 권유했다. 초청한 성의에 답하고자 회의에 참석하여 그 자리에서 "이렇게 동네 문학회만 할 것이 아니라 '이순신 문학공모전'을 만들어 워싱턴문인회가 미국 전역으로 활동의 지평을 넓히는 것이 어떻겠는가"를 제의했다.

이 제안은 이렇다 할 이의 없이 당시 이문형 문인회장의 열성이 더해져 '이순신 워싱턴문학상' 시대가 개막되었다. 공모전은 학생부와 일반부로 나누었고, 또 학생부는 옥포상(1~4학년)·한산상(5~8학년)·명량상(9~12학년)의 세 등급으로 나누었다. 12학년은 한국 학제의 고등학교 3학년에 해당한다.

포상으로는 부문별로 금상은 상금 500달러와 트로피, 은상은 상금 200달러와 트로피, 동상에는 상금 100달러와 트로피를 수여했다.

재미의 이순신 정신과 인성교육이란 한글·한국 학교의 필수제도 교육이 아니라 매년 한 번 이순신 탄신을 기념한 자율선택 글쓰기 과정이기 때문에 참여 동기 유발이 긴요했는데, 상금이 그 역할을 했다. 미국 의무교육 과정에서의 재정 부담은 학기 초에 학용품 구매와 학교 카페테리아에서 점심을 먹는 식대가 고작이라 이민 정착에 고심하는 부모들은 더 이상의 재정 지원을 하려고 하지 않기 때문에 자녀들은 용돈 모으기가 쉽지 않았다. 사정이 그렇다 보니 전자 기술의 발달로 게임기, MP3 등 구미를 돋우는 상품들이 끊임없이 출현해도 학생들은 구매할 수가 없었다. 그런데 이순신 글쓰기 상금만 타면 꿈의 기기를 살 수 있다는 기대는 충분한 참여 동기로 작용했다. 또한 생각 깊은 학부모들은 이순신의 정신과 인성을 자녀에게 심어주고자 자녀들을 적극적으로 독려하여 참여하도록 했다.

글쓰기 공모전은 미국 한글·한국학교 학생들의 부족한 한국어 숙련도로 인해 우수 학생으로 제한되는 단점이 있으나, 반면에 참여 학생과 교사·학부모까지 함께 공부하는 3중 효과와 이순신에 대한 관심이 학교 내에 파급되는 간접효과까지 있었다.

글쓰기 교육의 필수 해결 과제로는 연간 5~7천 달러의 상금과 부대 경비가 필요했는데, 미주교육의 경우 10명 이내의 열성 임원들이 분담하였다. 모금이 어려움에 빠질 때마다 필자는 구국의 은인 충무공 이순신 장군이 후세 한인들의 말뿐인 찬사의 그늘에서 사실은 홀대를 받고 있다는 슬픈 생각을 하였다. 국내외를 막론하고 우리 한인들의 사회 경제적 역량으로 보면 인색하기 그지없기 때문이다.

'워싱턴 이순신문학상' 제도는 2008년 제5회를 마지막으로 신임 문인 회장의 방침에 따라 중단되고 말았다. 게다가 필자의 건강 이상이 겹쳐 2015년까지 학생 글쓰기는 휴면기에 들었고 간헐적으로 순회 강연만 하였다.

휴면 기간 중인 2013년경 필자는 워싱턴 근교에서 한국 이순신 학계

"충무공 충·효·의 사상 본받아야죠"

이순신 문학상 공모전 입상자 시상식 열려

충무공 탄신 471주년 기념으로 7년 만에 부활된 이순신 문학상 공모전의 입상자 시상식이 28일 오후 비엔나 소재 한미과학협력센터에서 열렸다.

행사를 주최한 이순신 미주교육본부(본부장 이은애)는 이날 성인부 노진선(1등, 맥클린한국학교 교사, 에난데일), 이미경(2등), 유시현(3등)씨와 학생부 김세윤(1등, 맥클린고), 박연(2등, 맹글리고), 3등 송다윤(맹글리고) 전제리(맥클린고) 학생과 특별상을 차지한 임하은(로랠빗지초등학교) 양에게 각각 300, 200, 100달러의 상금과 상장 또는 상패와 책 등 부상이 주어졌다.

성인부 노진선씨는 '이순신 정신 인성 역사 교육이 필요한 이유'를, 학부문 김세윤양은 '나는 왜 충무공 이순신을 좋아하는가'를 주제로 작품을 제출해 1등을 차지했다.

김세윤 양 등 수상자들은 "이순신 장군의 훌륭한 점을 부각하고 알리는데 초점을 맞췄다"며 "앞으로도 우리 민족의 영웅인 충무공의 충·효·의에 대한 사상을 본받고 널리 알리는데 앞장서겠다'고 말했다.

이은애 본부장은 '상을 받은 모든 분들이 짧은 시간이었음에도 이렇게 훌륭하고 좋은 작품을 발표하기까지는 얼마나 정열을 쏟았을지 짐작이 간다'며 '이상이 충무공을 더욱 빛내고 워싱턴 지역 문학계의 자긍심이 되기를 바란다고 인사말을 전했다.

김동기 워싱턴총영사, 임소정 한인연합회장, 한연성 WAKS 회장은 학생들에게 축사를 전했다.

또 이내원 이사장의 교육계획 발표, 이문형 심사위원장의 심사평, 수상 소감, 수상작 발표와 박옥춘 박사의 '현대교육과 인성'에 대해 강연 순서도 있었다.

(박광력 기자)

그림 1_____ 워싱턴 이순신문학상 공모전 입상자 시상식

의 중진 학자인 해군사관학교 이민웅 교수를 처음 대면하는 행운을 가질 수 있었다. 하루는 이 교수가 자신을 소개하며 미국 방문길에 미국의 이순신 교육 실태를 파악하고자 조사하다가 필자를 알게 되었다며 한번 만나자고 했다.

필자는 마침 이 교수의 역작 《임진왜란 해전사》를 입수하여 긴요하게 활용하던 중이었다. 이 만남으로 이미 교류 중이던 제장명 교수와 더불어 이순신 해외 교육에 필요한 자료를 한국 해군사관학교의 정통 학설에서 구할 수 있는 기틀을 마련했다.

미주 이순신 교육 운동의 부활과 세계화의 꿈

2014년 7월 4일, 미국 독립기념일에 필자는 예방적 선제 조처로 좁아진 심장의 동맥혈관 네 곳에 바이패스 수술을 받았다. 수술 효과가 기적을 가져온 듯 시도 때도 없이 나타나던 졸음 기도 씻은 듯 사라지고 혈색까지 좋아졌다.

건강에 자신이 서지 않아 이순신 교육 운동 재개는 엄두도 못 냈는데, 이제는 이야기가 달라졌다. 그런 데다 워싱턴 문인이며 한국학교 교장 선생으로 이순신 교육의 3총사 역할을 하던 이은애 선생이 이순신 교육 운동의 재개를 강력하게 주장했다. 충무공의 홍복인가 생각하며 마침내 재개를 결정했다. 이때가 2015년 가을이었는데 다시 시작한 이상 지속성을 염두에 두고 '이순신 미주교육본부', 영어로는 'Yisunsin America Institute'라는 이름으로 비영리법인 등록을 마쳤다.

필자가 기획과 총괄 책임인 이사장을 맡고 이은애 선생이 본부장으로 집행을 맡았다. 7년간의 휴면기를 거치고 재기한 만큼 종전의 답습에서 벗어나 좀 더 파급력 있는 기획이 필요했다. 그리하여 오래전부터 생각은 했으나 엄두를 내지 못했던 이순신 글쓰기의 세계화 계획을 2016년 충무공 탄신 기념일을 기하여 드디어 공표하였다.

여기서 필자가 구상한 '세계화'의 개념을 분명히 밝혀둘 필요가 있겠

310

다. 필자는 미주 본부가 이순신 글쓰기를 세계 각처에서 직접 시행하는 직할 개념이 아니고 경험상 해외 이순신 교육의 최대 난제인 읽기용 교재를 미주용으로 개발한 한영 사이트(www.yisunshinusa.com)에 세계 주요 언어로 번역 게재함으로써 어느 곳에서든지 충무공의 역사·정신·인성을 공부할 수 있게 자료 제공을 한다는 구상이었다. 이렇게 해서 이순신 세계 교육용 사이트에 한글, 영어, 불어, 스페인어, 독어, 일본어, 중국어 번역을 전제로 한국의 정통 중진 학자들에게 게재문 집필을 청원하였다.

해군사관학교의 제장명·이민웅 교수, 순천향대학교 이순신연구소장 임원빈 교수, 한국해양대학교의 의병 전문 김강식 교수 그리고 《난중일기》 전문학자 노승석 여해연구소장에게 글을 의뢰했다. 일면식도 없던 분들까지 모두 흔쾌히 수락해줘서 이순신 교육의 보람을 느꼈다.

그림 2 _____ **이순신 미주교육본부 창립이사회**

미주 이순신 교육 운동의 어제와 오늘

311

세계화 계획이 언론을 통해 한국에 알려지면서 통영 한산대첩기념사업회로부터 초청을 받아 2016년 8월 14일 전후의 기념행사를 관람했고, 2017년 탄신기념일 글쓰기대회에 약 5천 달러의 상금을 지원해주어 최초의 외부 재정지원 사례로 기록되었다.

이때의 글쓰기대회는 워싱턴 인근 버지니아 Braddock Secondary School(중·고 통합형)의 협조로 이순신 영어 에세이 쓰기를 포함하여 한국어와 영어로 처음 시행했다. 응모자는 한국계가 주를 이루었고 자유로운 영어 구사 능력으로 우수한 영문 작품들이 제출되어 새로운 가능성을 확인할 수 있었다.

이러한 결과는 글쓰기 재개 후 신중히 처리하기 위해 대상 지역을 워싱턴 일원으로 한정하였고, 통영 한산대첩기념사업회의 지원으로 예산이 배가 되었기 때문에 가능했다. 또 다른 특기 사항은 최고상 상금을 1천 달러로 높이고 등외 격려상 제도를 채택하여 1인당 50달러씩 40여 명에게 수여하여 글쓰기 참여 학생 140여 명 중 반 이상이 수상하게 된 점이다. 이로 인해 시상식은 '충무공 탄신 기념 축제'의 장이 되는 지극히 긍정적인 효과를 이끌어냈다.

다만 한 가지 고려해야 할 것은, 통영 한산대첩기념사업회 지원금 집행에서 미주 본부는 상금을 본부 수표로 지급하였는데, 수령자가 미성년 학생이다 보니 본인 은행구좌가 없어 입금이 지연되거나 분실되는 사례가 발생했다. 또한 기념사업회가 정한 기한 내에 재정 보고를 마감할 수 없는 등 문제점이 생겨 한·미 간 제도 차이 극복이 미래지향적 해결 과제로 부각되었다.

순천향대학교 이순신연구소와
MOU 체결

2016년 8월 초 통영 한산대첩기념사업회 초청으로 방한했을 때 순천향대학교 이순신연구소 임원빈 소장과의 사전 협의로 이순신 교류와 관련한 MOU를 체결하였다. 언젠가 미국 현지에서 그 당시 임원빈 해군 대령의 새로운 이순신 해석 영상 자료를 보고 그 명쾌한 견해와 논조에 깊은 인상을 받은 바 있었다. 이를 계기로 생면부지였음에도 임 소장에게 세계 교육용 사이트 게재용 기고문을 의뢰했더니 즉각 응답해주어 이후 한국 측 협력학자 대표로 인연을 이어가고 있다.

2017년 4월 18일 이순신연구소가 주관한 '이순신 국제 학술대회'에 미주 이순신 교육 운동의 현황을 발표하기 위해 참석했다. 이 대회에 패널로 참석한 정진술 교수는 "한국의 어린이들은 만화나 영상으로만 이순신을 볼 뿐 책을 읽으려 하지 않는데, 미국에서는 어떻게 학생들에게 책을 읽게 하고 글까지 써내게 하느냐?"는 질문을 한 적이 있다.

간단해보이는 이 질문은 바로 이순신 미주교육의 정곡을 정확하게 짚은 것이었다. 필자는 '이순신'이라는 교육자료의 탐구 응용 분야를 4개 영역으로 나눴다.

첫째, 역사 인물 : 필연적인 연구 과제이나 그 응용 분야가 극히 제한

적이다.

둘째, 군사학적 과제 : 군사 조직의 관심 과제이나 이 또한 그 범위가 극히 제한적이다.

셋째, 리더십 연구 응용 : 군대, 기업, 조직 등의 실용적 접근은 긍정적이나 여전히 조직에 한정되는 제한성을 갖고 있다.

넷째, 인성교육 자료 : 완벽에 가까운 인격적 완성도를 이룩한 이순신은 정신과 인성교육의 이상적 모델로, 현대 교육 사조가 추구하는 두루 부족함이 없는 완성형 시민을 양성하려는 전인교육의 표본이기도 하다. 특히 재생산성과 확장성이 무한대로 한국계를 넘어 세계 인류 평화교육에 이바지할 잠재력을 내포하고 있다.

이순신 미주교육의 핵심은 바로 이 인성교육을 추구하는 것이다. 사범대를 졸업한 필자는 미국 이주 후에도 이순신 공부와 함께 지역 한국학교 후원 활동을 펼쳐왔다. 2004년부터 4년간 워싱턴 지역의 80개 주말 한국학교협의회 이사장을 맡아 재정 자립 운동을 주도하였고, 2006~2010년까지는 미 전국 48개 주에 걸친 약 600개의 한국학교협의회(NAKS) 부이사장과 이사장을 역임하며 한인 교육계에 깊이 관여했다.

한편 2007년에는 《워싱턴포스트》지에 아베 일본 총리의 미 의회 연설을 성토하는 규탄성명을 게재하기 위해 약 5만 달러의 모금을 선도하였고, 2014년 일본의 치졸한 반대 로비 속에서도 버지니아주 동해 병기안의 주 의회 통과에 힘을 보태고자 의결 현장에 세 차례 직접 참관했다. 또한 미국 최대의 한인 장학재단인 '한미장학재단(KASF)'에 이사로 출연·참여하였고, 2012년에는 필자 주창으로 한국전 참전 미군 후손 장학금 제도를 처음으로 제정한 바 있다.

이처럼 사소하다고 볼 수 있는 개인의 역정(歷程)을 스스로 밝히는 이유는, 한인 지역사회에서 한인으로서의 민족의식이 사라져가는 현실이 안타까웠기 때문이다. 바꾸어 말하면 이순신 정신과 인성교육을 통해 한인으로서 정체성과 자부심을 키우고 싶었기 때문이라고 할 수 있다.

미주에서 특히 차세대 한인 학생들에게 이순신 기록을 직접 읽고 느끼는 과정을 통해 바른 인성과 함께 정체성과 자부심까지 교육할 수 있는 유일한 접근 방식이 이순신 교육이라는 신념은 지금까지도 변함이 없다.

반대로 미주 이순신 글쓰기 교육의 난제와 한계는 상금으로 제공될 자금의 모금이다. 지금까지의 경험으로 보면 상금 100달러를 쓸 때마다 약 5명의 학생이 이순신을 기록으로 만난다고 볼 수 있다. 한국과 미국의 학생과 학부모 사이에는 용돈에 대한 분명한 견해차가 있는 것 같다. 한국의 학부모들은 익애(溺愛)적이어서 금쪽같은 자녀들이 조르면 넉넉한(?) 용돈을 쉽게 내준다. 반면 미국의 교육제도에서는 점심값 외에는 돈 들어갈 일이 없기 때문에 교육과 관련해 별도의 용돈을 주지 않는다. 따라서 미국 학생들은 자기가 하고 싶은 활동이 있으면 직접 벌어서 해결해야 한다.

용돈에 대한 이러한 견해차로 미국에서의 이순신 글쓰기는 비교적 짧은 시간의 노력으로 적지 않은 상금 수입을 거둘 수 있다는 매력적인 기회를 제공한다. 부모 입장에서는 자기 자녀가 이순신을 닮은 효자 효녀로 자라기를 바라는 마음에서 이순신 글쓰기 응모를 독려한다.

이순신 미주교육,
리더십의 세대교체가 필요했다

앞에서 얘기한 바와 같이 다음의 목표로 세계화 교육을 설정·공표하였으나 지도부의 인적 구성은 여전히 한계성을 보였다. 그 이유는 첫째 최고 책임자인 필자가 노령으로 혁신과 확장을 보장하기 어려웠고, 본부장인 이은애 선생은 동포사회의 무수한 활동에 관여하는 분으로 이순신 교육에만 집중할 수 없었기 때문이다.

이에 필자는 그 해결책으로 과감한 세대교체를 단행했다. 2017년 12월 31일 자로 이사장, 본부장 두 직을 동시에 차세대에 이양하기로 하였다. 이처럼 과감한 결단을 내릴 수 있었던 데는, 15년 동안 워싱턴 지역 및 미 전역에서 한국학교 교육 운동을 함께하며 신뢰할 수 있는 차세대 인재들과 유대가 형성되어 있었기 때문이다.

먼저 이사장으로는 워싱턴의 대형 교회 부설 한국학교를 20년간 육성해낸 김대영 교장선생을 초빙했다. 이분은 학교협의회 운영에서도 필자와 이사장-협의회장의 협력관계를 상호 신뢰 속에 4년이나 이어온 바 있다.

본부장으로는 역시 워싱턴 출신으로 2018년 9월에 전미한국학교협의회(NAKS) 총회장 임기를 마친 신예 이승민 선생을 영입하였는데, 이분은 미국을 넘어 전 세계 한국학교와의 관계에 정통하여 이순신 세계화 교육에 있어 최고의 인선이라고 자부하고 싶다.

이순신 세계화 교육의
준비 작업

2018년 9월 새로운 이순신 세계 교육 사이트(www.yisunsinworld.com)의 7개 국어(한글, 영어, 불어, 스페인어, 독어, 일본어, 중국어) 편이 일부 번역의 미흡함 속에서도 모양을 갖추어 일차 완성을 보게 되었다.

이 사이트는 15년에 걸쳐 사용해오던 미주 사이트(www.yisunshinusa.com)를 수정 보완하고 편제를 새롭게 한 것이다. 탑재 내용은 어린이 한글 읽기 문항 76편, 한국 전문학자 기고문 17편, 동영상 2편(2시간), 사진첩 약 60매, 영어 12편, 불어 5편, 스페인어 4편, 일본어 3편, 독일어 2편, 중국어 3편 등 외국어 도합 29편 포함 총 130편에 이르는 적지 않은 분량이다.

다만 사이트 구축에 있어 동포들의 지원을 기대하기 어려운 형편이라 필자 독자 부담으로 하다 보니 우수한 번역자를 영입할 수 없어 일부 번역은 재번역을 예정하고 있다. 번역을 진행하던 실력 있는 동문이 급성 질환으로 중도에 하차하면서, 시간을 지체할 수 없어 미흡한 대로 대역을 썼던 탓이다.

한 가지 짚고 넘어가야 할 점은 '이순신'이라는 이름의 영문표기법의

변경이다. 필자가 미주 사이트를 구축하던 2005년경에는 한국 해군사
관학교의 표기가 Yi Sun-Shin이어서 그대로 게재문을 작성하였는데,
2016년 임원빈 소장이 한국 '이순신' 표기법이 Yi Sun-sin으로 일원화
되었음을 통보해주었다. 게재문의 이름을 일일이 바꾸기도 쉽지 않았다.
그러나 그보다도 절실한 문제는 한국식 일괄주의에 따라 일용 단어의

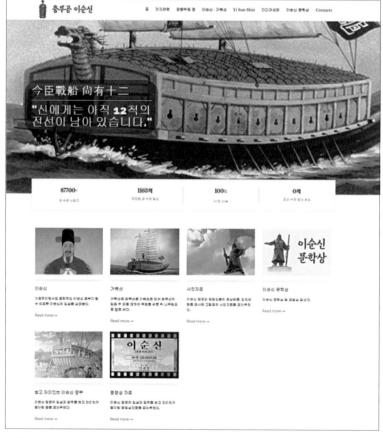

그림 3 _____ 이순신 미주 사이트

영어 표기 기준을 따르다 보니 충무공의 고유 이름이 현지 어감상 발음이나 어의(語意)에서 개악(改惡)이 되었음을 지적하지 않을 수 없다.

새 표기인 Yi Sun-sin의 현지 발음은 '이순신' 보다는 '이순씬'으로 된 발음을 촉발하고 어의로 보더라도 끝절 sin은 '범죄' 또는 '죄악'을 연상하는 단어이니 귀한 이름에 쓰기에는 적절치 않다고 하겠다. 그러나 한

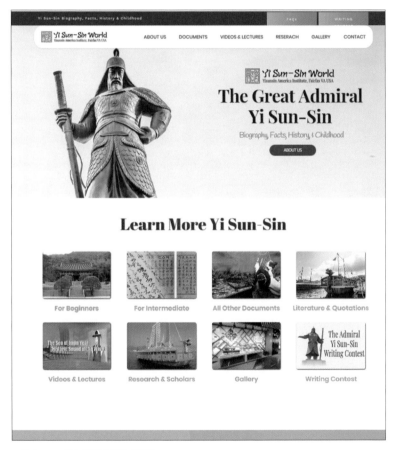

그림 4_____ **이순신 세계 교육 사이트**

국 인물의 고유 이름이다 보니 본국 지침을 따르지 않을 수 없어, 세계 교육의 필수 자료인 새로운 사이트 www.yisunsinworld.com을 마련하였다.

앞당긴 이순신 세계 교육 일정과 직할체제의 채택

앞서 얘기했듯이 2018년 9월, 필자가 세계 교육 사이트 일 단계 완성을 통보하자 새 지도부에서는 바로 다음 달인 10월 1일부터 12월 15일에 마감되는 전미한국학교협의회(NAKS) 글쓰기를 더는 미국 내로 제한하지 않고 세계 글쓰기로 변환하기로 하고 신속하게 세계 한국학교 네트워크에 이를 공표하였다.

이처럼 신속하게 전환할 수 있었던 데에는 신임 지도부가 전미한국학교협의회(NAKS)의 총괄 책임으로 일하며 세계 한국학교들과 연대를 구축한 영향이 컸다. 또 다른 변경 방안으로 2016년 필자가 구상·공표한 세계화 교육의 체계는, 미주교육본부가 세계화 사이트만 작성·제공하고 시행 주체는 세계 각처의 한국학교협의회장에게 일임하는 방식이었다. 그러나 신임 지도부는 이마저도 직할체제로 변경하였다.

사실 필자는 구세대 사람이어서 속도감이나 접근성에서 신세대를 따를 수는 없다. 당연히 직할체제가 세계 글쓰기의 활성화와 일관성에서 유리하다는 점은 인지하고 있었지만, 즉각적인 실행계획 수립과 집행에까지 이르지는 못했다. 그런데 새로운 지도부는 이를 일사천리로 진행한 것이다. 한마디로 지도부의 세대교체가 얼마나 큰 발전을 가져올 수 있는가를 보며 스스로 놀랐다.

이 첫 번째 세계 글쓰기의 심사 결과는 2019년 1월에 발표되었는데, 뜻밖에도 최우수상이 태국 치앙마이 한국학교 10학년 고경연 학생에게 돌아갔다. 출제를 담당했던 필자가 당연한 관심으로 최고상 작품을 입수하여 읽어 보았는데, 내로라 하는 성인 지식인들조차 이순신을 집중적으로 다시 공부하지 않고는 써낼 수 없는 수준이었다.

구분	국가	공관	학교수	교사수	학생수
아시아	19	43	289	2,274	18,643
대양주	4	7	64	874	5,651
북미	2	16	1,005	9,542	50,499
중남미	21	21	86	647	5,237
유럽	27	32	115	986	6,586
러.CIS	9	12	183	634	9,363
아프리카.중동	32	29	48	360	1,792
총계	114	160	1,790	15,317	97,771

그림 5 _____ 세계 한국학교 분포도

새로운 출제 방식 : 한국어 능력이 부족한 해외 학생들에게 이순신 문항을 읽고 쓰기란 큰 부담이 아닐 수 없다. 당연히 담당 교사나 학부모의 도움이 절실하다. 또한 주말 한국학교에서는 일주일에 하루 3시간 반을 쪼개어 한글, 한국 역사, 한국 문화까지 배우려니 부족한 시간에 쫓기게 마련이다. 이순신 글쓰기에 너무 많은 시간을 할애하게 할 수 없는 이유였다.

고심 끝에 필자는 그 대책으로 글쓰기 출제 주제마다 4편의 연관 독해 문건(읽을거리)을 지정해주었다. 이 4개의 기본 문건만 읽어도 70~80퍼센트의 해답을 찾을 수 있도록 한 것이다. 부지런한 학생은 다른 연관 문건을 사이트에서 찾아 완성도를 높일 수도 있었다. 이 출제 방식은 학생의 시간을 아껴주면서도 더 좋은 작품의 양산으로 이어졌다. 대성공이었다.

심사와 평가 방식 : 연간 심사할 응모작은 120~150편이 되었다. 소속 학교 단위로 예비심사를 거쳐 당선 가능성이 보이는 작품만 제출하는 방식이었다. 심사는 문인 약 15명을 모집하여 출제 내용과 지정 문건을 충분히 읽고 심사에 임하도록 하였다. 공정하게 하기 위해 사무총장이 출품 학생의 신상정보를 가리고 관리번호만 써넣었기 때문에 심사위원은 어느 지역 어느 학생의 작품인지 알 수가 없었다.

공정성은 확보되었지만 문인들이 기성세대이다 보니 심사위원장의 지침을 충분히 지키기 어렵고, 심사의 경향도 기록적 정확성보다는 문학성을 더 고려하는 경향이 커 앞으로 교사 심사위원단의 구성을 재고할 필요가 있다고 본다.

본인 검증과 교육 효과의 확인 : 이순신 미주교육의 교육 기조는 '외

그림 6 _____ **이순신 글쓰기대회 심사 모임**

워 쓰기'가 아니다. 공모전 공표와 더불어 쓰기 주제와 연관 독해문 4편
을 지정받고 사이트에서 이들을 찾아 공부한 후 출제 취지에 맞는 최선
의 응모작을 구성하여 제출해야 한다. 약 3개월에 걸쳐 자료를 마음대로
참고해서 '공부하며 써내기'를 하는 게 핵심이다. 요약하면 학생들이 '영
화'나 '만화'가 아닌 참된 이순신 기록을 직접 읽을 수 읽도록 동기를 부
여하고, 출제 요지로 강조 부각되는 이순신의 정신과 인성적 특성을 파
악하게 하는 '기회 교육' 방법이라고 할 수 있다.

　　마지막 단계로 출품 학생들의 이순신 교육 효과를 엄정하게 확인·검
증하는 '학생 단독 전화 인터뷰' 제도는 미주 '이순신 글쓰기 교육'의 백
미로 꼽힌다. 3개월의 준비 과정에서 학생들은 다양한 시나리오를 상상
할 수 있다. 부족한 학생을 독려하기 위해 교사와 부모는 진땀을 빼야 하

미주 이순신 교육 운동의 어제와 오늘　　　　　　　　　　　323

고, 때로는 화가 나기도 할 것이다. 심지어는 답답한 교사나 부모들이 글을 거의 다 써줄 수도 있다.

그러나 본부에서는 이에 대해 전혀 염려하지 않는다. 교육 경험이 많은 교사가 전화 인터뷰로 해당 학생이 자기가 제출한 응모작의 내용과 출제 취지를 충분히 이해하고 대답할 수 있는가를 우리말 구술 능력까지를 참고하여 판단하기 때문이다. 응모 요강을 발표할 때 수상권에 든 학생은 예외 없이 개인 전화 인터뷰 심사를 받게 됨을 미리 공지한다.

이순신 문건을 읽고 내용을 이해하여 취지에 맞는 작품을 제출하고 그 내용을 충실하게 설명할 수 있으면 '이순신 읽고 배우기' 효과는 충분히 달성되었다고 볼 수 있다.

맺음말

이순신 미주교육 기조의 핵심을 요약 정리하면 다음과 같다.

- 정통 이순신 학설에 따른 문건을 읽고 이순신을 감성적으로 느끼는 교육을 한다.
- 이순신을 전쟁 영웅이 아닌 인격 완성의 표본으로 하여 그 정신과 인성을 본받아 해외 어느 곳에서든지 한국계로서의 뚜렷한 정체성과 자부심을 지니고 현지 주류사회에 기여하는 리더로 자라도록 한다.
- 이를 위해 2~7쪽으로 된 다양한 주제의 독해문(읽을거리)을 충분히 작성하여 사이트에 게재하고 현지어 번역도 진행한다.
- 한국의 활발한 국제경제 교류와 적극적인 정착 이민으로 새로운 해외 집단을 형성하는 한국계가 조국에 대한 뿌리 의식과 애국심으로 강대국 사이에서 고전하는 한국의 외교 안보에 기여하게 한다.
- 해외 이순신 교육의 성패를 좌우할 현지 교사들의 이순신 재교육을 위하여 유튜브 강연집 《이순신 생생 자료 강연》 1편(인간 이순신의 완성-40분), 2편(이순신의 정신, 인성, 전술, 무기-1시간)을 작성·제공한다.

구국의 영웅과
모친에게서 배우는
'역사의 지혜'

박기현

안동 출신의 역사작가로 우리 역사를 대중에게 널리 알리는 데 힘써왔다. 역사서 부문 베스트셀러 《조선의 킹메이커》를 집필했다. LG그룹 홍보팀장, 《국제신문사》 기자, 《도서신문》 초대 편집국장, 《월간 조선》 객원 에디터, 리브로 경영지원실장, (재)한중일비교문화 연구소 사무국장을 역임했다. 1991년에 문화정책 비평서 《이어령 문화주의》를 출간하며 글쓰기를 시작했다.

《징비》, 《조선참모실록》, 《우리 역사를 바꾼 귀화 성씨》, 《KBS HD 역사스페셜》(제5권), 《악인들의 리더십과 헤드십》(동양편·서양편) 등의 역사서와 《한국의 잡지출판》, 《책 읽기 소프트》 등의 교양서 10여 권과 이순신의 어머니 초계 변씨를 소설화한 《나라의 치욕을 크게 씻어라》와 《러시안 십자가》, 《태양의 침몰》, 《별을 묻던 날》 등의 장편소설 및 여러 권의 번역서가 있다.

현재 한양대학교 국제문화대학 겸임교수이자 소설가로, 이순신학교에서 제자들을 키우고 있다.

이순신 장군의 멘토,
어머니 초계 변씨

1594년 1월 12일 맑음

아침을 먹은 뒤 어머니께 하직을 고하니 "잘 가거라. 나라의 치욕을 크게

씻어라." 하고 두 번 세 번 타이르시며

이별하는 것을 조금도 탄식하지 아니

하셨다.

1597년 4월 13일 맑음

일찍 아침을 먹고 어머님을 마중하려

고 바닷가로 가는 길에 홍찰방 집에 잠

깐 들러 이야기하는 동안 아들 '울'이

그림 1_____ **이충무공 사모비 비문 해설**

종 '애수'를 들여보내어 "아직 배 오는 소식이 없다."고 했다. (중략) 조금 있다가 종 '순화'가 배에서 와서 어머님의 부고를 알린다. 뛰쳐나가 뛰며 슬퍼하니 하늘의 해조차 캄캄했다. 곧 해암(海巖)으로 달려가니 벌써 와 있다. 길에서 바라보는 가슴이 미어지는 슬픔을 어찌 다 적으랴. 뒷날 대강 적었다.

이순신 장군의 《난중일기》 중 가장 감동적이고 비극적인 대목이다.

이순신 장군이 가장 사랑했고 존경했던 분은 평생 스승이자 멘토로 모셔온 어머니 초계(草溪) 변씨였다. 지금은 이름조차 전해오지 않는 이 위대한 여성이야말로 우리 민족의 가장 위대한 어머니상으로 받들어야 마땅한 분이다. 그러나 맹자 어머니는 알아도 이순신의 어머니는 기억하지 못하는 작금의 현실이 슬프고 갑갑하여 그분의 삶을 추적하여 널리 알리고자 한다.

꼭 알려야 할 필요에 의해 쓴 책

과연 절체절명의 국난을 극복해낸 성웅 이순신을 가르친 스승은 누구일까? 이순신의 정의로움과 정성스러움, 자립자강의 놀라운 삶의 철학은 누가 심어준 것일까? 그것이 너무도 궁금해서 역사 사료를 뒤지기 시작했고, 2년간 자료 수집에 매달리며 지속적인 탐문과 유적지 답사를 통해 결국 이순신에게 가장 큰 영향을 미친 이가 바로 어머니 초계 변씨였다는 것을 알게 되었다.

그분은 시작도 없고 끝도 없는 역사의 뒤켠에 숨은 채 여기저기 문헌에만 조금씩 얼굴을 드러낼 뿐이었다. 호기심 많은 필자는 결국 역사의 추적자가 될 수밖에 없었다.

그러나 충무공의 외가인 아산 집도, 정읍 현감 시절의 관사도, 모친이 기거하던 전라좌수영 근처 여수 고음천의 자택도 쉽게 정보를 내주진 않았다. 《난중일기》의 기록에서 보이는 모자 사이의 지극한 사랑은 알겠는데, 정황증거만 있지 어머니에 대한 구체적인 정보는 부족했다. 다행히 여수 고음천에 대대로 살면서 아산서 내려온 변씨를 정성으로 보살핀 압해 정씨 창원파 가문이 만든 '100년 역사 자료집(세보)'을 얻어 읽으면서 변씨와 이순신 장군에 대한 이야기의 얼개를 대충이나마 그려낼

그림 2_____ **여수 웅천의 이순신 자당 기거지**

수 있었다.

또한 《난중일기》와 그녀가 직접 작성한 이순신 가문의 재산 분급에 대한 기록도 여기에 보태면서 이야기에 살을 입힐 수 있었다. 많지 않은 사료 속에서 이순신 가계에 대한 논문 두 편이 나온 것도 큰 도움이 되었다. 그런데도 군데군데 비어 있는 이순신과 모친의 역사 이야기는 《난중일기》에 남긴 기록을 통해 보충할 수 있었다.

초계 변씨를 취재하면서 필자가 찾아낸 가장 극적인 대목은 아들이 1957년 정월에 모함을 받아 한양으로 압송된 직후인 음력 3월 그믐께 여수 고음천에서 쪽배를 내어 아들을 보러 올라가는 장면이다. 당시 변씨는 83세의 고령에 중병까지 앓고 있었다고 한다.

내 관을 배에 실어라

대청을 울리는 쩌렁쩌렁한 목소리는 도무지 깊은 병이 든 여든 넘은 노인 같지가 않았다.

"너희야말로 왜 이 난리들이냐? 내 아들이 임금님에게 밉보여 파직당하고 감옥에 갇혔다는데 내가 가지 않으면 누가 가겠느냐? 아들이 죄를 지었다는 것은 모함이거나 뭔가 착오가 있을 터. 내가 나라님에게 가서 고하더라도 진실을 밝혀낼 것이다. 내가 못 갈 곳이 어디란 말이냐? 내가 살면 얼마나 산다고 아들도 보지 못하고 눈을 감으란 말이냐?"

고령인 데다 한평생 겪은 고생으로 마를 대로 마른 몸이었지만, 변씨의 강단은 조금도 약해지지 않았다.

"서둘러라. 내 이번에 아산에 올라가면 다시는 내려오지 못할 터이니 내가 입을 수의와 관을 미리 준비해서 올라갈 것이다. 그리 알고 준비하라."

"아니, 무슨 말씀이세요?"

"내 관을 짜서 실으라는 말 못 들었느냐?"

아들에게 닥친 억울함과 위기를 소명하고 절망에 빠졌을 자식에게 힘을 실어주기 위해 마지막이 될지도 모를 뱃길 이동을 준비하는 어머니. 그녀는 사대부보다 더 큰 배짱과 포부를 지닌 당찬 여성이었다.

초계 변씨는 1515년생이다. 친정은 충남 아산 고을의 백암리라고 전한다. 아버지는 무인 출신으로 알려진 '변수림'이다. '초계'는 경남 합천의 옛 이름이다.

그녀는 셋째아들 이순신을 1545년에 낳았다. 지금 서울 충무로인 당시 건천동에서 출산하여 어린 시절 내내 열심히 공부를 시키고 담대한 성정을 키워내는 데 힘썼다.

필자는 당시 남산(목멱산)에서 청계천까지 34채의 기와집이 들어서 있었다는 기록을 찾아냈다. 놀라운 것은 이 골목 안에서 당대 임진왜란을 헤쳐나간 위대한 영웅들이 앞서거니 뒤서거니 하면서 함께 살았다는 점이다.

변씨는 둘째 아들 요신의 급제를 준비시키기 위해 먼저 동학(東學)에

다니도록 권했다. 셋째인 순신은 아직 서당에 재학 중이었다. 이때 이순신은 자신을 평생 지켜주는 서애 류성룡을 만난다. 형 요신과 성룡은 동갑인 데다 서로 우정이 깊어 한평생 학문의 동지가 되기로 결의하고, 순신과도 각별히 지낸다.

순신은 동네에서 자신보다 3년 아래인 허성과도 친분을 쌓았다. 허난설헌의 오빠이자 허균의 형인 허성은 뛰어난 학문으로 선조 때 승지로 재직하며 이순신을 조용히 후원했던 인물이다. 더 놀라운 것은 이 동네에 순신보다 다섯 살 연상의 원균이 함께 살았다는 점이다. 이 다섯 명의 영웅들이 임진왜란 발발(1592) 전에 한 골목에서 살을 부대끼며 함께 살았다. 정녕 하늘이 이 나라를 어여삐 여겨 서로 돕고 후원하고 지켜가게 하기 위해 맞추어놓은 것이 아닌가 하는 생각까지 해본다.

어머니 변씨는 앞으로 일어날 국가적 위기를 예상하고 아들의 급제를 위해 건천동으로 이사한 것이었을까? 그가 의도했든 아니든 간에 이곳에서의 운명적 만남을 통해 이들은 결국 임진왜란을 극복해가는 진정한 동지들로 규합된다.

그리고 그녀는 이순신이 청년이 되기 전 점점 쇠락해가던 덕수 이씨 가문의 가솔을 이끌고 친정이 있는 아산으로 내려가 정착을 시도한다. 우리가 이순신을 아산 사람이라고 잘못 아는 이유가 여기에 있다. 어쨌든 어머니 덕분에 이순신은 살림 걱정 없이 장수로서 가장으로서 평안한 삶(?)을 누릴 수 있었다. 게다가 처가도 외가도 다 아산이라서 순신은 살림 걱정을 덜 수 있었다. 아마도 이것이 그녀가 아산 이주를 결행한 이유가 아니었을까?

초계 변씨는 두 번이나 재산을 아들과 손자에게 분배한다. 남편 대신에 가정의 모든 재산 관리를 맡고 있었음을 짐작게 하는 대목이다. 필자는 이 기록을 뒤지다가 이순신 집안이 우리가 알고 있는 것처럼 심하게 가난하지는 않았다는 점도 알게 되었다.

아산과 전국에 소유한 노비가 20여 명에 달해 보통 규모의 살림은 유지할 수 있는 형편이었다. 다만 조부와 부친이 벼슬에 오르지 않아 집안이 점점 쇠락해갔던 것은 사실이다. 이를 극복하기 위해 아산으로 이사하고 보성 군수의 부잣집 외동딸과 맺어주는 등 평생 이순신을 후원한 것이 그녀였다.

그런가 하면 변씨는 아들이 자신을 너무도 염려하여 근무하는 데 지장을 줄까 봐 두 차례나 이사함으로써 아들 곁을 지킨다. 충무공의 부인은 아산에 있어도 그 어머니는 정읍과 여수 고음천으로 옮겨왔다. 이순신은 정읍 현감이 되었을 때도 모든 식솔을 이끌고 이사했고, 다시 전라좌도수군절도사가 되었을 때도 어머니를 여수 고음천으로 모셔온다. 필자는 사실 이 부분을 보며, 아들보다 어머니가 먼저 현지로 따라가기를 원했다는 추정을 해본다. 그녀의 성정으로 볼 때 어머니를 사모하는 아들의 마음이 너무도 지극하여 행여 좌수사 임무에 지장을 주지 않을까 우려해 압해 정씨 집 곁방살이를 하면서도 아들 곁을 지켰을 터였다.

실제로 이순신은 《난중일기》 곳곳에서 어머니께 문안을 여쭙기 위해 파발을 보내고 서신을 띄우는 등 어머니를 걱정하는 모습을 보였다. 때문에 변씨는 자신이 고생스럽더라도 아들 곁에 있는 게 여러 가지로 이

득이 된다고 보았을 것이다.

여수 고음천 자당 기거지 자리에 서면 여수 바다와 섬들, 집 앞에 심은 대나무밭, 아들을 기다리며 내다보던 자그마한 언덕, 여수 선소(조선소)에서 아들의 장한 모습을 지켜보고 있었을 어머니 변씨의 모습이 그려진다.

어머니와 아내 덕분에
무과로 전환하다

필자는 이순신 장군의 아내 방씨 자료를 뒤졌는데 이번에는 이순신의 장인 방진이 보성 군수를 지냈다는 것, 활쏘기의 명인이었다는 사실, 방씨가 외동딸이었다는 것 정도만 겨우 얻어낼 수 있었다. 이외에 이순신을 군수 방진에게 연결해 중매를 선 인물이 명종~선조 시대에 탁월한 통찰력으로 국방 강화에 최선을 다했던 청백리 동고 이준경이었다는 것, 그리고 후일 이순신의 멘토였던 정걸 장군과 장인 방진이 다 그의 수하였다는 것도 알게 되었다.

이순신이 문과 급제를 준비하다가 무과로 방향을 전환한 데는 이러한 도움의 손길들이 존재했기 때문이었고, 가장 결정적인 훈수는 어머니와 아내, 그리고 장인의 충고였다는 것도 추측할 수 있었다.

변씨는 치마를 둘렀을 뿐 당대 어느 사대부와 겨뤄도 밀리지 않을 만큼 담대함과 정직함, 가문과 가족에 대한 책임감이 강했다. 특히 결단력이 뛰어나고 모성애가 누구보다 더 강했던 어머니로 기억된다.

그녀는 아들 넷을 낳았는데 남편과 함께 아들 넷의 이름을 이희신(여익, 李羲臣), 이요신(여흠, 李堯臣), 이순신(여해, 李舜臣), 이우신(여필, 李禹臣)이라고 지었다. 중국 상고시대의 임금들(강희제, 요, 순, 우) 이름에서 가져온 것이다. 손자 아홉 역시 당대 최고의 용사로 키워냈다. 왜 조모가 키웠다

그림 4_____ **이순신 형제의 아들들**

고 말할 수 있는가 하면, 맏아들 희신과 둘째 요신이 일찍 세상을 뜨는 바람에 셋째 순신이 조카들을 맡을 수밖에 없었다. 그런데 당시는 공이 변방을 떠돌던 초급장교 시절이라 어쩔 수 없이 할머니가 손자들의 양육을 책임져야만 했다.

그녀는 손자들을 나라에 충성하는 인물로 강하게 키웠다. 물론 이순신도 정읍 현감, 전라좌수사, 삼도수군통제사로 있으면서 조카와 아들들을 불러 현장 근무를 시키고 강한 용사로 키워냈다.

희신의 둘째 아들 이분은 이순신 막하에서 종군하며 군중 문서를 담당했으며 명나라 장수들을 달래고 접대하는 역할을 수행하고 정유재란 후 이순신 행장을 기록했다. 그 덕분에 오늘날 우리가 이순신을 알게 된 것이다. 후일 그는 형조정랑을 지내기도 했다.

희신의 넷째 아들 이완은 19세부터 숙부 이순신의 막하 종군으로 노량해전 때 순신의 마지막을 지키고 숙부 대신 독전한 인물이다. 충청 병사와 의주 부윤으로 재직했으며, 정묘호란 중에 청태종의 침략에 맞서 싸우다 인조 5년에 전사했다.

이순신 셋째 아들 이면도 어렸으나 영웅이었다. 정유재란 발발 후 16세 때 아산 본가에 왜군이 쳐들어왔다. 연이은 해전의 패배를 설욕하려고 쳐들어온 것인데, 왜군 앞에서 마을 사람들을 피신시키고 단기로 나가 물러서지 않고 맞서 싸우다 전사하자 그 용기에 감동해 왜장이 물러났다고 한다.

이순신의 서자 이훈도 인조 2년 이괄의 난 때 전사했고, 또 다른 서자 이신도 정묘호란 중에 청태종 침략에 맞서 싸우다가 이완과 같이 전사했다. 한결같이 나라와 가문을 욕되지 않게 하려고 충성한 인물들이었다. 변씨는 이들을 키우며 늘 절대 충성과 절대 정직을 가르친 것이다.

어머니는 하늘,
그럼 아버지는?

이순신에게 어머니는 하늘 그 자체였다. 아들 순신과 어머니 변씨가 서로를 생각하고 위하는 마음은 여타 모자(母子) 관계보다 좀 더 특별한 것이었다. 1597년 4월 16일 모함에서 벗어나 감옥을 나온 이순신은 모친의 사망 소식을 듣고 "빨리 죽기만을 기다릴 뿐"이라며 울부짖었다.

그만큼 이순신에게 어머니는 삶의 의미 그 자체였다. 우리는 전통적으로 아버지가 하늘(天)이고 어머니는 땅(地)이라고 여겨왔다. 그런데 이순신은 어머니를 하늘처럼 받들었다. 《난중일기》에서는 100일 이상을 어머니에 대해 기록할 정도였다. 이에 비해 아버지에 대한 기록은 7일뿐이어서 어머니와 극명하게 대조가 된다. 물론 《난중일기》를 기록하기 이전에 부친이 사망했기 때문이기도 하지만, 그렇다고 하더라도 그에게 변씨는 어머니 이상의 신성한 존재였다. 왜 이순신은 어머니를 그렇게 인식하고 있었을까?

네 가지 가치관을 가르치다

그것은 어머니의 네 가지 가르침이 어려서부터 이순신에게 확실한 가치관으로 심어졌기 때문이었다. 특히 사랑이 충만한 성품, 자립정신, 담대한 기질 등은 어머니로부터 물려받은 것이다. 가산을 정리하여 전국 각지로 이사하고 재물을 모아 자립하게 한 일이나, 엄격하게 아들을 가르친 것 모두가 그녀의 특별한 자식 사랑법이었다.

모친 변씨는 특히 '충성'을 강조했다. 여수 고음천으로 문안 온 아들이 하직 인사를 하자 "어서 가서 나라의 치욕을 씻어라!"고 말한다. 못 봐서 섭섭하고 안타까운 마음을 억누르고 나라를 사랑하는 충신이 될 것을 주문한 것이다. 이순신은 이런 가르침을 이어받아 자신을 파직하고 감옥에 가둔 선조에 대해서조차 함부로 이야기하지 않았고, 부하와 백성을 마음 깊이 사랑하여 그들로부터 존경을 받았다.

그런가 하면 그녀는 자신의 아버지 변수림으로부터 배운 '공과 사를 구별하는 일'을 늘 아들에게 엄격하게 가르쳤다. 그 결과 관사 앞 오동나무 한 그루조차 윗사람이 시킨다고 베어내지 않았으며, 일을 처리하면서 사적 이익이나 정치적 이득을 계산하지 않았다. 뇌물을 용납하지 않았음은 물론이다.

또한 변씨는 아들에게 항상 '정성(精誠)'을 기울이도록 가르쳤다. 매사 매순간, 하나도 소홀히 하지 말고 최선을 다하도록 격려한 것이다. 이는

그림 5_____ **오동나무 터와 청렴박석 광장(고흥군 도화면 발포리)**

이순신의 유비무환과 임전 태세 정신으로 이어졌으며, "신은 이미 준비
를 마쳤나이다."라고 외칠 수 있었던 것도 모두가 이런 가르침 때문이었
으리라.

　전라좌수사로 부임한 후 1년 2개월간 그는 불철주야 임전 준비에 매
진했고, 확실한 승산이 없는 전투는 도전하지 않을 정도로 매사 준비가
철저했기에 23전 전승이라는 놀라운 기록을 달성할 수 있었다.

　그뿐만 아니라 어머니는 아들에게 평소 '정의(正義)'가 무엇인지에 대
해 누차 강조했다. 어린 시절부터 강직한 이순신에게 정의로움이 무엇인
지 가르치며 "원칙을 지키기 때문에 손해 보는 일은 감수하라."고 이르
곤 했다. 그 결과 이순신은 항상 올바르고, 정직하며 정의로웠다. 체면을
내세우거나 과대 포장하거나 거짓을 말하지 않았다. 감옥에 갇혔을 때조
차 무죄 방면을 위해 노심초사하며 위로하러 면회 온 조카에게 "애쓰지
말라. 공연한 일이다."라고 말할 정도였다.

명나라 제독 진린에게조차 정의로움만을 보여주었기에 진린은 진심으로 이순신을 존경하고 사랑했다.

모친의 마지막 한 가지 가르침은 스스로 하는 '자력의 삶'이었다. 그녀는 생전에 이렇게 이야기했다. "남에게 도움을 구하지 말고 스스로 힘을 길러 싸워 이겨라."

그 말대로 이순신은 자력이 아닌 것에 기대지 않았고 당파나 정치적 세력에도 기대지 않았다. 심지어 덕수 문중으로 가까운 사이였던 이조판서 이율곡을 만나보라는 주위의 권유조차 물리쳤다. 스스로 일어서고자 했기 때문이다. 이러한 가르침은 결국 이순신에게 임진왜란이라는 절체절명의 국난을 슬기롭게 이겨내게 했다.

전폭적인 지원을 아끼지 않은 어머니 변씨

자녀에 대한 진로 지도의 모범 사례는 맹모가 아니라 충무공의 어머니 초계 변씨와 이순신의 사례가 더 합당하다 하겠다. 덕수 이씨 집안은 원래 문신 가문이다. 순신의 5대조 할아버지 이변은 세종 이후 역대 임금을 모신 외교 전문가로 가문을 크게 일으킨 인물이었으며, 증조부 이거는 호랑이 장령이라는 별명이 붙었던 성종~연산군 시절의 고위 공직자였다. 할아버지 이백록과 아버지 이정으로 내려오면서 가세가 기울긴

했지만, 전형적인 양반 사대부 집안이었다. 그런데도 가문이 기울어가자 이요신은 문과로, 이순신은 무과로 방향을 정하게 한 이가 모친이었다. 아마도 자신의 아버지 변수림이 무장 출신인 것이 영향을 미쳤을 것이다. 여기에 순신의 아내로 보성 군수를 지낸 방진의 외동딸을 얻도록 중매를 선 것이 동고 이준경이었다고 전하는데, 어머니 변씨가 이를 받아들이도록 적극적으로 권유했을 것으로 짐작된다. 다소 유약하고 소극적이던 아버지 이정에 비해 똑 부러지는 성격의 소유자였던 어머니 변씨는 순신에게만은 문무 양면을 살펴 장래를 스스로 결정하도록 도와주는 안내자의 역할을 자임한 것이리라.

서울 건천동에서 어린 시절을 보낼 때 훈련원이 근처에 있었던 것도 그의 진로 결정에 어느 정도 영향을 미쳤을 것으로 보인다. 게다가 어린 시절 동네 대장으로 활쏘기를 즐기는 아들을 보며, 무장의 딸인 변씨로서는 순신의 무과 진로에 대해 진지하게 고민하며 자기 생각을 피력했

그림 6 _____ 이순신 부인 방씨에게 내린 정경부인 교지

을 터다.

또 자신과 같이 무장 출신의 딸인 며느리 방씨를 맞도록 한 것도 순신의 적성과 취미, 남다른 체력, 커오면서 보여준 리더십 및 무장으로서의 기질 등을 종합적으로 고려하여 진로 선택의 폭을 넓혀준 것이라고 생각된다. 그 기대대로 방씨는 이순신이 서른두 살에 급제할 때까지 무과 공부에 전념할 수 있도록 아버지 방진과 함께 남편을 도왔다.

어머니 변씨는 둘째 아들과 남편 이정, 그리고 큰아들을 차례로 저세상에 보내고 아산집마저 화재로 타버렸으나 끝까지 순신에 대한 믿음과 그의 안내자로서 삶을 살아간다. 앞에서도 살펴보았듯이 순신이 모함을 받아 한양 옥에 갇혔을 때 83세의 아픈 몸을 이끌고 천리 뱃길을 마다하지 않고 떠난 것을 보면 변씨의 강인한 리더십은 타의 추종을 불허할 정도였다.

'마부형 리더십'이라는 용어가 있다. 평소에는 앞에서 마차를 끌고 가지만 말이 힘들고 지치면 뒤에서 밀고 도와주는 리더십을 말한다. 충무공의 어머니는 전형적인 '마부형 리더십'의 소유자였다.

그녀가 보여준 정의와 책임감, 자애, 자립자강의 정신은 그대로 아들 순신에게 전해졌고 아들의 진로 결정에 큰 도움을 주는 길라잡이가 되었다. 후대의 백성들이 그를 사랑하고 존경하지 않을 수 없게 만든 그 든든한 배경에는 이처럼 어머니 변씨의 사랑과 후원, 아들 진로에 대한 탁월한 혜안이 자리 잡고 있었음이다. 이제 초계 변씨에 대한 새로운 위상 정립과 국민적 사랑이 있어야 할 때다.

영원히
우리 가슴속에
살아있는
성웅 이순신

유삼남

경남 남해 출생으로 해군사관학교 교장과 제21대 해군참모총장을 역임했다. 새천년민주당의 16대
국회의원과 해양수산부 장관을 지낸 대한민국 전 정무직공무원이다. 현재 한국해양대학교 석좌교수
이며 성우회 회장이다.

이순신은 영웅이 아닌 성웅

동서양을 막론하고 세계 전쟁 역사상 충무공 이순신과 비교할 수 있는 군인(장수)은 없었고 앞으로도 존재할 수 없을 것이다. 그 이유는 충무공 이순신을 만나보면 바로 알 수 있다. 지금부터 충무공이 왜 영웅이 아닌 성웅으로 추앙받아야 하고 후세의 귀감이 될 수 있었는가를 각 행적과 분야별로 살펴보겠다.

충무공이 1598년 11월 19일 정유재란 마지막 해전인 노량해전에서 전사한 이후 임시로 모셨던 무덤 자리인 남해군 설천면 노량리에는 '충렬사'라는 사당과 가묘가 수백 년 세월 속에서도 굳건하게 자리 잡고 있다.

1953년, 3년간에 걸친 6.25전쟁의 휴전 선언이 있던 그해 가을 설천초등학교 6학년이던 나는 충렬사로 수학여행을 갔다. 당시 교통수단은 오로지 두 다리뿐, 걸어서 설천면 남양리의 학교에서 충렬사로 소풍을 간

것이다. 그간 역사 선생님에게 충무공 이순신에 관해 배웠던 터였고, 가까이에 있는 충렬사 사당에 전쟁 직후의 안보교육 차원에서 6학년 120여 명이 참가하였다. 한 시간을 걸어서 노량에 당도하여 사당과 무덤(현재는 가묘)을 보고, 충무공의 노량해전 과정과 전사한 후 무덤을 조성하고 일년여 있다가 아산 현충사로 이동해간 경위 등을 듣게 되었다.

그 당시는 어린 마음에 북한 인민군이 남해를 점령하여 온갖 행태와 전쟁의 상처를 남기고 간 후여서 우리는 안보의 중요성을 더더욱 절실하게 깨달을 수 있었다. 충렬사는 지금도 남해 군민은 물론 다른 곳에 거주하는 국민들도 수시로 참배하며 충무공의 위대한 업적과 나라를 구한 성웅의 역사를 체험하는 현장으로 자리 잡고 있다.

충렬사 등 충무공 유적지를 돌아보면 이순신이 7년 전쟁 8대 해전 23회 전투에서 한 번도 패한 적 없이 연전연승했다는 해전사상 전무후무한 결과와 만나게 된다. 모든 해전에서 승리하기 위해서는 섬과 수로, 해안선, 함선, 정박지 조류, 풍향, 풍속, 바다 깊이, 함선 기동 공간 등 지리적 요소를 충분히 파악하고 숙지해야만 한다.

함선은 나무로 만든 목선이었고, 기동은 병사들이 젓는 노와 바람의 힘을 이용하는 돛으로 10노트 이하의 저속으로 공격과 후퇴를 반복했다. 무기는 천자·지자·현자·황자 총통과 별황자 총통으로 1,000미터 이내 근거리에서 사격과 육탄전으로 전투를 치렀다.

무선통신이나 기류를 이용한 통신수단도 없는 환경에서 수십 척(40~60척)의 전선을 일사불란하게 지휘·통제하며 압도적 화력과 기동으로 전승한 사실 앞에서는 절로 탄성이 터져 나온다. 이는 하늘이 도운 결과가 아니라 평소 전비태세 준비를 철저히 했고 수병들의 전술 연마와 일사불란한 지휘체계를 갖춘 충무공의 위대한 리더십 덕분이라 하지 않을 수 없다.

임전무퇴의 상승 정신과 필승의 신념으로 7년 전쟁을 치른 결과 대파한 전선은 모두 935척이고 살상한 적은 12만 6,380명의 전과를 올린 데 비해, 아군 피해는 전선 3척, 전사자 1,022명으로 세계 해전사상 유례를 찾을 수 없는 일방적 완승이었다. 이러한 역사적 사실에서 우리는 충무공의 승전의 리더십을 찾아 후손들에게 교훈으로 알려야 한다.

오늘날 꼭 필요한,
이순신 리더십

충무공 리더십의 첫째는 '일부당경 족구천부(一夫當逕 足懼千夫)'이다.

"한 사람이 길목을 잘 지키면 천 명이라도 두렵게 할 수 있다."라는 정신이다. 즉 소수정예의 병사지만 우세한 지리적 이점을 100퍼센트 활용하여 기습적으로 각개격파를 한다면 능히 적을 퇴치할 수 있는 것이다. 그 좋은 사례가 명량해전이다. 배가 지날 수 있는 폭이 120~200미터에 불과한 명량 울돌목에 하루 4번씩 11노트(시속 약 20킬로미터, 초속 약 5.5미터)의 빠른 조류가 동서로 물길을 바꿔 흐르는 지형적 특성을 이용해 13척으로 133척의 적 함대를 유인·격파하였다. 이는 일찍이 충무공이 고을 현감 등으로 재임 중에 면밀히 관찰한 결과 지형적 특성을 익히 알고 있었기에 펼칠 수 있는 작전이었다.

둘째는 유비무환의 리더십이다.

충무공은 임진왜란 발발 이전에 이미 전라좌수영 관할 5관 5포를 순시하면서 비상시 연락이 용이하도록 산정에 신호대(봉화대)를 설치하고, 적의 예상 접근로에 수중 장애물을 부설하였다. 그런가 하면 거북선에 달 돛천 29필 수령, 18일 전 함포 시험 사격, 3일 전 거북선 돛 완성과 설치 그리고 2일 전 함포술 연습 등 꾸준하게 전쟁에 대비하였다.

셋째는 멸사봉공의 리더십이다.

진중에서 여색을 가까이하지 않고, 밤에도 절대로 옷 띠를 풀지 않았다. 심지어 당항포해전에서는 중상을 입고도 무거운 갑옷조차 벗지 않고 근무하였다. 《난중일기》에 따르면 몸이 불편하여 병을 앓은 적이 135회, 원균의 비방·불만·모략·중상 등으로 큰 고통을 받은 것이 무려 84회였으나 참고 견디었다. 또한 함경도 발포 만호로 재직한 6년, 둔전관과 고을 현감 및 군수직 8년 그리고 전라좌수사와 삼도수군통제사로 7년간 전쟁을 치르는 동안 세 번의 파직과 두 번의 백의종군, 두 번에 걸쳐 바다와 육지에서 부상을 당하면서도 단 한 번도 공무상 부조리나 부당하고 비겁한 처사를 한 적이 없었다.

넷째는 애국애족의 리더십이다.

한산도와 고금도 인근은 충무공이 상주하면서 군심과 민심을 얻어서 군사작전을 원활히 한 곳이다. 이순신은 곡식 종자를 주고 군량의 자급자족을 도모하는 한편, 평소에도 소금과 곡식 등 많은 군량을 비축하면서 군·민이 일체화된 군사기지를 이룩함으로써 전쟁 전보다 인구가 10배 이상 증가하였다. 그는 피난민과 옛 부하들을 만날 때마다 수군 재건을 위한 협조를 당부하며 민심을 수습하고 지난날 승전을 떠올리게 하면서 새로운 희망을 불어넣었다.

다섯째는 지피지기 전략과 전술의 리더십이다.

나폴레옹도 말 위에서 읽었다는 《손자병법》〈모공편〉의 "지피지기면 백전불태"라는 고금의 진리를 되새겼다. 충무공은 첫 해전인 옥포해전에서부터 척후병과 탐망선을 사용하여 적을 탐지·감시·정찰·수색하는 수단으로 봉홧불 신호 통신, 인마 전령 통신, 깃발과 연기에 의한 신호 통신, 나팔·피리·북소리의 음향 통신을 사용하였다.

또한 지형지물과 지상 조건을 활용하고자 남해안의 도서·항로·조류·기상·해저 장애물에 대한 풍부한 지식과 정보 획득에 심혈을 기울였다. 당항포해전에서는 포구를 이용하고, 견내량·안골포해전에서는 좁은 수로와 암초가 많은 곳을 피하여 넓은 해역으로 유인·격멸하고, 명량해전에서는 조류 변화를 이용한 시차공격을 펼쳤다. 또한 한산도대첩에서는 적을 넓은 바다로 끌어내어 학익진으로 포위·섬멸하였고, 옥포·명량해전에서는 민간 어선단을 전선으로 가장하여 전장 후방에 배치함으로써 증원 세력으로 오인케 하는 심리적 압박 전술을 이용했다.

이처럼 이순신은 《손자병법》의 '선승이후구전(先勝易後求戰)' 전략을 충실히 이행하여 승리할 모든 조건을 갖춰놓은 후 전투에 돌입함으로써 항상 이기는 뛰어난 전략 전술 리더십을 발휘하였음을 알 수 있다.

충무공 이순신은 노량해전에서 포탄에 맞아 전사하기 전 '전방급 신물언아사(戰方急 愼勿言我死)' 즉, "전황이 급하니 내 죽음을 알리지 말라."고 했다. 동서고금 통틀어 이와 같은 유언을 남긴 명장은 찾아볼 수 없다. 영국의 넬슨 제독이 트라팔가르 해전에서 승리한 후 최후를 맞이하면서 남긴 "내 임무를 완수케 한 신에게 감사한다."라는 유언도, 쓰시마 해협에서 러일전쟁을 승리로 이끈 일본의 도고 제독이 남긴 "황국의 운명은 이 일전에 달렸다."라는 말도 이 유언에 비하면 평범할 뿐이다.

1592년 4월 13일 오후 3시에서 5시 사이에 일본 수군 선단이 부산진 앞에 도착한 이후 7년간의 임진왜란이 시작되었다. 전라좌수사인 이순신은 부산 함락 소식을 듣고 즉시 전선을 정비하여 5월 7일 거제도 옥포 앞바다에서 조선 수군의 운명을 좌우하는 전투를 벌였다. 여기서 패하면 조선 수군의 사기는 크게 타격을 받아 재기할 수 없기 때문에 결연한 자세로 여러 장수들에게 "함부로 움직이지 마라! 신중하기를 산과 같이하라."는 명령을 내렸다. 그러고는 옥포만을 완전 봉쇄하여 왜선 26척을 격파함으로써 남해안에 침공한 왜의 선두부대를 전멸시켰다.

5월 29일 이순신은 처음으로 거북선을 선봉에 서게 하여 사천 앞바다에서 왜선 13척을 격퇴했는데, 이 전투에서 "적이 교만하게 보이니 만약 우리가 거짓 퇴각하면 반드시 우리와 싸우려 할 것이므로 적을 바다로 유인하여 합동으로 공격하라."고 명령하였다.

충무공의 리더십을 보여주는
말과 사상들

"이 오동나무는 나라의 물건이오."

충무공은 1580년 7월 발포 수군만호로 근무 시 직속 상관인 전라좌수
사 성박이 "내가 거문고를 만들고자 하니 발포영 앞뜰에 있는 오동나무
를 베어서 보내라."는 편지를 받고, 끝끝내 그 청을 거절함으로써 공과
사를 분명히 하였다.

"멀리 적선을 살피고 즉시 보고하라."

삼도수군통제사 이순신이 1594년 3월 10일 당항포해전 승리를 보고
하는 장계(당항포 왜적선 31척 공격) 중 3도의 여러 장수들에게 명령한 내용
을 아뢰는 글이다.

"유비무환의 정신으로!"

1592년 4월 16일 경상도관찰사 김수가 보낸 공문을 보고 이순신이 아
뢴 장계에서 "이달 13일 왜선 400여 척이 부산포 건너편에 와서 정박하
였는데, 적의 세력이 벌써 이렇게까지 되었으니 극히 염려스럽습니다.
차례로 통문을 내서 사변에 대처하는 것이 좋을 것입니다."라고 적고, 군
사와 전선을 정비하여 바다 어귀에서 전쟁에 대비하였다.

"가벼이 움직이지 마라. 신중하기를 산과 같이하라."

1592년 5월 7일 첫 출전인 옥포해전을 앞두고 군병들에게 한 말이다.

"바다에 맹세하니 어룡이 감동!"

"임금님은 서쪽으로 멀리 가시고, 왕자님은 북쪽에서 위태한 오늘 외로운 신하가 나라를 걱정하는 날이여! 이제 장사들은 공을 세울 때로다. 바다에 맹세하니 어룡이 감동하고 산에 맹세하니 초목이 아는구나. 이 원수 왜적을 모조리 무찌른다면 비록 내 한 몸 죽을지라도 사양치 않으리!" -충무공의 한시 진중음(陣中吟) 중

"꾀어내어 쳐부수라."

1592년 6월 3일 사천해전 때 왜적들의 교만한 태도에 이순신은 우리 군사가 짐짓 물러나는 척하며 그들을 유인하여 바다에서 싸우려는 작전계획을 실행하였고, 7월 8일 견내량해전에서도 유인작전을 단행하였다.

"학익진을 펴라."

1592년 7월 15일 견내량 승첩장계에 나온 글로, 세계 해전사상 처음으로 확익진이라는 전술을 사용하여 대승을 거두었다.

"수군과 육군이 함께 진격해야만…."

1592년 9월 1일 부산포해전을 마치고 승첩장계를 올린 글이다.

"업신여기면 패한다."

"적을 업신여기면 반드시 패하는 것이 원칙이다." 1593년 2월 22일 이순신이 이억기와 함께 적이 있는 웅천 등지에 대한 공격 명령을 내리면서 한 말이다.

"석 자 칼로 하늘에 맹세하니!"

"석 자 칼로 하늘에 맹세하니 강산이 떨고, 한 번 휘둘러 쓸어버리니 피가 강산을 물들이다." 1594년 4월 한산도에서 만든 환도에 새겨진 글이다.

"빈틈없는 경계로!"

사변에 대비하여 연해의 각 관문에 공문을 보내어 정돈하고 경계하라고 명령하였다.

"나라에 충성하고 어버이에게는 효도하려 했건만…"

1597년 4월 19일 백의종군하러 남쪽으로 일찍 떠나며 어머니 영전에 하직 인사를 올리며 한 말이다. 이순신은 1597년 4월 13일 백의종군 부임지로 내려가는 길에 어머님의 부음을 듣고 아산에서 영구를 모시며 며칠 지내다 장례도 치르지 못한 채 다시 떠나야만 하는 슬픔에 대성통곡을 하며 길을 나서야 했다.

"신에게는 아직도 전선 열두 척이 있다(今臣戰船 尙有十二)."

원균이 이끄는 조선 수군이 칠천량해전에서 대패하자 이순신이 1597년 8월 3일 삼도수군통제사로 재임명되어 경상우수사 배설의 전선 12척 등 13척의 배와 군사 120명을 거두어 재정비하였다.

"죽고자 하면 살리라."

명량해전 하루 전인 1597년 9월 15일 일기에 "필사즉생 필생즉사(必死則生 必生則死)"의 문구를 적어넣으며 임전무퇴의 각오를 알렸다.

"이 원수를 무찌른다면…"

1598년 11월 17일 밤 자정 갑판에 올라 손을 씻은 후 무릎 꿇고서 천지신명께 기도했다. "이 원수 놈들을 무찌른다면 지금 죽어도 여한이 없겠습니다." 그때 하늘의 큰 별이 바닷속으로 떨어졌다고 한다.

"내 죽었단 말 내지 말라."

1598년 11월 19일(양력 12월 16일) "지금 싸움이 한참 급하다. 내가 죽었단 말을 꺼내지 말라. 군사들을 놀라게 해서는 안 된다."

우국충정의 심정을 표현한
충무공의 시

충무공은 옥포만에서 야음에 시를 읊으며 심란한 마음을 달래기도 했다.

水國秋光暮　　바닷가에 가을빛 저물어가는데
驚寒鴈陣高　　찬바람에 놀란 기러기 떼 높이 나는구나
憂心展轉夜　　나랏일 걱정스러워 잠 못 이루는 이 밤
殘月照弓刀　　서늘한 새벽 달빛은 칼과 활을 비추네

칠천량해전에서 조선 수군이 궤멸하자 조정에서는 충무공을 다시 삼도수군통제사로 복직시켰지만 수군의 힘이 너무 약하자 수군을 폐하고 육전에 종사하라는 지시를 내린다. 하지만 이순신은 1597년 8월 15일 장계로 "지금 신에게는 아직도 열두 척의 배가 남아 있습니다. 죽을힘을 다해 항거해 싸운다면 오히려 해볼 만합니다. 지금 만일 수군을 전부 없애

버리면 적들은 크게 다행으로 여기고 호남을 거쳐 한강까지 곧바로 쳐들어갈 터인데, 신이 걱정하는 바는 이것입니다. 전선의 수는 비록 적지만, 신이 죽지 않는 한 적은 감히 우리를 업신여기지 못할 것입니다."라는 내용을 올려 바다에서 왜군을 막을 뜻을 전한다.

1597년 11월 마지막 해전인 노량해전에서 충무공은 갑옷도 입지 않고 갑판 위에서 몸을 노출한 채 독전에 여념이 없었으며, 왜군의 총탄에 쓰러지면서도 "지금 싸움이 한창 급하니 내가 죽었다는 것을 말하지 말라."는 유언을 남겼다.

이 밖에도 "비바람 부슬부슬 흩뿌리는 밤. 생각만 가물가물 잠 못 이루고. 쓸개가 찢기는 듯 아픔이 가슴과 살을 에는 듯, 쓰린 이 마음. 강산은 참혹한 꼴 그냥 그대로, 물고기와 새들도 슬피 우노라. 나라는 허둥지둥 어지럽지만 바로 잡아 세울 이 아무도 없네."라며 질타하기도 했다.

모두 7년 전쟁 기간 중 나라의 안위와 정치 상황을 적나라하게 표현한 우국충정의 글들이다. 그러나 공의 우려는 시대나 상황이나 인물이 바뀌어도 뿌리 깊게 유전되어오며 조금도 나아지지 않고 변함없이 반복되고 있으니, 진실로 통탄하고 반성해야 할 일이다.

충무공의 후예로 살아온 길

나는 1960년 4월 1일 해군사관학교 제18기생으로 입교하여, 어릴 때부터 흠모했던 충무공 이순신의 후예가 되는 꿈을 이루었다. 4년간의 교육 훈련과 생활은 내 혼과 뿌리가 충무공과 연계되어 있고 제2의 충무공이 되어야 한다는 일념으로 실력과 명예심을 갈고닦았다.

그렇기에 교육기간 중 동·하계 휴가 시에는 반드시 고향인 남해의 설천면 노량포구의 충렬사 사당을 찾아 참배하였다. 1964년 4월 졸업 후 소위로 임관하여 부모님께 인사드리러 갈 때도 충무공을 찾아 훌륭한 해군장교로 근무할 수 있도록 지켜주십사 기원하며 다짐과 각오를 했다.

그뿐만 아니라 1970년 미 해군 대잠전학교 유학길에도, 1972년 미 해군 해양수로국 유학길에도, 1980년 영국 해군대학에 갈 때도 어김없이 충렬사 사당을 참배하여 충무공을 만나고 각오를 다졌다.

또한 해군에 들어와서 처음 맡은 LSMR(로켓상륙함) 311 함장을 위시하여 PGM 109함(고속유포탐함), 미 해군으로부터 군사원조로 들어온 DD923(구축함인 구 광주함) 함장에 이르기까지 큰 사건 사고 없이 무사히 임무를 수행할 수 있었던 것도, 충무공이 주야로 지켜봐주고 인도한 덕분이라고 확신한다.

뿌린 만큼 거둔다는 옛말처럼 내가 본격적으로 충무공을 만나게 된 것은 해군사관학교 교장으로 봉직한 3년여 기간이 아닌가 생각한다. 학교에는 '충무공 유적발굴단'이 있었다. 400여 년 전 충무공이 활동하고 해전을 치른 항구와 바닷길, 해역을 샅샅이 뒤지면서 공이 남긴 유물을 찾아내는 조직이다. 발굴단은 모든 게 제한되고 능력도 한정된 상황에서, 그야말로 모래밭에서 바늘 찾는 격으로 거북선과 각종 총통 등 유물을 어떻게 찾아낼 것인가를 고민했다.

내가 교장으로 부임하기 전인 1992년에 한산도 포구 인근에서 해군 발굴단이 별황자총통을 인양하는 쾌거를 올리면서 관련자들이 훈장을 받고 언론에도 크게 보도된 바 있다. 물론 나중에 조작된 것으로 판명되어 해군의 명예가 땅에 떨어지기도 했지만, 그 당시 이순신 해전 유물과 관련해 항간에 유언비어가 떠돌기도 했다. 실제로 여수 앞바다에서 어선들이 조업 중 총통을 인양하여 일본에 밀수출하다가 발각되었다는 뉴스가 여수MBC에서 보도되기도 했다.

이런 일들로 미루어보아 나 역시 여수 앞바다에 틀림없이 무언가 있을 것이라는 확신을 갖게 되었으므로 해군의 특수부대 UDU(Underwater Demolition Unit)를 동원해 발굴에 나섰다.

하지만 어부가 알려준 위치(해역)에서 열심히 유물을 탐색했으나 아무것도 발견되지 않았다. 며칠 지나고 난 뒤 탐색 계획을 다시 수립하고 바둑판식 탐지망을 만들어 수중탐색 요원들이 일제히 수색해나갔다. 하늘이 도왔을까, 탐지망에 거북선 상단에 설치된 쇠꽂이 수십 개가 발견되어 일제히 환호성을 질렀고, 계속 탐색한 결과 여러 종류의 총통을 발견하는 성과를 올리게 되었다.

1994년 7회 145일에 걸쳐 여수 백도 근해에서 승자총통 4개, 별승자총통 9개, 지자총통 1개, 불랑기자포 1개, 도추 25개 등 총 5종 40점을 인양하였다. 임진왜란과 정유재란 후 400여년 만에 주요 유물을 발굴하게 된 것이다. 이제 앞으로는 거북선을 찾는 일만 남았다. 1995년도에는 8회 150일에 걸쳐 여수, 한산도, 당포, 칠천포, 고현만 등 해전이 있었던 해역에서 집중적으로 발굴 탐사를 하였다.

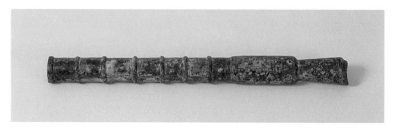

그림 1_____ 맨 위부터 순서대로 별승자총통(別勝字銃筒), 승자총통(勝字銃筒), 차승자총통(次勝字銃筒), 소승자총통(小勝字銃筒)

*출처: 해군사관학교박물관.

임진왜란 당시의
총통을 복원하여 시범 발사

　해군사관학교 교장으로 재직(1993~1995)하는 동안 중점 교육의 일부로 사관생도들의 정신력 강화를 위한 충무공 정신교육과 분향소 설치, 해군사관학교박물관에 별도의 충무공기념관 설치 그리고 전 사관생도들의 한산도 제승당 참배 등을 시행하였다. 또한 해군본부에 충무공 정신연수원을 만들어 장병들의 심신단련장이자 청소년 호국수련도장으로 이용하도록 건의해 진해 덕산에 충무공정신연수원을 개설·운영하게 되었다.

　그런가 하면 충무공이 23번의 해전에서 23번의 승리를 거두는 동안 사용한 총통들을 복원해 후대에 귀감이 되도록 했다. 복원 제작은 1994년에 1차, 1995~1996년에 2차로 이어졌다. 복원된 총통의 발사 시범은 1차로 1994년 해군사관학교 연병장에서 국제심포지엄 행사 때, 2차는 1994년 4월 10일 여천 망마제 때, 3차는 1995년 3월, 4차는 1995년 7월 통영시 해양축제 때, 5차는 1995년 10월 국군의 날 한강 수상제 때 실시되었다.

　6차 발사 시범은 1996년 4월 13일 해군사관학교 제50기 졸업식에 김영삼 대통령을 모시고, 임진·정유 7년 전쟁 중에 사용된 총통인 천자·지자·현자·별황자 총통, 불랑기, 중완구 등 12종의 사격을 시행했다.

그림 2_____**총통 발사 시범 장면**

*출처: 해군사관학교박물관.

　지성이면 감천이라고, 졸업식 당일 비가 내리다가 식이 시작될 시점
에 쾌청한 날씨로 바뀌어 '충무공께서 날씨마저 보살펴주는구나' 하는
감사한 마음이 들었다. 이날 식후 행사로 연병장에 천자·지자·현자·황
자 총통 등을 설치하여 옥포만 바다를 향해 개별 사격을 하였는데, 임진
왜란 당시 사용된 총통과 화약을 그대로 복원하여 500미터 전후의 사정
거리로 사격했다. 대통령을 비롯하여 졸업식에 참석했던 모든 사람들이
환호성과 박수로 성웅 충무공을 다시 한번 기리는 계기가 되었음은 물
론이다.

우리가 가꾸고 지켜나가야 할
충무공의 유산들

1997년 4월에 해군참모총장으로 취임하여 보니, 매년 충무공이 태어난 탄신기념 행사를 4월 28일(양력)에 해군 주관으로 하고, 특히 탄신기념 호국음악회를 개최하여 국민에게 충무공의 애국·구국정신을 현양하는 행사를 하고 있었다. 그러나 충무공이 돌아가신 날을 추모하는 행사는 한 번도 한 적이 없었다. 따라서 충무공께서 전사하신 노량 앞바다에서 해상위령제를 지내야겠다는 생각을 하여, 해군 함정을 동원하고 역대 해군 참모총장과 충무공의 후손인 이씨 종친회원들, 그리고 각 지역 인사들을 초청하여 성대히 거행하였다.

그날 행사를 마치고 서울로 돌아와 꿈속에서 충무공 이순신 제독의 영정을 보았다. 평소 꿈을 잘 꾸지 않는데, 그날 꿈을 꾼 후 이틀이 지나서 여수로 잠입해오던 간첩선을 발견했으며, 추격 끝에 격침하는 전과를 올렸다.

당시 남해 군수였던 김두관 국회의원이 남해 충렬사에 충무공이 남긴 글귀를 비석에 새겨줄 것과 해군 소유 거북선을 남해에 줄 것을 부탁하였다. 이에 따라 공이 남긴 주옥 같은 명언 중에 노량해전에서 전사할 때 유언으로 남긴 '戰方急 愼勿言我死(전방급 신물언아사)'를 비석에 새겨 이락포 입구에 세울 수 있었다. 그리고 해군사관학교에 계류되어 있던 거북선은 너무 노후하여 폐선시킬 계획이었으나 통영과 여수 등 충무공과 관계되는 시·군의 양해와 협조로 수리해서 남해군에 기증했고, 현재 노량포구에 계류되어 있다. 이충무공의 혼과 리더십 그리고 그 명예는 자자손손 전달되어 귀감이 될 것으로 확신한다.

세월이 흘러 16대 국회의원일 때 너무 초라하고 폐허가 되다시피 한 충렬사 유적지의 현대화 계획에 대한 남해군청의 요청이 있어 예산 확보를 위해 노력하였으며, 다행히 잘 추진되어 오늘의 이충무공 유적지가 탄생했다. 이렇듯 충무공이 남긴 수많은 유적과 글과 유물 그리고 어록들은 오늘날 우리 해군이 반드시 본받아 지켜나가야 할 유산이요 보배이다.

흘러가는 세월은 막을 수 없지만, 그래도 역사가 남긴 유·무형의 실체까지 없앨 수는 없다. 다시 한번 성웅 이순신이 남긴 보물을 만나게 된 것을 자랑스럽게 생각한다.

.....

閑山島月明夜
上戍樓 撫大刀深愁時
何處一聲羌笛更添愁

한산섬 달 밝은 밤에
수루에 혼자 앉아 큰 칼 옆에 차고 깊은 시름 하는 차에
어디서 한 줄기 피리 소리는 남의 애를 끊나니

.....

www.yisunshinforum.or.kr

설 립 취 지	충무공 이순신의 나라사랑 정신을 국내·외에 체계적으로 알려 국민의 자긍심을 제고하고, 전적지 탐방과 문화체험을 통해 민족의 정신문화를 일깨우기 위해 결성
Vision	이순신의 위대한 정신유산을 기반으로 한 대한민국 대표 콘텐츠 창출
Mision	국가와 미래의 발전을 위한 이순신의 위대한 정신유산의 발전적 계승
사 이 트	www.yisunshinforum.or.kr

이순신포럼은 회원님들과 함께 만들어가는 "이순신 리더십 실천 공간"입니다.

이순신포럼은 이 시대의 "솔선수범"의 역할을 스스로 하고 있습니다.

이순신포럼은 426년 전 풍전등화의 위기에 처한 나라를 구해낸 충무공 이순신의 정신적 유산을 계승·발전시켜 국가의 희망인 청소년과 각계각층의 사람들에게 올바른 국가관과 가치관을 심어주는 이순신 리더십을 실천하는 넓은 마당입니다.

이순신포럼은 충(忠)과 효(孝)를 효시로 합니다.

우리는 지금 무한경쟁 시대에 살고 있습니다. 무한경쟁으로 인한 정서와 도덕의 황폐화, 배금주의, 이기주의의 만연, 역사의식과 안보의식의 해이, 시민의식의 부재 등으로 이러한 혼돈의 시대를 극복할 수 있는 힘과 원리를 다시금 충과 효에서 찾고자 합니다.

이순신포럼 연　　혁	**2019**. 06. 30. 이순신 파워 리더십 버스 12회 운영(상반기) 05. 13. 이순신포럼 CEO 아카데미 10기 개강 03. 23. 대전 살레시오 수련원 청소년 이순신 캠프 (문경새재) 02. 26. 2019년도 정기총회 개최 (한국프레스센터 20층) 01. 25. 제21차 이사회 개최

2018. 12. 30. 이순신 파워 리더십 버스 21회 운영
　　　　12. 01. 제10회 불우이웃돕기 자선걷기대회 (벽제관지)
　　　　11. 25. 향남읍 주민자체단체 청소년 이순신 캠프 (여수)
　　　　10. 20. 대한민국 해군과 함께하는 저도 해군안보기지 견학
　　　　06. 16. 장애인자활센터 맑음터 장애우 이순신 캠프 (진도)
　　　　01. 19. 이순신포럼 2018 신년하례식 (한국프레스센터 20층)

2017. 12. 30. 이순신 파워 리더십 버스 23회 운영
　　　　12. 27. 미림여자정보고등학교 이순신 청소년 캠프 (아산)
　　　　11. 18. 대전 살레시오수련원 이순신 청소년 캠프 (순천)
　　　　10. 21. 이파리 100차 기념 해군과 함께하는 해군안보기지 견학
　　　　10. 13. 인천해사고등학교 이순신/장보고 리더십 워크샵 (완도)
　　　　06. 26. 제2회 이순신 장군배 골프대회 (소피아 그린 C.C)
　　　　06. 19. 《이순신의 리더십 노트》 출판기념회 (한국프레스센터 20층)
　　　　04. 29. 이충무공 탄신 기념일 불우이웃돕기 자선산행 (영인산)
　　　　03. 02. 2017년도 정기총회 개최 (한국프레스센터 20층)
　　　　02. 28. 이순신포럼 2017년도 신년하례식 (한국프레스센터 20층)

2016. 12. 30. 이순신 파워 리더십 버스 21회 운영
　　　　12. 03. 제8회 불우이웃돕기 자선산행 (수원 광교산)
　　　　09. 23. 이순신 리더십 센터 건립 추진위원회 발족식 (광화문)
　　　　08. 06. 이순신 리더십 센터 건립 크라우드 펀딩 행사 실행, 성공
　　　　07. 10. 중기융합서울연합회 이산산악회 대마도 아리아케산 등산
　　　　05. 04. 답사후기 모음집 –《나의 기업, 나의 이순신》 출판기념회
　　　　02. 20. 이순신포럼 2016년 새해인사 – 이충무공 묘소 참배

2015. 12. 30. 이순신 파워 리더십 버스 16회 운영
　　　　12. 29. 서울시 중구청과 함께 하는 청소년 이순신 캠프 (아산)
　　　　11. 28. 서울 중부경찰서와 함께하는 청소년 이순신 캠프 (아산)
　　　　10. 24. 저도, 대한민국 해군과 함께 하는 안보 교육 (진해)
　　　　09. 05. 조선침략의 전초기지 대마도 역사 탐방
　　　　03. 23. 제9차 이사회 개최 (한국프레스센터 20층)

01. 21. 을미년 신년하례식

2014. 12. 30. 이순신 파워 리더십 버스 14회 운영
12. 06. 제7회 불우이웃돕기 자선 산행 (수원 광교산)
09. 19. 대한민국 해군 안보현장 및 대통령 별장 저도(청해대) 견학
09. 03. 제7차 이사회 개최 (광화문)
07. 19. 중구 청소년 사회복지관과 함께하는 이순신 캠프 (진도)
07. 17. 미림여고 외 15개 비즈스쿨 청소년 이순신 캠프 (아산)
02. 28. 이순신포럼 2014년도 정기총회 (한국프레스센터 20층)

2013. 12. 30. 이순신 파워 리더십 버스 22회 운영
12. 30. 사단법인 이순신포럼 등록 (문체부 산하)
10. 25. 조선침략의 전초기지 일본 후쿠오카 히젠 나고야 성터 답사
02. 23. 이순신포럼 2013년도 신년하례식, 이충무공 묘소 참배

2012. 12. 30. 이순신 파워 리더십 버스 10회 운영
12. 10. (가칭)사단법인 이순신포럼 창립총회 개최(중구 구민회관)
05. 15. 공개강좌 김영관 전 해군참모총장−이순신과 임진왜란
05. 03. "위기의 리더십 난중일기 코드로 풀다" 출판기념회 개최
04. 12. 제1차 이사회 개최
03. 15. 임의단체 한국 이순신 포럼 창립총회

2011. 12. 30. 이순신 파워 리더십 버스 13회 운영
12. 15. 공개강좌 최창식 중구청장−이순신 현양사업에 대하여
03. 15. 공개강좌 백영훈 KID 원장−대한민국 CEO들에게
02. 15. 공개강좌 최영호 해사 교수−문학 속의 이순신
01. 22. 신묘년 신년하례식−이충무공 묘소 참배, 현충사

2010. 12. 30. 이순신 파워 리더십 버스 9회 운영
12. 15. 공개강좌 강우현 남이섬 대표−상상력과 이순신 리더십
06. 07. 이순신포럼 CEO 과정 개설 및 제1기 개강
05. 15. 공개강좌 임원빈 전 해사 교수−이순신 승리의 리더십

2009. 12. 30. 이순신 파워 리더십 버스 9회 운영
12. 03. 중구청과 함께하는 불우이웃돕기 행사
12. 15. 공개강좌 이부경 박사, "이순신의 충, 효의 실천 리더십"
10. 15. 공개강좌 서영길 전 해군사관학교 교장으로 "명량대첩에서

의 리더십"
06. 15. 공개강좌 지용희 서강대 석좌교수―이순신의 위기관리
04. 17. 이파리 1차 노량해전 하동/남해 답사로 이순신포럼 시작
03. 17 충무공 이순신 정신 체험 프로그램 시작 및 이순신포럼 결성

주 요 사 업

이순신 제독의 리더십 연구, 홍보 및 교육, 문화사업
이순신포럼 인프라 구축, 프로그램/콘텐츠 개발, 출판 등
이순신포럼 지도자 양성 및 인증사업
이순신포럼을 통한 국내 및 국제교류 협력사업
이순신 파워 리더십 버스 운영
상기 사업을 위한 기금 조성 및 운영

대 표 사 업
소   개

이순신 파워 리더십 버스 운영
- 임진왜란 격전지 답사 및 현지 세미나를 통한 이순신 리더십 체험
- 이순신 정신을 실천하는 동기부여 프로그램
- 매월 3주차 금, 토 (1박 2일) 운영
- 회사, 단체 워크샵, 아웃도어 리더십 캠프로도 운영 가능

이순신 리더십 CEO 아카데미 과정
- 기업 CEO 및 임직원을 대상, 이순신을 멘토로 기업 경영에 접목하는
  글로벌 CEO 인문학 과정
- 연 2회 6월,10월 8주 과정 운영
- 장소 : 한국선주협회 10층 강의실

후 원 관 련

이순신 포럼은 회원 여러분의 후원금으로 운영되는 비영리법인입니다.
당신의 작은 후원이 이순신의 위대한 정신유산을 청소년에게 전하는 큰
힘이 됩니다.
지금까지 이순신 리더십 버스 탑승자는 7,000여 명이며 후원자는
약 1,000여 명입니다.

후원계좌 : 신한은행 100-028-101825 예금주 : (사)이순신포럼 이부경

必死則生
必生則死